U0906688

山西经济普查年鉴 2013

Shanxi Economic Census Yearbook

第三产业卷

山西省第三次全国经济普查领导小组办公室　编

中国统计出版社
China Statistics Press

图书在版编目（CIP）数据

山西经济普查年鉴. 2013 / 山西省第三次全国经济普查领导小组办公室编 -- 北京 : 中国统计出版社, 2015.10

ISBN 978-7-5037-7657-1

Ⅰ. ①山… Ⅱ. ①山… ②山… Ⅲ. ①经济－普查－山西省－2013－年鉴 Ⅳ. ①F127.25-54

中国版本图书馆 CIP 数据核字（2015）第 227113 号

山西经济普查年鉴—2013/第三产业卷

作　　者/山西省第三次全国经济普查领导小组办公室
责任编辑/赵淑焕　尹　伊
封面设计/黄俊杰　李雪燕
出版发行/中国统计出版社
通信地址/北京市丰台区西三环南路甲 6 号　邮政编码/100073
电　　话/邮购（010）63376909　书店（010）68783171
网　　址/http://www.zgtjcbs.com/
印　　刷/河北天普润印刷厂
经　　销/新华书店
开　　本/880mm×1230mm　1/16
字　　数/640 千字
印　　张/20.5
版　　别/2015 年 11 月第 1 版
版　　次/2015 年 11 月第 1 次印刷
定　　价/880.00 元

本书附同版本 CD-ROM 一张，光盘内容以书面文字为准。
如有印装差错，由本社发行部调换。

第三产业卷 目录

第一篇 批发和零售业经营及财务状况

第二篇　住宿和餐饮业经营及财务情况

第三篇　房地产业生产经营及财务状况

第四篇　其他服务业企业财务状况

第五篇　行政事业、社团及其他单位财务状况

第1篇

批发和零售业经营及财务状况

资料整理和校对人员：　雷士伟　张艳芳

3-1-1 批发业企业法人基本情况

项 目	单位数 (个)	年末从业人数 (人)
总 计	**23233**	**341314**
按国民经济行业分组		
农、林、牧产品批发	1281	20686
谷物、豆及薯类批发	458	9816
种子批发	277	2557
饲料批发	46	552
棉、麻批发	27	516
林业产品批发	108	1475
牲畜批发	99	1893
其他农牧产品批发	266	3877
食品、饮料及烟草制品批发	2182	41626
米、面制品及食用油批发	319	4991
糕点、糖果及糖批发	93	1098
果品、蔬菜批发	362	9003
肉、禽、蛋、奶及水产品批发	131	2872
盐及调味品批发	110	2817
营养和保健品批发	37	326
酒、饮料及茶叶批发	471	6145
烟草制品批发	45	7336
其他食品批发	614	7038
纺织、服装及家庭用品批发	963	13081
纺织品、针织品及原料批发	100	1356
服装批发	217	4095
鞋帽批发	21	311
化妆品及卫生用品批发	98	885
厨房、卫生间用具及日用杂货批发	151	1339
灯具、装饰物品批发	55	521
家用电器批发	233	3413
其他家庭用品批发	88	1161
文化、体育用品及器材批发	498	4813
文具用品批发	136	809
体育用品及器材批发	37	293
图书批发	105	2040
报刊批发	2	13
音像制品及电子出版物批发	5	29
首饰、工艺品及收藏品批发	127	701
其他文化用品批发	86	928
医药及医疗器材批发	556	12852
西药批发	109	5065
中药批发	93	4209
医疗用品及器材批发	354	3578
矿产品、建材及化工产品批发	9236	170900
煤炭及制品批发	2092	103331
石油及制品批发	315	4989
非金属矿及制品批发	238	2261
金属及金属矿批发	1628	14658
建材批发	3672	30169
化肥批发	489	5968
农药批发	134	1877
农用薄膜批发	10	117
其他化工产品批发	658	7530

3-1-1　续表

项　目	单位数 (个)	年末从业人数 (人)
机械设备、五金产品及电子产品批发	6517	55517
农业机械批发	256	3084
汽车批发	174	3449
汽车零配件批发	357	3284
摩托车及零配件批发	20	159
五金产品批发	1176	8119
电气设备批发	555	3886
计算机、软件及辅助设备批发	523	3998
通讯及广播电视设备批发	112	865
其他机械设备及电子产品批发	3344	28673
贸易经纪与代理	437	3451
贸易代理	197	1807
拍卖	69	595
其他贸易经纪与代理	171	1049
其他批发业	1563	18388
再生物资回收与批发	533	5346
其他未列明批发业	1030	13042
按登记注册类型分组		
内资企业	23207	339437
国有企业	818	41055
集体企业	573	19921
股份合作企业	33	425
联营企业	42	1559
国有联营企业	14	1099
集体联营企业	21	369
国有与集体联营企业	5	66
其他联营企业	2	25
有限责任公司	3173	91897
国有独资公司	91	17314
其他有限责任公司	3082	74583
股份有限公司	198	3840
私营企业	17195	163576
私营独资企业	1999	14261
私营合伙企业	198	1790
私营有限责任公司	14587	142349
私营股份有限公司	411	5176
其他企业	1175	17164
港、澳、台商投资企业	10	1260
合资经营企业	5	373
合作经营企业		
独资经营企业	2	856
投资股份有限公司	2	27
其他港澳台商投资企业	1	4
外商投资企业	16	617
中外合资经营企业	7	546
中外合作经营企业	1	5
外资企业	6	57
外商投资股份有限公司		
其他外商投资企业	2	9

3-1-2 批发业企业法人财务状况

单位：万元

项 目	营业收入	资产总计
总 计	**119604543**	**65885450**
按国民经济行业分组		
农、林、牧产品批发	726950	611559
谷物、豆及薯类批发	378498	289955
种子批发	97435	128454
饲料批发	10443	15937
棉、麻批发	6019	25293
林业产品批发	24761	33315
牲畜批发	61915	12764
其他农牧产品批发	147879	105842
食品、饮料及烟草制品批发	5576353	2452872
米、面制品及食用油批发	304940	249848
糕点、糖果及糖批发	53931	44893
果品、蔬菜批发	540791	382374
肉、禽、蛋、奶及水产品批发	135662	64103
盐及调味品批发	149120	95154
营养和保健品批发	18177	15188
酒、饮料及茶叶批发	890633	323982
烟草制品批发	3070683	1003338
其他食品批发	412418	273991
纺织、服装及家庭用品批发	1072880	898358
纺织品、针织品及原料批发	273852	124785
服装批发	187098	302495
鞋帽批发	37026	32110
化妆品及卫生用品批发	22914	16656
厨房、卫生间用具及日用杂货批发	27496	52247
灯具、装饰物品批发	14726	24228
家用电器批发	441939	268467
其他家庭用品批发	67829	77369
文化、体育用品及器材批发	736902	648229
文具用品批发	202196	100072
体育用品及器材批发	21824	38448
图书批发	324841	394434
报刊批发		690
音像制品及电子出版物批发	116	355
首饰、工艺品及收藏品批发	162156	54530
其他文化用品批发	25768	59700
医药及医疗器材批发	1753597	1176628
西药批发	949095	668308
中药批发	485967	271510
医疗用品及器材批发	318535	236810
矿产品、建材及化工产品批发	100402881	54376356
煤炭及制品批发	70143544	43318646
石油及制品批发	1514613	1218275
非金属矿及制品批发	244839	275349
金属及金属矿批发	15650353	4906796
建材批发	11117561	3762223
化肥批发	714608	318983
农药批发	28829	15501
农用薄膜批发	9283	10473
其他化工产品批发	979252	550109

3-1-2　续表　　　　单位：万元

项　目	营业收入	资产总计
机械设备、五金产品及电子产品批发	7401302	4365399
农业机械批发	159134	97492
汽车批发	592716	329525
汽车零配件批发	165524	217873
摩托车及零配件批发	17948	19020
五金产品批发	351451	490382
电气设备批发	169968	224316
计算机、软件及辅助设备批发	254473	199740
通讯及广播电视设备批发	43610	38326
其他机械设备及电子产品批发	5646478	2748727
贸易经纪与代理	505763	497099
贸易代理	487629	366540
拍卖	4057	30805
其他贸易经纪与代理	14077	99755
其他批发业	1427914	858950
再生物资回收与批发	190578	121375
其他未列明批发业	1237336	737575
按登记注册类型分组		
内资企业	119471065	65558473
国有企业	17369352	10663937
集体企业	1291619	656347
股份合作企业	48824	387702
联营企业	46566	761458
国有联营企业	495	7475
集体联营企业	6300	13054
国有与集体联营企业	39734	740721
其他联营企业	36	208
有限责任公司	72487164	26393192
国有独资公司	22404010	6169219
其他有限责任公司	50083154	20223972
股份有限公司	3576490	4308189
私营企业	24252368	22075725
私营独资企业	669670	568510
私营合伙企业	128903	86527
私营有限责任公司	22550759	20739796
私营股份有限公司	903036	680892
其他企业	398682	311923
港、澳、台商投资企业	101816	176027
合资经营企业	67783	149745
合作经营企业		
独资经营企业	26446	25528
投资股份有限公司	7487	554
其他港澳台商投资企业	100	200
外商投资企业	31663	150950
中外合资经营企业	27062	30485
中外合作经营企业	160	145
外资企业	4410	120230
外商投资股份有限公司		
其他外商投资企业	30	90

3-1-3 零售业企业法人基本情况

项 目	单位数(个)	年末从业人数(人)
总 计	**22028**	**348746**
按国民经济行业分组		
综合零售	2627	92169
百货零售	1396	40968
超级市场零售	283	37412
其他综合零售	948	13789
食品、饮料及烟草制品专门零售	2154	24047
粮油零售	445	5130
糕点、面包零售	79	1522
果品、蔬菜零售	194	3974
肉、禽、蛋、奶及水产品零售	154	1809
营养和保健品零售	76	549
酒、饮料及茶叶零售	572	4432
烟草制品零售	117	1414
其他食品零售	517	5217
纺织、服装及日用品专门零售	1785	32782
纺织品及针织品零售	200	3271
服装零售	843	23464
鞋帽零售	53	994
化妆品及卫生用品零售	229	1252
钟表、眼镜零售	86	963
箱、包零售	18	170
厨房用具及日用杂品零售	111	746
自行车零售	26	134
其他日用品零售	219	1788
文化、体育用品及器材专门零售	1335	14569
文具用品零售	360	2153
体育用品及器材零售	105	606
图书、报刊零售	216	4531
音像制品及电子出版物零售	12	42
珠宝首饰零售	250	3768
工艺美术品及收藏品零售	203	2345
乐器零售	34	181
照相器材零售	26	165
其他文化用品零售	129	778
医药及医疗器材专门零售	1510	21207
药品零售	1189	18358
医疗用品及器材零售	321	2849
汽车、摩托车、燃料及零配件专门零售	3811	77449
汽车零售	1768	46146
汽车零配件零售	561	5493
摩托车及零配件零售	126	841
机动车燃料零售	1356	24969
家用电器及电子产品专门零售	3066	27842
家用视听设备零售	192	2263
日用家电设备零售	749	10869
计算机、软件及辅助设备零售	1269	8211
通信设备零售	273	2662
其他电子产品零售	583	3837

3-1-3　续表

项　目	单位数 (个)	年末从业人数 (人)
五金、家具及室内装饰材料专门零售	3320	27732
五金零售	1764	12501
灯具零售	112	716
家具零售	421	5934
涂料零售	62	418
卫生洁具零售	65	434
木质装饰材料零售	131	1141
陶瓷、石材装饰材料零售	159	1335
其他室内装饰材料零售	606	5253
货摊、无店铺及其他零售业	2420	30949
货摊食品零售	6	94
货摊纺织、服装及鞋零售	13	128
货摊日用品零售	4	9
互联网零售	11	275
邮购及电视、电话零售	3	14
旧货零售	38	216
生活用燃料零售	252	6050
其他未列明零售业	2093	24163
按登记注册类型分组		
内资企业	22001	344784
国有企业	605	15756
集体企业	993	24043
股份合作企业	57	791
联营企业	49	2528
国有联营企业	21	1817
集体联营企业	25	705
国有与集体联营企业	1	2
其他联营企业	2	4
有限责任公司	2575	57157
国有独资公司	16	1759
其他有限责任公司	2559	55398
股份有限公司	238	15723
私营企业	16747	222210
私营独资企业	3617	25416
私营合伙企业	287	2189
私营有限责任公司	12446	176628
私营股份有限公司	397	17977
其他企业	737	6576
港、澳、台商投资企业	15	2112
合资经营企业	5	1242
合作经营企业		
独资经营企业	8	696
投资股份有限公司	2	174
其他港澳台商投资企业		
外商投资企业	12	1850
中外合资经营企业	6	917
中外合作经营企业	1	85
外资企业	4	844
外商投资股份有限公司		
其他外商投资企业	1	4

3-1-4 零售业企业法人财务状况

单位：万元

项 目	营业收入	资产总计
总 计	**24211943**	**20319007**
按国民经济行业分组		
综合零售	3200219	3067088
百货零售	1385593	1624419
超级市场零售	1188282	1168214
其他综合零售	626345	274456
食品、饮料及烟草制品专门零售	784590	875525
粮油零售	130733	152252
糕点、面包零售	33031	64985
果品、蔬菜零售	163055	266768
肉、禽、蛋、奶及水产品零售	43243	36263
营养和保健品零售	11166	11598
酒、饮料及茶叶零售	210638	165279
烟草制品零售	75717	31485
其他食品零售	117007	146894
纺织、服装及日用品专门零售	1163552	3047113
纺织品及针织品零售	99137	114927
服装零售	969202	2764544
鞋帽零售	14783	34459
化妆品及卫生用品零售	24304	25684
钟表、眼镜零售	20286	16808
箱、包零售	4699	6164
厨房用具及日用杂品零售	12188	35238
自行车零售	1614	2282
其他日用品零售	17339	47007
文化、体育用品及器材专门零售	601881	1276670
文具用品零售	31724	53657
体育用品及器材零售	15223	17581
图书、报刊零售	221731	232399
音像制品及电子出版物零售	444	1429
珠宝首饰零售	265593	859382
工艺美术品及收藏品零售	31161	84118
乐器零售	6430	7130
照相器材零售	11990	4757
其他文化用品零售	17587	16216
医药及医疗器材专门零售	911099	674203
药品零售	794858	541373
医疗用品及器材零售	116241	132830
汽车、摩托车、燃料及零配件专门零售	13723751	7133361
汽车零售	7110289	4493471
汽车零配件零售	204738	219611
摩托车及零配件零售	33609	19719
机动车燃料零售	6375115	2400561
家用电器及电子产品专门零售	1559566	1108110
家用视听设备零售	152674	86850
日用家电设备零售	835173	492845
计算机、软件及辅助设备零售	338389	299123
通信设备零售	122333	77835
其他电子产品零售	110999	151457

3-1-4　续表　　单位：万元

项　目	营业收入	资产总计
五金、家具及室内装饰材料专门零售	996346	1433235
五金零售	327438	626034
灯具零售	13612	20317
家具零售	301681	277089
涂料零售	6138	11048
卫生洁具零售	7818	10108
木质装饰材料零售	106008	72130
陶瓷、石材装饰材料零售	17335	43807
其他室内装饰材料零售	216317	372703
货摊、无店铺及其他零售业	1270938	1703701
货摊食品零售	593	2115
货摊纺织、服装及鞋零售	1378	1429
货摊日用品零售	138	652
互联网零售	27513	6002
邮购及电视、电话零售	38	333
旧货零售	4626	9710
生活用燃料零售	423665	587472
其他未列明零售业	812988	1095988
按登记注册类型分组		
内资企业	23838410	20028067
国有企业	658684	495186
集体企业	687788	343531
股份合作企业	52161	30658
联营企业	18899	33348
国有联营企业	6838	26376
集体联营企业	12043	6941
国有与集体联营企业	4	9
其他联营企业	14	22
有限责任公司	3888979	5553540
国有独资公司	102769	233224
其他有限责任公司	3786210	5320315
股份有限公司	5157711	1579801
私营企业	13253120	11825656
私营独资企业	773677	501154
私营合伙企业	127174	52130
私营有限责任公司	11547059	10641006
私营股份有限公司	805209	631367
其他企业	121068	166349
港、澳、台商投资企业	311810	226892
合资经营企业	141141	142895
合作经营企业		
独资经营企业	155766	61128
投资股份有限公司	14903	22868
其他港澳台商投资企业		
外商投资企业	61723	64048
中外合资经营企业	25285	45091
中外合作经营企业	885	430
外资企业	35489	18470
外商投资股份有限公司		
其他外商投资企业	65	57

3-1-5 按行业、单位规模分组的

行业	单位数(个)	大型	中型	小型
批发和零售业	**45261**	**147**	**1523**	**5924**
批发业	**23233**	**91**	**701**	**2576**
农、林、牧产品批发	1281	1	17	126
谷物、豆及薯类批发	458	1	9	56
种子批发	277		2	14
饲料批发	46			3
棉、麻批发	27			1
林业产品批发	108			9
牲畜批发	99			6
其他农牧产品批发	266		6	37
食品、饮料及烟草制品批发	2182	13	56	227
米、面制品及食用油批发	319		10	39
糕点、糖果及糖批发	93		2	10
果品、蔬菜批发	362	1	7	66
肉、禽、蛋、奶及水产品批发	131		7	12
盐及调味品批发	110		4	18
营养和保健品批发	37		2	
酒、饮料及茶叶批发	471	1	10	41
烟草制品批发	45	11	1	8
其他食品批发	614		13	33
纺织、服装及家庭用品批发	963	3	21	81
纺织品、针织品及原料批发	100		1	11
服装批发	217	1	8	15
鞋帽批发	21		2	1
化妆品及卫生用品批发	98			8
厨房、卫生间用具及日用杂货批发	151			8
灯具、装饰物品批发	55			4
家用电器批发	233	2	8	28
其他家庭用品批发	88		2	6
文化、体育用品及器材批发	498	2	8	29
文具用品批发	136		1	2
体育用品及器材批发	37		1	1
图书批发	105	2	4	10
报刊批发	2			
音像制品及电子出版物批发	5			
首饰、工艺品及收藏品批发	127		2	7
其他文化用品批发	86			9
医药及医疗器材批发	556	4	53	101
西药批发	109	3	28	27
中药批发	93	1	19	29
医疗用品及器材批发	354		6	45
矿产品、建材及化工产品批发	9236	65	450	1306
煤炭及制品批发	2092	60	339	482
石油及制品批发	315	1	19	51
非金属矿及制品批发	238		3	28

批发零售业企业法人基本情况

	年末从业人员数（人）				
微型		大型	中型	小型	微型
37667	**690060**	**109242**	**162308**	**142574**	**275936**
19865	**341314**	**54202**	**63873**	**58575**	**164664**
1137	20686	3000	1911	3025	12750
392	9816	3000	706	1683	4427
261	2557		407	288	1862
43	552			30	522
26	516			32	484
99	1475			351	1124
93	1893			117	1776
223	3877		798	524	2555
1886	41626	8230	6339	7826	19231
270	4991		898	1135	2958
81	1098		101	210	787
288	9003	534	1021	2725	4723
112	2872		1206	328	1338
88	2817		789	827	1201
35	326		53		273
419	6145	758	1144	1358	2885
25	7336	6938	25	239	134
568	7038		1102	1004	4932
858	13081	972	2955	2301	6853
88	1356		43	340	973
193	4095	423	1571	482	1619
18	311		109	93	109
90	885			395	490
143	1339			173	1166
51	521			58	463
195	3413	549	1109	529	1226
80	1161		123	231	807
459	4813	1048	349	795	2621
133	809		91	36	682
35	293		45	50	198
89	2040	1048	123	333	536
2	13				13
5	29				29
118	701		90	180	431
77	928			196	732
398	12852	2173	4057	2451	4171
51	5065	1040	2477	804	744
44	4209	1133	1078	1025	973
303	3578		502	622	2454
7415	170900	37703	41274	28467	63456
1211	103331	35567	35643	13865	18256
244	4989	750	1348	996	1895
207	2261		93	779	1389

3-1-5 续表 1

行 业	单位数(个)			
		大型	中型	小型
金属及金属矿批发	1628	3	42	312
建材批发	3672	1	32	271
化肥批发	489		6	70
农药批发	134			7
农用薄膜批发	10			3
其他化工产品批发	658		9	82
机械设备、五金产品及电子产品批发	6517	3	73	519
农业机械批发	256		5	32
汽车批发	174	1	9	51
汽车零配件批发	357		7	26
摩托车及零配件批发	20		1	1
五金产品批发	1176		4	73
电气设备批发	555		1	35
计算机、软件及辅助设备批发	523		5	48
通讯及广播电视设备批发	112			10
其他机械设备及电子产品批发	3344	2	41	243
贸易经纪与代理	437		4	23
贸易代理	197		4	18
拍卖	69			
其他贸易经纪与代理	171			5
其他批发业	1563		19	164
再生物资回收与批发	533		3	66
其他未列明批发业	1030		16	98
零售业	**22028**	**56**	**822**	**3348**
综合零售	2627	17	206	478
百货零售	1396	8	88	229
超级市场零售	283	7	102	88
其他综合零售	948	2	16	161
食品、饮料及烟草制品专门零售	2154		39	301
粮油零售	445		7	82
糕点、面包零售	79		3	10
果品、蔬菜零售	194		9	33
肉、禽、蛋、奶及水产品零售	154		3	23
营养和保健品零售	76			9
酒、饮料及茶叶零售	572		6	61
烟草制品零售	117		5	17
其他食品零售	517		6	66
纺织、服装及日用品专门零售	1785	4	90	204
纺织品及针织品零售	200		9	19
服装零售	843	4	73	125
鞋帽零售	53		2	9
化妆品及卫生用品零售	229		1	13
钟表、眼镜零售	86		3	8
箱、包零售	18		1	1
厨房用具及日用杂品零售	111			9
自行车零售	26			2
其他日用品零售	219		1	18

微型	年末从业人员数（人）	大型	中型	小型	微型
1271	14658	1146	1653	3584	8275
3368	30169	240	1255	4114	24560
413	5968		356	1808	3804
127	1877			1119	758
7	117			79	38
567	7530		926	2123	4481
5922	55517	1076	5094	9587	39760
219	3084		411	546	2127
113	3449	466	424	1155	1404
324	3284		539	440	2305
18	159		24	10	125
1099	8119		251	1042	6826
519	3886		37	485	3364
470	3998		196	866	2936
102	865			165	700
3058	28673	610	3212	4878	19973
410	3451		231	502	2718
175	1807		231	232	1344
69	595				595
166	1049			270	779
1380	18388		1663	3621	13104
464	5346		82	963	4301
916	13042		1581	2658	8803
17802	**348746**	**55040**	**98435**	**83999**	**111272**
1926	92169	26526	31851	16344	17448
1071	40968	9089	13098	8650	10131
86	37412	15593	17316	3097	1406
769	13789	1844	1437	4597	5911
1814	24047		5329	7159	11559
356	5130		406	1753	2971
66	1522		833	211	478
152	3974		1424	1162	1388
128	1809		220	509	1080
67	549			219	330
505	4432		778	1210	2444
95	1414		340	634	440
445	5217		1328	1461	2428
1487	32782	4333	10893	6914	10642
172	3271		847	586	1838
641	23464	4333	9052	4854	5225
42	994		437	236	321
215	1252		82	270	900
75	963		305	209	449
16	170		80	18	72
102	746			168	578
24	134			26	108
200	1788		90	547	1151

3-1-5 续表 2

行 业	单位数(个)			
		大型	中型	小型
文化、体育用品及器材专门零售	1335	2	28	199
文具用品零售	360		1	20
体育用品及器材零售	105			10
图书、报刊零售	216		16	90
音像制品及电子出版物零售	12			
珠宝首饰零售	250	2	6	50
工艺美术品及收藏品零售	203		3	10
乐器零售	34			3
照相器材零售	26			3
其他文化用品零售	129		2	13
医药及医疗器材专门零售	1510	3	48	195
药品零售	1189	3	44	143
医疗用品及器材零售	321		4	52
汽车、摩托车、燃料及零配件专门零售	3811	24	299	811
汽车零售	1768	6	263	518
汽车零配件零售	561		4	78
摩托车及零配件零售	126			20
机动车燃料零售	1356	18	32	195
家用电器及电子产品专门零售	3066	3	42	493
家用视听设备零售	192		6	43
日用家电设备零售	749	3	27	184
计算机、软件及辅助设备零售	1269		4	151
通信设备零售	273		4	52
其他电子产品零售	583		1	63
五金、家具及室内装饰材料专门零售	3320		34	353
五金零售	1764		12	167
灯具零售	112			10
家具零售	421		16	83
涂料零售	62			4
卫生洁具零售	65		1	5
木质装饰材料零售	131		1	15
陶瓷、石材装饰材料零售	159		1	13
其他室内装饰材料零售	606		3	56
货摊、无店铺及其他零售业	2420	3	36	314
货摊食品零售	6			1
货摊纺织、服装及鞋零售	13			2
货摊日用品零售	4			
互联网零售	11		2	2
邮购及电视、电话零售	3			
旧货零售	38			2
生活用燃料零售	252	2	10	52
其他未列明零售业	2093	1	24	255

微型	年末从业人员数（人）	大型	中型	小型	微型
1106	14569	722	3384	4222	6241
339	2153		202	452	1499
95	606			191	415
110	4531		1888	1894	749
12	42				42
192	3768	722	721	1138	1187
190	2345		468	266	1611
31	181			55	126
23	165			53	112
114	778		105	173	500
1264	21207	2678	7156	5482	5891
999	18358	2678	6728	4457	4495
265	2849		428	1025	1396
2677	77449	15944	27339	18474	15692
981	46146	4265	22864	13140	5877
479	5493		312	1764	3417
106	841			363	478
1111	24969	11679	4163	3207	5920
2528	27842	1413	4422	9204	12803
143	2263		778	784	701
535	10869	1413	2908	3680	2868
1114	8211		243	2584	5384
217	2662		313	1099	1250
519	3837		180	1057	2600
2933	27732		3420	7622	16690
1585	12501		938	3390	8173
102	716			185	531
322	5934		1520	2033	2381
58	418			69	349
59	434		96	85	253
115	1141		196	274	671
145	1335		50	296	989
547	5253		620	1290	3343
2067	30949	3424	4641	8578	14306
5	94			38	56
11	128			50	78
4	9				9
7	275		192	56	27
3	14				14
36	216			59	157
188	6050	2774	823	1051	1402
1813	24163	650	3626	7324	12563

3-1-5 续表 3

行 业	营业收入（万元）	大型	中型	小型
批发和零售业	**143816486**	**41863365**	**75951635**	**20680590**
批发业	**119604543**	**33029649**	**67474403**	**15743111**
农、林、牧产品批发	726950	46573	210369	330504
谷物、豆及薯类批发	378498	46573	112678	174585
种子批发	97435		44868	28620
饲料批发	10443			6895
棉、麻批发	6019			1003
林业产品批发	24761			13131
牲畜批发	61915			34832
其他农牧产品批发	147879		52823	71438
食品、饮料及烟草制品批发	5576353	3762359	951982	581676
米、面制品及食用油批发	304940		169192	97454
糕点、糖果及糖批发	53931		13500	26721
果品、蔬菜批发	540791	165807	176644	152842
肉、禽、蛋、奶及水产品批发	135662		87423	26028
盐及调味品批发	149120		71152	57071
营养和保健品批发	18177		13496	
酒、饮料及茶叶批发	890633	557053	173695	116416
烟草制品批发	3070683	3039499	11254	18631
其他食品批发	412418		235627	86512
纺织、服装及家庭用品批发	1072880	165178	576466	218067
纺织品、针织品及原料批发	273852		211562	50964
服装批发	187098	42003	90756	33617
鞋帽批发	37026		29506	4623
化妆品及卫生用品批发	22914			13011
厨房、卫生间用具及日用杂货批发	27496			16783
灯具、装饰物品批发	14726			7574
家用电器批发	441939	123175	208692	70519
其他家庭用品批发	67829		35949	20977
文化、体育用品及器材批发	736902	198621	436445	60320
文具用品批发	202196		177622	8995
体育用品及器材批发	21824		18156	2000
图书批发	324841	198621	90961	21347
报刊批发				
音像制品及电子出版物批发	116			
首饰、工艺品及收藏品批发	162156		149705	11377
其他文化用品批发	25768			16601
医药及医疗器材批发	1753597	465821	939436	271036
西药批发	949095	355888	496413	85353
中药批发	485967	109933	281742	87719
医疗用品及器材批发	318535		161281	97965
矿产品、建材及化工产品批发	100402881	27942922	58876722	11981703
煤炭及制品批发	70143544	25530645	40011163	4153221
石油及制品批发	1514613	418609	917493	128109
非金属矿及制品批发	244839		50679	174635

	资产总计(万元)				
微型		大型	中型	小型	微型
5320895	**86204457**	**23227588**	**34301210**	**12567538**	**16108121**
3357381	**65885450**	**18911564**	**27233906**	**8360428**	**11379552**
139504	611559	3908	222894	127931	256826
44661	289955	3908	137530	76333	72183
23948	128454		55405	23547	49503
3549	15937			1644	14292
5016	25293			150	25143
11630	33315			5386	27928
27083	12764			1973	10791
23618	105842		29959	18897	56986
280336	2452872	1221255	368604	315683	547330
38294	249848		89782	69433	90634
13710	44893		6780	25708	12405
45498	382374	135483	43419	83964	119508
22210	64103		16659	18363	29081
20897	95154		58167	17600	19387
4680	15188		4456		10733
43469	323982	101119	66483	48369	108010
1298	1003338	984652	3979	10203	4504
90280	273991		78880	42043	153068
113169	898358	130726	345511	86117	336005
11326	124785		63937	13872	46976
20722	302495	101420	95623	26561	78891
2897	32110		24980	3356	3775
9903	16656			5186	11470
10713	52247			9704	42543
7152	24228			2772	21456
39554	268467	29306	155544	20595	63022
10903	77369		5427	4070	67873
41517	648229	329337	167979	38328	112584
15579	100072		78002	632	21438
1668	38448		27908	2000	8540
13912	394434	329337	37056	6982	21059
	690				690
116	355				355
1074	54530		25014	18679	10837
9168	59700			10034	49666
77304	1176628	204645	563659	188907	219416
11442	668308	186735	302041	67596	111937
6573	271510	17910	192496	40729	20375
59290	236810		69123	80583	87105
1601534	54376356	16803519	24031078	6402515	7139244
448515	43318646	15451324	19948380	3979926	3939015
50403	1218275	98568	785664	210932	123111
19525	275349		13233	164941	97175

3-1-5 续表 4

行 业	营业收入(万元)	大型	中型	小型
金属及金属矿批发	15650353	1888639	8727850	4568105
建材批发	11117561	105029	8631326	1953970
化肥批发	714608		383928	270374
农药批发	28829			11758
农用薄膜批发	9283			8377
其他化工产品批发	979252		154283	713154
机械设备、五金产品及电子产品批发	7401302	448174	4162969	1884718
农业机械批发	159134		57770	68188
汽车批发	592716	316216	104752	141891
汽车零配件批发	165524		56987	60477
摩托车及零配件批发	17948		11630	2000
五金产品批发	351451		42448	159370
电气设备批发	169968		7254	79896
计算机、软件及辅助设备批发	254473		67175	126490
通讯及广播电视设备批发	43610			24777
其他机械设备及电子产品批发	5646478	131957	3814953	1221629
贸易经纪与代理	505763		417933	63581
贸易代理	487629		417933	54558
拍卖	4057			
其他贸易经纪与代理	14077			9023
其他批发业	1427914		902081	351507
再生物资回收与批发	190578		25055	115433
其他未列明批发业	1237336		877026	236074
零售业	**24211943**	**8833716**	**8477232**	**4937480**
综合零售	3200219	1472673	990062	578348
百货零售	1385593	575280	479599	235470
超级市场零售	1188282	696441	388023	98882
其他综合零售	626345	200952	122440	243996
食品、饮料及烟草制品专门零售	784590		270385	367637
粮油零售	130733		21903	78527
糕点、面包零售	33031		21070	7879
果品、蔬菜零售	163055		82195	68219
肉、禽、蛋、奶及水产品零售	43243		11844	24571
营养和保健品零售	11166			7642
酒、饮料及茶叶零售	210638		70933	90857
烟草制品零售	75717		34833	35059
其他食品零售	117007		27608	54883
纺织、服装及日用品专门零售	1163552	356362	506678	209738
纺织品及针织品零售	99137		57603	34843
服装零售	969202	356362	420208	147019
鞋帽零售	14783		8292	3460
化妆品及卫生用品零售	24304		2256	9426
钟表、眼镜零售	20286		15165	2178
箱、包零售	4699		2646	1356
厨房用具及日用杂品零售	12188			5318
自行车零售	1614			485
其他日用品零售	17339		509	5653

	资产总计 (万元)				
微型		大型	中型	小型	微型
465758	4906796	1219454	1740346	974536	972461
427236	3762223	34172	1303022	704766	1720263
60306	318983		108998	116746	93240
17072	15501			5141	10360
906	10473			9306	1167
111814	550109		131436	236220	182454
905441	4365399	218174	1003104	990818	2153303
33176	97492		19459	32289	45743
29856	329525	78607	61810	130619	58488
48060	217873		73040	30983	113850
4317	19020		1827	10300	6893
149633	490382		26071	178083	286228
82819	224316		684	47174	176458
60807	199740		15791	55145	128805
18832	38326			10977	27350
477939	2748727	139567	804424	495248	1309488
24249	497099		240423	61296	195381
15138	366540		240423	37695	88423
4057	30805				30805
5054	99755			23601	76153
174326	858950		290655	148833	419462
50090	121375		6324	25250	89801
124237	737575		284330	123583	329661
1963515	**20319007**	**4316023**	**7067304**	**4207110**	**4728569**
159137	3067088	1444867	841857	342586	437778
95244	1624419	744988	384311	182096	313024
4937	1168214	671303	394167	86297	16446
58956	274456	28575	63379	74193	108308
146568	875525		188728	245744	441053
30304	152252		12784	72991	66478
4081	64985		51126	5255	8604
12641	266768		47319	41238	178211
6828	36263		6994	12047	17223
3524	11598			4733	6865
48848	165279		45832	47622	71826
5825	31485		10435	10252	10799
34517	146894		14240	51606	81048
90774	3047113	144957	2426604	229966	245585
6691	114927		56652	13488	44787
45613	2764544	144957	2335115	165820	118652
3031	34459		19422	8810	6226
12622	25684		1825	9272	14587
2943	16808		9597	2922	4290
697	6164		2223	841	3099
6870	35238			5703	29535
1130	2282			369	1913
11178	47007		1770	22741	22496

3-1-5 续表 5

行业	营业收入(万元)	大型	中型	小型
文化、体育用品及器材专门零售	601881	145295	152708	228027
文具用品零售	31724		2831	10264
体育用品及器材零售	15223			11179
图书、报刊零售	221731		77077	132161
音像制品及电子出版物零售	444			
珠宝首饰零售	265593	145295	62992	41274
工艺美术品及收藏品零售	31161		3844	14375
乐器零售	6430			4765
照相器材零售	11990			9706
其他文化用品零售	17587		5965	4303
医药及医疗器材专门零售	911099	406999	224323	185934
药品零售	794858	406999	201576	124290
医疗用品及器材零售	116241		22747	61644
汽车、摩托车、燃料及零配件专门零售	13723751	5883298	5392550	1917690
汽车零售	7110289	1045337	4364455	1479414
汽车零配件零售	204738		8313	136026
摩托车及零配件零售	33609			19126
机动车燃料零售	6375115	4837961	1019782	283124
家用电器及电子产品专门零售	1559566	323658	352004	602510
家用视听设备零售	152674		95168	39467
日用家电设备零售	835173	323658	199296	246219
计算机、软件及辅助设备零售	338389		21141	189081
通信设备零售	122333		28729	69680
其他电子产品零售	110999		7670	58064
五金、家具及室内装饰材料专门零售	996346		280671	357133
五金零售	327438		32443	129710
灯具零售	13612			2236
家具零售	301681		211360	69806
涂料零售	6138			1593
卫生洁具零售	7818		1450	1674
木质装饰材料零售	106008		4285	90854
陶瓷、石材装饰材料零售	17335		1779	9227
其他室内装饰材料零售	216317		29354	52033
货摊、无店铺及其他零售业	1270938	245432	307850	490464
货摊食品零售	593			490
货摊纺织、服装及鞋零售	1378			935
货摊日用品零售	138			
互联网零售	27513		26950	504
邮购及电视、电话零售	38			
旧货零售	4626			1576
生活用燃料零售	423665	87939	154267	155734
其他未列明零售业	812988	157493	126634	331225

	资产总计（万元）				
微型		大型	中型	小型	微型
75850	1276670	66327	167294	232553	810496
18629	53657		3183	10926	39548
4044	17581			4438	13143
12493	232399		79757	131253	21388
444	1429				1429
16032	859382	66327	74183	52080	666792
12942	84118		7544	25548	51027
1665	7130			3555	3575
2283	4757			1103	3654
7319	16216		2627	3649	9939
93843	674203	264553	163676	147405	98569
61994	541373	264553	145491	74557	56771
31849	132830		18185	72848	41798
530214	7133361	1943997	2457632	1966513	765219
221084	4493471	454468	1987795	1721359	329848
60400	219611		9600	91535	118476
14483	19719			9524	10195
234248	2400561	1489529	460237	144095	306700
281394	1108110	167288	174456	330607	435759
18039	86850		33722	25352	27776
65999	492845	167288	119579	117643	88335
128167	299123		10057	95405	193661
23924	77835		4608	30926	42301
45265	151457		6489	61282	83686
358542	1433235		177519	368497	887219
165285	626034		36392	138398	451243
11375	20317			6124	14194
20515	277089		67657	111978	97454
4545	11048			2709	8339
4694	10108		170	1812	8126
10869	72130		11912	42385	17832
6329	43807		1439	8865	33502
134929	372703		59949	56225	256529
227192	1703701	284034	469537	343239	606891
103	2115			823	1292
444	1429			707	722
138	652				652
58	6002		5044	653	305
38	333				333
3049	9710			3429	6280
25725	587472	283343	129658	112481	61990
197637	1095988	691	334836	225145	535316

3-1-6 按行业、控股类型分组的

行 业	单位数(个)	国有控股	集体控股	私人控股	港澳台商控股
批发和零售业	**45261**	**2083**	**1954**	**39159**	**19**
批发业	**23233**	**1263**	**775**	**20079**	**5**
农、林、牧产品批发	1281	156	57	820	
谷物、豆及薯类批发	458	130	12	237	
种子批发	277	8	11	230	
饲料批发	46	2		42	
棉、麻批发	27	3	11	13	
林业产品批发	108	4	3	77	
牲畜批发	99	1		27	
其他农牧产品批发	266	8	20	194	
食品、饮料及烟草制品批发	2182	207	125	1620	
米、面制品及食用油批发	319	119	12	178	
糕点、糖果及糖批发	93	12	2	77	
果品、蔬菜批发	362	13	26	209	
肉、禽、蛋、奶及水产品批发	131	9	4	101	
盐及调味品批发	110	12	49	43	
营养和保健品批发	37			36	
酒、饮料及茶叶批发	471	21	7	433	
烟草制品批发	45	14	3	26	
其他食品批发	614	7	22	517	
纺织、服装及家庭用品批发	963	24	37	864	4
纺织品、针织品及原料批发	100	14	8	72	
服装批发	217	2	2	207	1
鞋帽批发	21			20	
化妆品及卫生用品批发	98		1	94	
厨房、卫生间用具及日用杂货批发	151	2	15	128	
灯具、装饰物品批发	55		1	52	
家用电器批发	233	4		217	3
其他家庭用品批发	88	2	10	74	
文化、体育用品及器材批发	498	29	6	457	
文具用品批发	136	4		129	
体育用品及器材批发	37	2		35	
图书批发	105	18	3	82	
报刊批发	2			2	
音像制品及电子出版物批发	5	1		4	
首饰、工艺品及收藏品批发	127		1	126	
其他文化用品批发	86	4	2	79	
医药及医疗器材批发	556	45	4	491	
西药批发	109	21	2	83	
中药批发	93	18	2	65	
医疗用品及器材批发	354	6		343	
矿产品、建材及化工产品批发	9236	588	379	7948	1
煤炭及制品批发	2092	400	101	1506	1
石油及制品批发	315	15	12	281	
非金属矿及制品批发	238	7	4	218	

批发零售业企业法人基本情况

外商控股	其他	年末从业人员数(人)	国有控股	集体控股	私人控股	港澳台商控股	外商控股	其他
17	**2029**	**690060**	**144479**	**57748**	**449016**	**2858**	**2138**	**33821**
7	**1104**	**341314**	**100211**	**26218**	**192426**	**1172**	**65**	**21222**
2	246	20686	3116	3976	9232		9	4353
1	78	9816	2425	3114	2826		8	1443
	28	2557	249	130	1940			238
	2	552	38		501			13
		516	85	341	90			
	24	1475	117	10	862			486
1	70	1893	10		510		1	1372
	44	3877	192	381	2503			801
	230	41626	13024	3512	18862			6228
	10	4991	2702	184	2012			93
	2	1098	252	45	793			8
	114	9003	729	887	3702			3685
	17	2872	233	62	1619			958
	6	2817	231	1497	585			504
	1	326			298			28
	10	6145	1573	298	4204			70
	2	7336	7017	59	255			5
	68	7038	287	480	5394			877
	34	13081	1173	924	9298	1154		532
	6	1356	586	111	621			38
	5	4095	163	33	3022	838		39
	1	311			308			3
	3	885		3	874			8
	6	1339	84	307	920			28
	2	521		13	493			15
	9	3413	272		2430	316		395
	2	1161	68	457	630			6
	6	4813	1365	122	3247			79
	3	809	107		690			12
		293	44		249			
	2	2040	888	27	1060			65
		13			13			
		29	3		26			
		701		66	635			
	1	928	323	29	574			2
	16	12852	2825	44	8089			1894
	3	5065	1431	27	3177			430
	8	4209	1098	17	1652			1442
	5	3578	296		3260			22
3	317	170900	69526	14918	81206	18	12	5220
2	82	103331	61927	9416	28704	18	6	3260
	7	4989	1651	123	3128			87
	9	2261	249	19	1919			74

3-1-6 续表 1

行业	单位数(个)	国有控股	集体控股	私人控股	港澳台商控股
金属及金属矿批发	1628	44	24	1531	
建材批发	3672	48	67	3451	
化肥批发	489	25	122	291	
农药批发	134	7	28	89	
农用薄膜批发	10		2	6	
其他化工产品批发	658	42	19	575	
机械设备、五金产品及电子产品批发	6517	115	81	6134	
农业机械批发	256	23	7	209	
汽车批发	174	6	2	160	
汽车零配件批发	357	2	6	344	
摩托车及零配件批发	20	1		18	
五金产品批发	1176	22	22	1097	
电气设备批发	555	2	7	525	
计算机、软件及辅助设备批发	523	3		508	
通讯及广播电视设备批发	112	1	1	108	
其他机械设备及电子产品批发	3344	55	36	3165	
贸易经纪与代理	437	21	9	390	
贸易代理	197	9	2	177	
拍卖	69	4	1	61	
其他贸易经纪与代理	171	8	6	152	
其他批发业	1563	78	77	1355	
再生物资回收与批发	533	39	48	428	
其他未列明批发业	1030	39	29	927	
零售业	**22028**	**820**	**1179**	**19080**	**14**
综合零售	2627	165	716	1619	
百货零售	1396	125	334	857	
超级市场零售	283	9	15	247	
其他综合零售	948	31	367	515	
食品、饮料及烟草制品专门零售	2154	180	80	1735	1
粮油零售	445	124	25	253	
糕点、面包零售	79	3	3	71	
果品、蔬菜零售	194	14	11	144	
肉、禽、蛋、奶及水产品零售	154	9	3	116	
营养和保健品零售	76	1	5	68	
酒、饮料及茶叶零售	572	10	8	537	1
烟草制品零售	117	5	9	99	
其他食品零售	517	14	16	447	
纺织、服装及日用品专门零售	1785	36	69	1612	4
纺织品及针织品零售	200	9	20	162	
服装零售	843	21	24	763	2
鞋帽零售	53	1	1	48	
化妆品及卫生用品零售	229			222	2
钟表、眼镜零售	86	2	3	80	
箱、包零售	18		1	17	
厨房用具及日用杂品零售	111		8	100	
自行车零售	26		1	25	
其他日用品零售	219	3	11	195	

		年末从业人员数(人)						
外商控股	其他		国有控股	集体控股	私人控股	港澳台商控　　股	外商控股	其他
	29	14658	1326	881	12110			341
1	105	30169	1273	971	27110		6	809
	51	5968	549	2688	2308			423
	10	1877	41	294	1454			88
	2	117		59	45			13
	22	7530	2510	467	4428			125
1	186	55517	3955	1288	47978		38	2258
	17	3084	956	215	1794			119
	6	3449	195	135	2981			138
	5	3284	203	87	2975			19
	1	159	43		110			6
	35	8119	885	211	6764			259
	21	3886	10	85	3646			145
	12	3998	77		3830			91
	2	865	9	10	833			13
1	87	28673	1577	545	25045		38	1468
	17	3451	492	206	2633			120
	9	1807	349	11	1375			72
	3	595	50	12	510			23
	5	1049	93	183	748			25
1	52	18388	4735	1228	11881		6	538
	18	5346	1089	897	3207			153
1	34	13042	3646	331	8674		6	385
10	**925**	**348746**	**44268**	**31530**	**256590**	**1686**	**2073**	**12599**
5	122	92169	6995	16895	64327		1542	2410
3	77	40968	5520	8763	24750		824	1111
2	10	37412	701	1047	33900		718	1046
	35	13789	774	7085	5677			253
1	157	24047	3758	2488	16016	35	1	1749
1	42	5130	1920	230	2442		1	537
	2	1522	50	689	774			9
	25	3974	416	275	2874			409
	26	1809	317	51	1226			215
	2	549	4	70	450			25
	16	4432	625	121	3552	35		99
	4	1414	332	328	726			28
	40	5217	94	724	3972			427
1	63	32782	1677	1707	27651	358	344	1045
	9	3271	413	544	2239			75
1	32	23464	1109	718	20154	274	344	865
	3	994	10	5	971			8
	5	1252			1154	84		14
	1	963	23	100	838			2
		170		1	169			
	3	746		114	620			12
		134		10	124			
	10	1788	122	215	1382			69

3-1-6 续表 2

行 业	单位数(个)	国有控股	集体控股	私人控股	港澳台商控股
文化、体育用品及器材专门零售	1335	133	31	1141	3
文具用品零售	360	6	6	339	
体育用品及器材零售	105	2	2	98	1
图书、报刊零售	216	116	7	91	
音像制品及电子出版物零售	12			12	
珠宝首饰零售	250	1	4	237	1
工艺美术品及收藏品零售	203	5	6	187	
乐器零售	34			33	
照相器材零售	26	1	1	23	1
其他文化用品零售	129	2	5	121	
医药及医疗器材专门零售	1510	56	19	1376	1
药品零售	1189	53	17	1071	
医疗用品及器材零售	321	3	2	305	1
汽车、摩托车、燃料及零配件专门零售	3811	99	104	3463	3
汽车零售	1768	20	23	1638	2
汽车零配件零售	561	10	14	525	1
摩托车及零配件零售	126	2		123	
机动车燃料零售	1356	67	67	1177	
家用电器及电子产品专门零售	3066	18	17	2943	
家用视听设备零售	192	1	2	171	
日用家电设备零售	749	6	6	717	
计算机、软件及辅助设备零售	1269	4	2	1237	
通信设备零售	273	2	2	260	
其他电子产品零售	583	5	5	558	
五金、家具及室内装饰材料专门零售	3320	44	59	3064	1
五金零售	1764	32	44	1584	1
灯具零售	112		2	106	
家具零售	421	4	6	402	
涂料零售	62	1		60	
卫生洁具零售	65		1	61	
木质装饰材料零售	131	3	2	124	
陶瓷、石材装饰材料零售	159	1		150	
其他室内装饰材料零售	606	3	4	577	
货摊、无店铺及其他零售业	2420	89	84	2127	1
货摊食品零售	6			6	
货摊纺织、服装及鞋零售	13	1		12	
货摊日用品零售	4			3	
互联网零售	11	1		10	
邮购及电视、电话零售	3			3	
旧货零售	38	1	1	35	
生活用燃料零售	252	15	10	218	1
其他未列明零售业	2093	71	73	1840	

外商控股	其他	年末从业人员数(人)	国有控股	集体控股	私人控股	港澳台商控股	外商控股	其他
	27	14569	3961	327	9812	280		189
	9	2153	62	57	1982			52
	2	606	57	6	519	15		9
	2	4531	3636	67	820			8
		42			42			
	7	3768	18	112	3295	255		88
	5	2345	117	33	2167			28
	1	181			179			2
		165	13	13	129	10		
	1	778	58	39	679			2
	58	21207	5610	151	14914	14		518
	48	18358	5585	122	12214			437
	10	2849	25	29	2700	14		81
1	141	77449	14848	3090	55711	292	3	3505
1	84	46146	876	1882	40345	272	3	2768
	11	5493	392	310	4648	20		123
	1	841	9		829			3
	45	24969	13571	898	9889			611
	88	27842	397	173	26348			924
	18	2263	27	3	1855			378
	20	10869	203	92	10352			222
	26	8211	83	17	7950			161
	9	2662	19	36	2518			89
	15	3837	65	25	3673			74
2	150	27732	1236	1397	23931	6	183	979
	103	12501	973	793	10153	6		576
	4	716		34	660			22
1	8	5934	63	392	5104		165	210
	1	418	26		388			4
	3	434		5	418			11
	2	1141	119	14	1002			6
	8	1335	6		1286			43
1	21	5253	49	159	4920		18	107
	119	30949	5786	5302	17880	701		1280
		94			94			
		128	38		90			
	1	9			6			3
		275	10		265			
		14			14			
	1	216	4	10	198			4
	8	6050	2570	103	2425	701		251
	109	24163	3164	5189	14788			1022

3-1-6 续表 3

行 业	营业收入(万元)	国有控股	集体控股	私人控股	港澳台商控股
批发和零售业	**143816486**	**95312043**	**3491734**	**40987482**	**315278**
批发业	**119604543**	**88372169**	**2381552**	**26263703**	**94408**
农、林、牧产品批发	726950	198838	70976	396463	
谷物、豆及薯类批发	378498	178654	49669	137994	
种子批发	97435	5127	8475	77412	
饲料批发	10443			10133	
棉、麻批发	6019	175	4427	1417	
林业产品批发	24761	565	1653	17024	
牲畜批发	61915	500		39636	
其他农牧产品批发	147879	13815	6752	112847	
食品、饮料及烟草制品批发	5576353	4026706	274495	1094439	
米、面制品及食用油批发	304940	105309	1463	196128	
糕点、糖果及糖批发	53931	4759	440	48706	
果品、蔬菜批发	540791	107568	41071	298383	
肉、禽、蛋、奶及水产品批发	135662	8712	28799	63434	
盐及调味品批发	149120	9663	75362	31057	
营养和保健品批发	18177			11049	
酒、饮料及茶叶批发	890633	694351	22109	173680	
烟草制品批发	3070683	3044007	2110	24559	
其他食品批发	412418	52337	103140	247443	
纺织、服装及家庭用品批发	1072880	69099	17486	836432	94057
纺织品、针织品及原料批发	273852	4133	1234	265798	
服装批发	187098	2166	56	158682	26094
鞋帽批发	37026			37021	
化妆品及卫生用品批发	22914			22862	
厨房、卫生间用具及日用杂货批发	27496	20	1942	25430	
灯具、装饰物品批发	14726		450	11162	
家用电器批发	441939	62700		261571	67963
其他家庭用品批发	67829	81	13805	53906	
文化、体育用品及器材批发	736902	417332	2141	316105	
文具用品批发	202196	178021		24125	
体育用品及器材批发	21824	39		21785	
图书批发	324841	237730	1775	84068	
报刊批发					
音像制品及电子出版物批发	116	8		108	
首饰、工艺品及收藏品批发	162156		247	161910	
其他文化用品批发	25768	1534	120	24110	
医药及医疗器材批发	1753597	414496	6876	1064393	
西药批发	949095	250078	2273	585045	
中药批发	485967	121166	4603	204937	
医疗用品及器材批发	318535	43252		274410	
矿产品、建材及化工产品批发	100402881	78451261	1969223	18273517	351
煤炭及制品批发	70143544	58636848	1469381	8477718	351
石油及制品批发	1514613	1075388	13712	423042	
非金属矿及制品批发	244839	77901	921	153954	

外商控股	其他	资产总计（万元）	国有控股	集体控股	私人控股	港澳台商控股	外商控股	其他
136670	**3573280**	**86204457**	**38506031**	**3489237**	**41537996**	**233406**	**205302**	**2232484**
4426	**2488285**	**65885450**	**35237290**	**2797851**	**26110987**	**51794**	**120235**	**1567293**
16	60657	611559	198875	45077	337527		5	30075
16	12165	289955	182297	4597	93854		5	9202
	6420	128454	3114	10060	111525			3756
	310	15937	877		14750			310
		25293	1186	22663	1445			
	5519	33315	3756	219	26597			2743
	21779	12764	60		4666			8037
	14464	105842	7586	7539	84690			6028
	180713	2452872	1320950	126918	911166			93838
	2040	249848	146401	7463	93841			2144
	26	44893	2287	475	41999			131
	93768	382374	25002	19789	289079			48505
	34716	64103	7233	3998	47519			5353
	33038	95154	3021	56022	21331			14781
	7128	15188			12090			3098
	493	323982	140487	17311	159456			6727
	6	1003338	987081	541	15713			4
	9498	273991	9438	21319	230137			13096
	55806	898358	37684	13453	775222	48568		23432
	2686	124785	26329	1836	91900			4720
	100	302495	5383	2307	271272	22302		1232
	5	32110			32104			6
	52	16656		77	16523			56
	105	52247	1327	6272	43383			1265
	3114	24228		98	22315			1815
	49706	268467	3698		224232	26266		14271
	37	77369	947	2864	73491			68
	1324	648229	445631	1357	200526			715
	51	100072	79533		20346			193
		38448	2998		35449			
	1269	394434	331591	637	61684			522
		690			690			
		355	41		314			
		54530		136	54394			
	5	59700	31468	584	27648			
	267832	1176628	276658	3319	807757			88894
	111699	668308	185893	2673	432805			46937
	155260	271510	67779	646	161855			41230
	872	236810	22985		213098			727
1410	1707118	54376356	31893996	2514014	18703164	3226	115721	1146234
	1559245	43318646	28943319	1790283	11473187	3226	113838	994792
	2471	1218275	769353	13301	430025			5596
	12063	275349	32205	280	235609			7254

3-1-6 续表 4

行 业	营业收入（万元）				
		国有控股	集体控股	私人控股	港澳台商控 股
金属及金属矿批发	15650353	10073031	229900	5273715	
建材批发	11117561	8031468	124473	2937210	
化肥批发	714608	369081	122917	207200	
农药批发	28829	80	3796	21481	
农用薄膜批发	9283		1868	7354	
其他化工产品批发	979252	187465	2256	771842	
机械设备、五金产品及电子产品批发	7401302	4226267	22822	2961090	
农业机械批发	159134	45195	623	104303	
汽车批发	592716	16413	2000	532922	
汽车零配件批发	165524	5729	245	159301	
摩托车及零配件批发	17948	69		17870	
五金产品批发	351451	4750	10711	321868	
电气设备批发	169968		1241	160646	
计算机、软件及辅助设备批发	254473	16953		235619	
通讯及广播电视设备批发	43610		400	43192	
其他机械设备及电子产品批发	5646478	4137158	7602	1385369	
贸易经纪与代理	505763	1762	2025	500767	
贸易代理	487629	626		485970	
拍卖	4057	165	62	3664	
其他贸易经纪与代理	14077	971	1963	11133	
其他批发业	1427914	566407	15507	820497	
再生物资回收与批发	190578	7588	11157	168189	
其他未列明批发业	1237336	558820	4350	652308	
零售业	**24211943**	**6939874**	**1110181**	**14723779**	**220870**
综合零售	3200219	384012	444529	2121065	
百货零售	1385593	316813	144188	805962	
超级市场零售	1188282	34029	37110	1070570	
其他综合零售	626345	33170	263231	244534	
食品、饮料及烟草制品专门零售	784590	164861	108563	473342	4686
粮油零售	130733	38189	4243	72532	
糕点、面包零售	33031	11	17581	15426	
果品、蔬菜零售	163055	34784	20444	104035	
肉、禽、蛋、奶及水产品零售	43243	20664	251	20847	
营养和保健品零售	11166	56	995	5273	
酒、饮料及茶叶零售	210638	55303	912	147034	4686
烟草制品零售	75717	15170	34591	25146	
其他食品零售	117007	685	29547	83050	
纺织、服装及日用品专门零售	1163552	88179	20012	937557	24102
纺织品及针织品零售	99137	45878	2022	50608	
服装零售	969202	41269	16299	798442	21847
鞋帽零售	14783	26	12	14692	
化妆品及卫生用品零售	24304			22010	2256
钟表、眼镜零售	20286	115	48	20116	
箱、包零售	4699			4699	
厨房用具及日用杂品零售	12188		268	11873	
自行车零售	1614		200	1414	
其他日用品零售	17339	890	1162	13702	

外商控股	其他	资产总计（万元）	国有控股	集体控股	私人控股	港澳台商控股	外商控股	其他
	73707	4906796	1184483	495579	3160207			66528
1410	22999	3762223	710610	145324	2862008		1883	42399
	15411	318983	98082	51987	155535			13380
	3472	15501	458	1938	11891			1214
	61	10473		2200	8258			15
	17689	550109	155486	13123	366444			15057
3000	188123	4365399	838988	70232	3308438		7	147734
	9014	97492	21459	2538	68470			5024
	41381	329525	9401	937	300923			18263
	249	217873	6351	9132	201374			1015
	9	19020	101		18816			103
	14122	490382	19790	12410	447771			10411
	8081	224316	1410	2861	211882			8163
	1900	199740	2706		193708			3325
	18	38326	3	50	38120			153
3000	113349	2748727	777766	42303	1827373		7	101278
	1209	497099	45688	5018	444587			1806
	1033	366540	7872	2500	354983			1185
	166	30805	899	1259	28377			270
	9	99755	36918	1259	61228			350
	25502	858950	178821	18462	622600		4503	34565
	3644	121375	13577	13206	93565			1027
	21858	737575	165243	5257	529035		4503	33538
132244	**1084995**	**20319007**	**3268741**	**691386**	**15427009**	**181612**	**85067**	**665192**
49782	200832	3067088	190274	219280	2467385		42884	117264
30646	87983	1624419	136042	140431	1253901		17783	76263
19135	27439	1168214	30974	31999	1049194		25101	30946
	85410	274456	23259	76851	164290			10056
	33138	875525	101260	81961	643276	762	55	48211
	15770	152252	62337	3799	78116		55	7946
	13	64985	639	48039	16286			21
	3794	266768	2900	9338	241511			13020
	1481	36263	3135	602	28563			3964
	4842	11598	129	503	10229			737
	2703	165279	29870	654	129943	762		4049
	811	31485	1768	9850	19117			750
	3725	146894	482	9177	119511			17724
69164	24538	3047113	29120	28155	2911548	26308	15731	36251
	629	114927	3453	7049	103841			584
69164	22181	2764544	22417	14634	2659680	24473	15731	27609
	53	34459	53	54	33930			422
	39	25684			23517	1836		332
	6	16808	369	342	16047			50
		6164			6164			
	46	35238		3021	27022			5195
		2282		80	2202			
	1585	47007	2828	2975	39145			2058

3-1-6 续表 5

行业	营业收入(万元)	国有控股	集体控股	私人控股	港澳台商控股
文化、体育用品及器材专门零售	601881	219761	26161	333607	17292
文具用品零售	31724	1142	465	29552	
体育用品及器材零售	15223	3360	13	11762	
图书、报刊零售	221731	205689	3507	12345	
音像制品及电子出版物零售	444			444	
珠宝首饰零售	265593	86	15006	230130	16566
工艺美术品及收藏品零售	31161	1027	6706	23337	
乐器零售	6430			6430	
照相器材零售	11990	4019	17	7227	727
其他文化用品零售	17587	4438	448	12381	
医药及医疗器材专门零售	911099	432724	8419	460849	280
药品零售	794858	432676	4713	350256	
医疗用品及器材零售	116241	48	3706	110593	280
汽车、摩托车、燃料及零配件专门零售	13723751	5333409	413583	7198042	127490
汽车零售	7110289	127401	346788	5986416	125605
汽车零配件零售	204738	15695	4224	113139	1886
摩托车及零配件零售	33609	1024		32577	
机动车燃料零售	6375115	5189290	62571	1065910	
家用电器及电子产品专门零售	1559566	35587	4219	1477106	
家用视听设备零售	152674	1658		119637	
日用家电设备零售	835173	25125	2060	800189	
计算机、软件及辅助设备零售	338389	6929	986	328913	
通信设备零售	122333	109	155	120833	
其他电子产品零售	110999	1766	1019	107535	
五金、家具及室内装饰材料专门零售	996346	27551	43614	817644	80
五金零售	327438	18899	10722	285250	80
灯具零售	13612		377	13032	
家具零售	301681	5216	32314	186053	
涂料零售	6138	50		6075	
卫生洁具零售	7818		10	7628	
木质装饰材料零售	106008	3035	4	102955	
陶瓷、石材装饰材料零售	17335			16702	
其他室内装饰材料零售	216317	350	187	199948	
货摊、无店铺及其他零售业	1270938	253791	41080	904565	46939
货摊食品零售	593			593	
货摊纺织、服装及鞋零售	1378	203		1175	
货摊日用品零售	138			43	
互联网零售	27513	55		27457	
邮购及电视、电话零售	38			38	
旧货零售	4626	42	25	4546	
生活用燃料零售	423665	162542	2322	207137	46939
其他未列明零售业	812988	90948	38733	663577	

外商控股	其他	资产总计(万元)	国有控股	集体控股	私人控股	港澳台商控股	外商控股	其他
	5059	1276670	232275	33531	964674	38049		8142
	565	53657	318	1051	51655			633
	88	17581	2192	220	15037	50		82
	189	232399	213661	2565	15908			265
		1429			1429			
	3806	859382	532	6718	807509	37747		6877
	91	84118	15223	22484	46241			171
		7130			7030			100
		4757	188	21	4296	252		
	320	16216	160	473	15568			15
	8827	674203	312104	4214	325920	365		31600
	7214	541373	311884	2588	218578			8323
	1614	132830	220	1626	107342	365		23277
	651226	7133361	1741992	211022	4859715	43644	5354	271635
	524078	4493471	117350	152095	3935576	42698	5354	240397
	69795	219611	17840	3133	191411	946		6281
	8	19719	460		19188			70
	57344	2400561	1606341	55793	713539			24887
	42654	1108110	55873	5286	1004959			41992
	31379	86850	2342	10	60665			23834
	7799	492845	6817	1176	480859			3992
	1561	299123	37548	689	259292			1595
	1236	77835	105	505	66003			11223
	678	151457	9060	2905	138142			1349
13298	94159	1433235	34968	21744	1289582	30	21043	65869
	12487	626034	30955	13942	526816	30		54290
	203	20317		129	19627			562
48	78050	277089	687	4816	265694		943	4949
	13	11048	122		10881			45
	180	10108		50	9615			443
	13	72130	2925	9	69089			106
	633	43807			43208			599
13250	2581	372703	279	2798	344652		20100	4875
	24562	1703701	570875	56192	959951	72455		44229
		2115			2115			
		1429	87		1342			
	95	652			400			252
		6002	171		5831			
		333			333			
	13	9710	120	21	9564			5
	4724	587472	273866	3214	232499	72455		5440
	19730	1095988	296631	52958	707867			38532

3-1-7 按行业、登记注册类型分组的

行业	单位数(个)						
		内资					
			国有	集体	股份合作	联营	
							国有联营
批发和零售业	**45261**	**45208**	**1423**	**1566**	**90**	**91**	**35**
批发业	**23233**	**23207**	**818**	**573**	**33**	**42**	**14**
农、林、牧产品批发	1281	1280	142	39	1	9	2
谷物、豆及薯类批发	458	458	123	7			
种子批发	277	277	6	6	1	4	1
饲料批发	46	46	2				
棉、麻批发	27	27	1	8		2	
林业产品批发	108	108	4	3			
牲畜批发	99	98	1				
其他农牧产品批发	266	266	5	15		3	1
食品、饮料及烟草制品批发	2182	2181	173	94	4	7	2
米、面制品及食用油批发	319	319	111	11		1	
糕点、糖果及糖批发	93	93	11	1	1		
果品、蔬菜批发	362	362	9	15		1	1
肉、禽、蛋、奶及水产品批发	131	130	8				
盐及调味品批发	110	110	7	44		1	
营养和保健品批发	37	37					
酒、饮料及茶叶批发	471	471	10	3	1	3	1
烟草制品批发	45	45	13	3			
其他食品批发	614	614	4	17	2	1	
纺织、服装及家庭用品批发	963	959	19	30		5	2
纺织品、针织品及原料批发	100	100	11	7		2	1
服装批发	217	216	2	1			
鞋帽批发	21	21					
化妆品及卫生用品批发	98	98		1			
厨房、卫生间用具及日用杂货批发	151	151	1	12		3	1
灯具、装饰物品批发	55	55		1			
家用电器批发	233	230	3				
其他家庭用品批发	88	88	2	8			
文化、体育用品及器材批发	498	498	21	4			
文具用品批发	136	136	2				
体育用品及器材批发	37	37	2				
图书批发	105	105	12	2			
报刊批发	2	2					
音像制品及电子出版物批发	5	5	1				
首饰、工艺品及收藏品批发	127	127		1			
其他文化用品批发	86	86	4	1			
医药及医疗器材批发	556	555	35	2	2		
西药批发	109	109	15				
中药批发	93	93	15	2			
医疗用品及器材批发	354	353	5		2		
矿产品、建材及化工产品批发	9236	9223	276	282	19	12	3
煤炭及制品批发	2092	2085	155	72	8	3	
石油及制品批发	315	313	4	10	1		
非金属矿及制品批发	238	238	4	3			

批发零售业企业法人单位数

集体联营	国有与集体联营	其他联营	有限责任公司	国有独资公司	其他有限责任公司	股份有限公司	私营	私营独资
46	**6**	**4**	**5748**	**107**	**5641**	**436**	**33942**	**5616**
21	**5**	**2**	**3173**	**91**	**3082**	**198**	**17195**	**1999**
6		1	86	4	82	11	574	93
			24	4	20		154	26
2		1	19		19	8	186	30
			4		4		34	8
2			7		7		8	
			10		10	1	56	8
			1		1		12	2
2			21		21	2	124	19
3	1	1	231	7	224	17	1304	148
		1	33	4	29	1	145	23
			14		14	1	65	8
			26		26	1	138	34
			17	1	16	1	82	5
1			15		15	6	36	2
			6		6		31	
1	1		57	1	56	4	386	37
			4	1	3		23	2
1			59		59	3	398	37
3			131	1	130	4	754	67
1			14	1	13		63	5
			20		20	1	187	9
			3		3	1	17	1
			10		10		85	12
2			21		21	1	111	10
			11		11		42	3
			38		38	1	185	16
			14		14		64	11
			35	2	33	4	432	41
			10		10	3	120	11
			2		2		33	7
			9	2	7	1	81	3
							2	1
							4	2
			5		5		121	10
			9		9		71	7
			76	1	75	5	426	33
			16	1	15		78	11
			10		10	2	55	7
			50		50	3	293	15
5	4		1455	67	1388	86	6855	1028
1	2		564	55	509	29	1220	128
			39	2	37	4	247	79
			40	1	39	1	182	37

3-1-7 续表 1

行业	单位数(个)	内资					
			国有	集体	股份合作	联营	
							国有联营
金属及金属矿批发	1628	1627	27	11	4		
建材批发	3672	3670	31	33	5	4	3
化肥批发	489	488	19	114	1		
农药批发	134	134	7	23		4	
农用薄膜批发	10	10		2			
其他化工产品批发	658	658	29	14		1	
机械设备、五金产品及电子产品批发	6517	6512	72	54	5	5	2
农业机械批发	256	256	22	6			
汽车批发	174	174	2	1	1		
汽车零配件批发	357	357	1	3	1		
摩托车及零配件批发	20	20				1	1
五金产品批发	1176	1176	17	15		2	1
电气设备批发	555	555	2	6		1	
计算机、软件及辅助设备批发	523	523	1		1		
通讯及广播电视设备批发	112	112	1	1			
其他机械设备及电子产品批发	3344	3339	26	22	2	1	
贸易经纪与代理	437	437	19	5		1	1
贸易代理	197	197	8	1			
拍卖	69	69	4	1			
其他贸易经纪与代理	171	171	7	3		1	1
其他批发业	1563	1562	61	63	2	3	2
再生物资回收与批发	533	533	35	41	1		
其他未列明批发业	1030	1029	26	22	1	3	2
零售业	**22028**	**22001**	**605**	**993**	**57**	**49**	**21**
综合零售	2627	2622	128	650	17	21	7
百货零售	1396	1393	101	293	9	11	4
超级市场零售	283	281	4	6	3		
其他综合零售	948	948	23	351	5	10	3
食品、饮料及烟草制品专门零售	2154	2152	161	61	9	8	4
粮油零售	445	445	115	22	2	1	1
糕点、面包零售	79	79	2	1		2	1
果品、蔬菜零售	194	194	13	6	1	2	
肉、禽、蛋、奶及水产品零售	154	154	9	3	1		
营养和保健品零售	76	75	1	3			
酒、饮料及茶叶零售	572	571	5	5	1		
烟草制品零售	117	117	4	9		1	1
其他食品零售	517	517	12	12	4	2	1
纺织、服装及日用品专门零售	1785	1779	27	54	8	7	2
纺织品及针织品零售	200	200	7	16	1	3	1
服装零售	843	839	16	16	4	3	1
鞋帽零售	53	53	1	1			
化妆品及卫生用品零售	229	227					
钟表、眼镜零售	86	86	2	2		1	
箱、包零售	18	18		1			
厨房用具及日用杂品零售	111	111		8			
自行车零售	26	26		1			
其他日用品零售	219	219	1	9	3		

集体联营	国有与集体联营	其他联营	有限责任公司	国有独资公司	其他有限责任公司	股份有限公司	私营	私营独资
			181	6	175	15	1372	207
	1		480	3	477	27	3020	444
			47		47	3	236	63
4			9		9		71	24
			4		4		2	
	1		91		91	7	505	46
3			881	6	875	55	5358	376
			27		27	5	170	26
			22		22		145	5
			28		28	2	318	26
			2		2		17	
1			185	1	184	10	934	103
1			79		79	7	455	31
			51		51	3	460	19
			12		12	1	96	3
1			475	5	470	27	2763	163
			73		73	6	323	36
			42		42	1	141	17
			13		13	1	49	2
			18		18	4	133	17
1			205	3	202	10	1169	177
			51		51	1	375	102
1			154	3	151	9	794	75
25	**1**	**2**	**2575**	**16**	**2559**	**238**	**16747**	**3617**
13	1		296	3	293	31	1372	293
7			166		166	17	727	155
			36	3	33	6	221	57
6	1		94		94	8	424	81
3		1	228	2	226	15	1477	252
			30		30	1	210	42
1			7		7	4	63	12
2			19	1	18		99	14
			9		9	2	100	23
			8		8	1	60	13
			74		74	2	478	76
			13		13		88	25
		1	68	1	67	5	379	47
5			181		181	18	1447	328
2			17		17		150	32
2			87		87	9	688	147
			6		6		44	17
			24		24	3	200	60
1			7		7		72	25
			1		1	1	15	1
			8		8	1	92	12
			5		5	1	19	3
			26		26	3	167	31

3-1-7 续表 2

行业	单位数(个)	内资	国有	集体	股份合作	联营	国有联营
文化、体育用品及器材专门零售	1335	1332	100	24	1		
文具用品零售	360	360	4	6			
体育用品及器材零售	105	105	2	2			
图书、报刊零售	216	216	89	7			
音像制品及电子出版物零售	12	12					
珠宝首饰零售	250	249		2			
工艺美术品及收藏品零售	203	202	3	2	1		
乐器零售	34	34					
照相器材零售	26	25		1			
其他文化用品零售	129	129	2	4			
医药及医疗器材专门零售	1510	1509	39	16	2	6	5
药品零售	1189	1189	37	15	2	6	5
医疗用品及器材零售	321	320	2	1			
汽车、摩托车、燃料及零配件专门零售	3811	3805	42	76	12	2	1
汽车零售	1768	1765	5	7	5		
汽车零配件零售	561	559	7	12	2		
摩托车及零配件零售	126	126	2				
机动车燃料零售	1356	1355	28	57	5	2	1
家用电器及电子产品专门零售	3066	3066	14	12	3		
家用视听设备零售	192	192		2	1		
日用家电设备零售	749	749	5	6	1		
计算机、软件及辅助设备零售	1269	1269	2		1		
通信设备零售	273	273	2	1			
其他电子产品零售	583	583	5	3			
五金、家具及室内装饰材料专门零售	3320	3318	33	42	1	3	1
五金零售	1764	1764	24	34		2	
灯具零售	112	112					
家具零售	421	420	3	5	1		
涂料零售	62	62	1				
卫生洁具零售	65	65		1			
木质装饰材料零售	131	131	3				
陶瓷、石材装饰材料零售	159	159				1	1
其他室内装饰材料零售	606	605	2	2			
货摊、无店铺及其他零售业	2420	2418	61	58	4	2	1
货摊食品零售	6	6					
货摊纺织、服装及鞋零售	13	13					
货摊日用品零售	4	4					
互联网零售	11	11					
邮购及电视、电话零售	3	3					
旧货零售	38	38		1			
生活用燃料零售	252	251	11	9			
其他未列明零售业	2093	2092	50	48	4	2	1

集体联营	国有与集体联营	其他联营	有限责任公司	国有独资公司	其他有限责任公司	股份有限公司	私营	私营独资
			153	1	152	15	1014	150
			39		39	1	303	48
			15		15	2	84	12
			33	1	32	2	84	15
							11	1
			23		23	7	208	27
			24		24	2	165	21
			2		2		31	5
			3		3		21	2
			14		14	1	107	19
		1	111		111	10	1264	641
		1	77		77	7	987	622
			34		34	3	277	19
1			418	6	412	67	3096	905
			249	3	246	25	1447	107
			76		76	6	444	74
			14		14	2	107	31
1			79	3	76	34	1098	693
			339		339	22	2640	311
			30		30	1	153	29
			77		77	9	641	100
			125		125	7	1121	103
			30		30	3	235	32
			77		77	2	490	47
2			508	2	506	31	2643	388
2			312	2	310	15	1358	173
			16		16		94	20
			47		47	3	354	63
			12		12		49	7
			7		7		57	12
			13		13	2	109	24
			17		17	4	131	21
			84		84	7	491	68
1			341	2	339	29	1794	349
			1		1		5	
			1		1		12	4
			1		1		3	2
			1		1		10	2
							3	
			4		4		28	5
			29		29	1	188	60
1			304	2	302	28	1545	276

3-1-7 续表 3

行业	私营合伙	私营有限责任公司	私营股份有限公司	其他	港、澳、台商投资	港澳台商合资经营	港澳台商合作经营
批发和零售业	**485**	**27033**	**808**	**1912**	**25**	**10**	
批发业	**198**	**14587**	**411**	**1175**	**10**	**5**	
农、林、牧产品批发	19	439	23	418			
谷物、豆及薯类批发	5	114	9	150			
种子批发	5	144	7	47			
饲料批发		24	2	6			
棉、麻批发		7	1	1			
林业产品批发	4	42	2	34			
牲畜批发	1	8	1	84			
其他农牧产品批发	4	100	1	96			
食品、饮料及烟草制品批发	16	1112	28	351			
米、面制品及食用油批发	4	115	3	17			
糕点、糖果及糖批发		55	2				
果品、蔬菜批发	1	96	7	172			
肉、禽、蛋、奶及水产品批发		75	2	22			
盐及调味品批发		33	1	1			
营养和保健品批发	1	29	1				
酒、饮料及茶叶批发	5	336	8	7			
烟草制品批发		20	1	2			
其他食品批发	5	353	3	130			
纺织、服装及家庭用品批发	4	668	15	16	4	1	
纺织品、针织品及原料批发	1	57		3			
服装批发		174	4	5	1		
鞋帽批发		16					
化妆品及卫生用品批发		73		2			
厨房、卫生间用具及日用杂货批发		99	2	2			
灯具、装饰物品批发	1	36	2	1			
家用电器批发	1	166	2	3	3	1	
其他家庭用品批发	1	47	5				
文化、体育用品及器材批发	2	382	7	2			
文具用品批发	2	103	4	1			
体育用品及器材批发		24	2				
图书批发		78					
报刊批发		1					
音像制品及电子出版物批发		2					
首饰、工艺品及收藏品批发		110	1				
其他文化用品批发		64		1			
医药及医疗器材批发	3	377	13	9			
西药批发		63	4				
中药批发	2	44	2	9			
医疗用品及器材批发	1	270	7				
矿产品、建材及化工产品批发	89	5574	164	238	4	2	
煤炭及制品批发	24	1042	26	34	2	1	
石油及制品批发	8	152	8	8	1	1	
非金属矿及制品批发	1	139	5	8			

港澳台商独资	港澳台商投资股份有限公司	其他港澳台商投资	外商投资企业	中外合资经营	中外合作经营	外资企业	外商投资股份有限公司	其他外商投资
10	**4**	**1**	**28**	**13**	**2**	**10**		**3**
2	**2**	**1**	**16**	**7**	**1**	**6**		**2**
			1			1		
			1			1		
			1	1				
			1	1				
1	2							
1								
	2							
			1		1			
			1		1			
1		1	9	4		3		2
1			5	2		2		1
			1	1				

3-1-7 续表 4

行业	私营合伙	私营有限责任公司	私营股份有限公司	其他	港、澳、台商投资	港澳台商合资经营	港澳台商合作经营
金属及金属矿批发	11	1124	30	17			
建材批发	27	2477	72	70	1		
化肥批发	8	156	9	68			
农药批发	1	45	1	20			
农用薄膜批发		2		2			
其他化工产品批发	9	437	13	11			
机械设备、五金产品及电子产品批发	51	4813	118	82	2	2	
农业机械批发	4	131	9	26			
汽车批发	3	135	2	3			
汽车零配件批发	3	281	8	4			
摩托车及零配件批发		17					
五金产品批发	7	803	21	13			
电气设备批发	3	411	10	5			
计算机、软件及辅助设备批发	5	431	5	7			
通讯及广播电视设备批发	2	88	3	1			
其他机械设备及电子产品批发	24	2516	60	23	2	2	
贸易经纪与代理	4	272	11	10			
贸易代理	1	119	4	4			
拍卖		42	5	1			
其他贸易经纪与代理	3	111	2	5			
其他批发业	10	950	32	49			
再生物资回收与批发	5	255	13	29			
其他未列明批发业	5	695	19	20			
零售业	**287**	**12446**	**397**	**737**	**15**	**5**	
综合零售	24	1013	42	107			
百货零售	13	538	21	69			
超级市场零售	3	152	9	5			
其他综合零售	8	323	12	33			
食品、饮料及烟草制品专门零售	19	1176	30	193	1		
粮油零售	3	158	7	64			
糕点、面包零售	2	47	2				
果品、蔬菜零售	1	80	4	54			
肉、禽、蛋、奶及水产品零售	2	73	2	30			
营养和保健品零售		46	1	2			
酒、饮料及茶叶零售	9	388	5	6	1		
烟草制品零售		61	2	2			
其他食品零售	2	323	7	35			
纺织、服装及日用品专门零售	27	1063	29	37	6	1	
纺织品及针织品零售	5	112	1	6			
服装零售	16	507	18	16	4	1	
鞋帽零售		27		1			
化妆品及卫生用品零售	2	135	3		2		
钟表、眼镜零售		45	2	2			
箱、包零售	1	13					
厨房用具及日用杂品零售	2	77	1	2			
自行车零售		16					
其他日用品零售	1	131	4	10			

港澳台商独资	港澳台商投资股份有限公司	其他港澳台商投资	外商投资企业	中外合资经营	中外合作经营	外资企业	外商投资股份有限公司	其他外商投资
			1	1				
		1	1			1		
			1					1
			3	2		1		
			3	2		1		
			1			1		
			1			1		
8	**2**		**12**	**6**	**1**	**4**		**1**
			5	2		3		
			3			3		
			2	2				
1			1			1		
			1			1		
1								
4	1							
2	1							
2								

3-1-7 续表 5

行 业	私营合伙	私营有限责任公司	私营股份有限公司	其他	港、澳、台商投资	港澳台商合资经营	港澳台商合作经营
文化、体育用品及器材专门零售	19	811	34	25	2	1	
文具用品零售	4	246	5	7			
体育用品及器材零售		67	5				
图书、报刊零售	1	61	7	1			
音像制品及电子出版物零售		8	2	1			
珠宝首饰零售	4	169	8	9	1	1	
工艺美术品及收藏品零售	6	136	2	5			
乐器零售		26		1			
照相器材零售	1	18			1		
其他文化用品零售	3	80	5	1			
医药及医疗器材专门零售	22	572	29	61	1		
药品零售	20	330	15	58			
医疗用品及器材零售	2	242	14	3	1		
汽车、摩托车、燃料及零配件专门零售	74	2040	77	92	3	2	
汽车零售	12	1281	47	27	2	1	
汽车零配件零售	8	355	7	12	1	1	
摩托车及零配件零售	1	75		1			
机动车燃料零售	53	329	23	52			
家用电器及电子产品专门零售	30	2257	42	36			
家用视听设备零售	3	116	5	5			
日用家电设备零售	6	520	15	10			
计算机、软件及辅助设备零售	12	991	15	13			
通信设备零售	2	200	1	2			
其他电子产品零售	7	430	6	6			
五金、家具及室内装饰材料专门零售	41	2150	64	57	1		
五金零售	25	1124	36	19			
灯具零售	2	70	2	2			
家具零售	6	280	5	7			
涂料零售		41	1				
卫生洁具零售	1	44					
木质装饰材料零售	2	80	3	4			
陶瓷、石材装饰材料零售	3	104	3	6			
其他室内装饰材料零售	2	407	14	19	1		
货摊、无店铺及其他零售业	31	1364	50	129	1	1	
货摊食品零售		5					
货摊纺织、服装及鞋零售	1	7					
货摊日用品零售		1					
互联网零售		7	1				
邮购及电视、电话零售		3					
旧货零售		22	1	5			
生活用燃料零售	11	112	5	13	1	1	
其他未列明零售业	19	1207	43	111			

港澳台商独资	港澳台商投资股份有限公司	其他港澳台商投资	外商投资企业	中外合资经营	中外合作经营	外资企业	外商投资股份有限公司	其他外商投资
	1		1					1
			1					1
	1							
1								
1								
1			3	3				
1			1	1				
			1	1				
			1	1				
1			1	1				
			1	1				
1								
			1		1			
			1		1			

3-1-8 按行业、登记注册类型分组的

行业	年末从业人员数(人)	内资	国有	集体	股份合作	联营	国有联营
批发和零售业	**690060**	**684221**	**56811**	**43964**	**1216**	**4087**	**2916**
批发业	**341314**	**339437**	**41055**	**19921**	**425**	**1559**	**1099**
农、林、牧产品批发	20686	20685	2543	3649	6	211	98
谷物、豆及薯类批发	9816	9816	2055	3057			
种子批发	2557	2557	151	98	6	107	95
饲料批发	552	552	38				
棉、麻批发	516	516	1	228		81	
林业产品批发	1475	1475	117	10			
牲畜批发	1893	1892	10				
其他农牧产品批发	3877	3877	171	256		23	3
食品、饮料及烟草制品批发	41626	41339	10397	3036	26	316	222
米、面制品及食用油批发	4991	4991	2302	174		20	
糕点、糖果及糖批发	1098	1098	247	40	5		
果品、蔬菜批发	9003	9003	317	668		221	221
肉、禽、蛋、奶及水产品批发	2872	2585	178				
盐及调味品批发	2817	2817	161	1409		39	
营养和保健品批发	326	326					
酒、饮料及茶叶批发	6145	6145	115	248	5	35	1
烟草制品批发	7336	7336	6987	59			
其他食品批发	7038	7038	90	438	16	1	
纺织、服装及家庭用品批发	13081	11927	756	777		128	95
纺织品、针织品及原料批发	1356	1356	509	100		26	15
服装批发	4095	3257	163	28			
鞋帽批发	311	311					
化妆品及卫生用品批发	885	885		3			
厨房、卫生间用具及日用杂货批发	1339	1339	4	282		102	80
灯具、装饰物品批发	521	521		13			
家用电器批发	3413	3097	12				
其他家庭用品批发	1161	1161	68	351			
文化、体育用品及器材批发	4813	4813	661	110			
文具用品批发	809	809	94				
体育用品及器材批发	293	293	44				
图书批发	2040	2040	197	17			
报刊批发	13	13					
音像制品及电子出版物批发	29	29	3				
首饰、工艺品及收藏品批发	701	701		66			
其他文化用品批发	928	928	323	27			
医药及医疗器材批发	12852	12847	1600	17	11		
西药批发	5065	5065	562				
中药批发	4209	4209	933	17			
医疗用品及器材批发	3578	3573	105		11		
矿产品、建材及化工产品批发	170900	170715	19807	10249	303	302	130
煤炭及制品批发	103331	103241	15524	5619	185	152	
石油及制品批发	4989	4968	849	103	5		
非金属矿及制品批发	2261	2261	70	17			

批发零售业企业法人从业人员数

集体联营	国有与集体联营	其他联营	有限责任公司	国有独资公司	其他有限责任公司	股份有限公司	私营	私营独资
1074	**68**	**29**	**149054**	**19073**	**129981**	**19563**	**385786**	**39677**
369	**66**	**25**	**91897**	**17314**	**74583**	**3840**	**163576**	**14261**
108		5	1275	86	1189	64	5843	786
			613	86	527		1611	174
7		5	112		112	53	1659	217
			30		30		447	59
81			161		161		42	
			51		51	5	697	99
			11		11		150	25
20			297		297	6	1237	212
56	18	20	5574	1085	4489	181	15095	1533
		20	604	242	362	2	1771	213
			113		113	20	673	79
			961		961	15	2157	532
			688	55	633	3	1346	22
39			582		582	81	507	9
			52		52		274	
16	18		1854	758	1096	29	3818	203
			65	30	35		220	25
1			655		655	31	4329	450
33			1564	32	1532	277	8311	390
11			217	32	185		497	22
			120		120	10	2892	58
			100		100	3	208	7
			71		71		797	64
22			156		156	4	785	57
			94		94		401	17
			596		596	260	2199	108
			210		210		532	57
			918	616	302	25	3094	248
			55		55	18	639	53
			7		7		242	26
			766	616	150	7	1053	13
							13	6
							26	13
			26		26		609	79
			64		64		512	58
			3969	17	3952	43	7120	378
			1579	17	1562		2924	39
			1685		1685	30	1457	188
			705		705	13	2739	151
124	48		66593	15255	51338	2198	69092	7119
109	43		55802	14831	40971	1279	23951	1235
			1060	167	893	207	2660	514
			453	95	358	3	1642	267

3-1-8 续表 1

行 业	年末从业人员数(人)	内资	国有	集体	股份合作	联营	国有联营
金属及金属矿批发	14658	14598	931	697	62		
建材批发	30169	30159	763	478	47	132	130
化肥批发	5968	5964	304	2571	4		
农药批发	1877	1877	41	274		15	
农用薄膜批发	117	117		59			
其他化工产品批发	7530	7530	1325	431		3	
机械设备、五金产品及电子产品批发	55517	55278	2007	922	63	277	239
农业机械批发	3084	3084	949	212			
汽车批发	3449	3449	5	120	5		
汽车零配件批发	3284	3284	13	65	20		
摩托车及零配件批发	159	159				43	43
五金产品批发	8119	8119	664	148		199	196
电气设备批发	3886	3886	10	82		3	
计算机、软件及辅助设备批发	3998	3998	10		33		
通讯及广播电视设备批发	865	865	9	10			
其他机械设备及电子产品批发	28673	28434	347	285	5	32	
贸易经纪与代理	3451	3451	416	177		3	3
贸易代理	1807	1807	276	1			
拍卖	595	595	50	12			
其他贸易经纪与代理	1049	1049	90	164		3	3
其他批发业	18388	18382	2868	984	16	322	312
再生物资回收与批发	5346	5346	1057	726	10		
其他未列明批发业	13042	13036	1811	258	6	322	312
零售业	**348746**	**344784**	**15756**	**24043**	**791**	**2528**	**1817**
综合零售	92169	90627	4403	13728	264	707	458
百货零售	40968	40144	3492	6754	165	440	289
超级市场零售	37412	36694	397	98	41		
其他综合零售	13789	13789	514	6876	58	267	169
食品、饮料及烟草制品专门零售	24047	23992	2886	1433	162	289	274
粮油零售	5130	5130	1782	215	21	9	9
糕点、面包零售	1522	1522	42	6		10	8
果品、蔬菜零售	3974	3974	401	130	27	11	
肉、禽、蛋、奶及水产品零售	1809	1809	317	51	7		
营养和保健品零售	549	529	4	5			
酒、饮料及茶叶零售	4432	4397	175	104	2		
烟草制品零售	1414	1414	76	328		256	256
其他食品零售	5217	5217	89	594	105	3	1
纺织、服装及日用品专门零售	32782	31995	711	1117	178	706	335
纺织品及针织品零售	3271	3271	151	313	1	463	257
服装零售	23464	22761	507	388	161	225	78
鞋帽零售	994	994	10	5			
化妆品及卫生用品零售	1252	1168					
钟表、眼镜零售	963	963	23	82		18	
箱、包零售	170	170		1			
厨房用具及日用杂品零售	746	746		114			
自行车零售	134	134		10			
其他日用品零售	1788	1788	20	204	16		

集体联营	国有与集体联营	其他联营	有限责任公司	国有独资公司	其他有限责任公司	股份有限公司	私营	私营独资
			1689	144	1545	160	10963	1573
	2		4046	18	4028	469	23662	2872
			637		637	55	1894	278
15			1056		1056		403	73
			35		35		17	
	3		1815		1815	25	3900	307
38			8293	140	8153	858	42292	2452
			200		200	23	1537	190
			447		447		2821	41
			463		463	88	2620	191
			16		16		100	
3			1168	2	1166	83	5735	661
3			538		538	51	3178	202
			323		323	21	3575	123
			71		71	7	763	10
32			5067	138	4929	585	21963	1034
			506		506	25	2259	226
			324		324	4	1152	93
			83		83	9	439	8
			99		99	12	668	125
10			3205	83	3122	169	10470	1129
			594		594	10	2709	580
10			2611	83	2528	159	7761	549
705	**2**	**4**	**57157**	**1759**	**55398**	**15723**	**222210**	**25416**
247	2		16411	213	16198	1484	52842	3911
151			12335		12335	484	16009	1755
			3296	213	3083	953	31821	1588
96	2		780		780	47	5012	568
13		2	2871	19	2852	122	13901	1745
			258		258	2	2144	382
2			723		723	19	722	85
11			176	15	161		2421	274
			57		57	53	1074	144
			91		91	7	369	36
			949		949	8	3143	286
			142		142		599	262
		2	475	4	471	33	3429	276
371			4383		4383	278	24320	3539
206			308		308		1992	275
147			3321		3321	219	17776	2508
			43		43		934	146
			199		199	11	958	191
18			56		56		779	148
			12		12	2	155	4
			34		34	19	570	42
			34		34	2	88	19
			376		376	25	1068	206

3-1-8 续表 2

行 业	年末从业人员数(人)	内资	国有	集体	股份合作	联营	国有联营
文化、体育用品及器材专门零售	14569	14300	3019	196	3		
文具用品零售	2153	2153	8	57			
体育用品及器材零售	606	606	57	6			
图书、报刊零售	4531	4531	2807	67			
音像制品及电子出版物零售	42	42					
珠宝首饰零售	3768	3513		8			
工艺美术品及收藏品零售	2345	2341	89	14	3		
乐器零售	181	181					
照相器材零售	165	155		13			
其他文化用品零售	778	778	58	31			
医药及医疗器材专门零售	21207	21193	1238	110	13	667	665
药品零售	18358	18358	1219	86	13	667	665
医疗用品及器材零售	2849	2835	19	24			
汽车、摩托车、燃料及零配件专门零售	77449	77123	924	1642	118	54	19
汽车零售	46146	45871	147	710	43		
汽车零配件零售	5493	5451	298	303	13		
摩托车及零配件零售	841	841	9				
机动车燃料零售	24969	24960	470	629	62	54	19
家用电器及电子产品专门零售	27842	27842	317	106	22		
家用视听设备零售	2263	2263		3	15		
日用家电设备零售	10869	10869	193	92	4		
计算机、软件及辅助设备零售	8211	8211	40		3		
通信设备零售	2662	2662	19	5			
其他电子产品零售	3837	3837	65	6			
五金、家具及室内装饰材料专门零售	27732	27549	994	1004	6	31	6
五金零售	12501	12501	744	679		25	
灯具零售	716	716					
家具零售	5934	5769	58	286	6		
涂料零售	418	418	26				
卫生洁具零售	434	434		5			
木质装饰材料零售	1141	1141	119				
陶瓷、石材装饰材料零售	1335	1335				6	6
其他室内装饰材料零售	5253	5235	47	34			
货摊、无店铺及其他零售业	30949	30163	1264	4707	25	74	60
货摊食品零售	94	94					
货摊纺织、服装及鞋零售	128	128					
货摊日用品零售	9	9					
互联网零售	275	275					
邮购及电视、电话零售	14	14					
旧货零售	216	216		10			
生活用燃料零售	6050	5349	342	97			
其他未列明零售业	24163	24078	922	4600	25	74	60

集体联营	国有与集体联营	其他联营	有限责任公司	国有独资公司	其他有限责任公司	股份有限公司	私营	私营独资
			2003	6	1997	189	8551	774
			315		315	11	1739	235
			106		106	15	422	45
			896	6	890	43	714	71
							37	2
			393		393	81	2801	198
			180		180	34	1948	111
			6		6		173	22
			20		20		122	4
			87		87	5	595	86
		2	5111		5111	127	13578	2737
		2	4830		4830	110	11096	2648
			281		281	17	2482	89
35			11394	241	11153	12608	49676	5892
			8332	127	8205	427	35806	1109
			781		781	112	3890	519
			99		99	10	720	157
35			2182	114	2068	12059	9260	4107
			3215		3215	240	23714	1967
			573		573	10	1635	141
			762		762	158	9565	840
			953		953	32	7117	524
			473		473	34	2117	199
			454		454	6	3280	263
25			3818	33	3785	414	20687	2276
25			1976	33	1943	255	8729	817
			95		95		607	97
			649		649	68	4674	553
			62		62		330	52
			37		37		392	94
			83		83	8	916	134
			144		144	31	879	170
			772		772	52	4160	359
14			7951	1247	6704	261	14941	2575
			8		8		86	
			38		38		90	21
			3		3		6	4
			10		10		265	9
							14	
			14		14		178	20
			2723		2723	10	2120	460
14			5155	1247	3908	251	12182	2061

3-1-8 续表 3

行　业	私营合伙	私营有限责任公司	私营股份有限公司	其他	港、澳、台商投资	港澳台商合资经营	港澳台商合作经营
批发和零售业	**3979**	**318977**	**23153**	**23740**	**3372**	**1615**	
批发业	**1790**	**142349**	**5176**	**17164**	**1260**	**373**	
农、林、牧产品批发	127	4623	307	7094			
谷物、豆及薯类批发	30	1281	126	2480			
种子批发	20	1316	106	371			
饲料批发		373	15	37			
棉、麻批发		35	7	3			
林业产品批发	39	539	20	595			
牲畜批发	1	94	30	1721			
其他农牧产品批发	37	985	3	1887			
食品、饮料及烟草制品批发	158	12717	687	6714			
米、面制品及食用油批发	34	1427	97	118			
糕点、糖果及糖批发		587	7				
果品、蔬菜批发	26	1438	161	4664			
肉、禽、蛋、奶及水产品批发		1014	310	370			
盐及调味品批发		490	8	38			
营养和保健品批发	9	263	2				
酒、饮料及茶叶批发	47	3486	82	41			
烟草制品批发		193	2	5			
其他食品批发	42	3819	18	1478			
纺织、服装及家庭用品批发	24	7366	531	114	1154	289	
纺织品、针织品及原料批发	15	460		7			
服装批发		2394	440	44	838		
鞋帽批发		201					
化妆品及卫生用品批发		733		14			
厨房、卫生间用具及日用杂货批发		722	6	6			
灯具、装饰物品批发	2	374	8	13			
家用电器批发	3	2058	30	30	316	289	
其他家庭用品批发	4	424	47				
文化、体育用品及器材批发	5	2807	34	5			
文具用品批发	5	568	13	3			
体育用品及器材批发		206	10				
图书批发		1040					
报刊批发		7					
音像制品及电子出版物批发		13					
首饰、工艺品及收藏品批发		519	11				
其他文化用品批发		454		2			
医药及医疗器材批发	14	6548	180	87			
西药批发		2751	134				
中药批发	8	1251	10	87			
医疗用品及器材批发	6	2546	36				
矿产品、建材及化工产品批发	1004	58690	2279	2171	53	31	
煤炭及制品批发	415	21582	719	729	33	15	
石油及制品批发	67	1993	86	84	16	16	
非金属矿及制品批发	2	1322	51	76			

港澳台商独资	港澳台商投资股份有限公司	其他港澳台商投资	外商投资企业	中外合资经营	中外合作经营	外资企业	外商投资股份有限公司	其他外商投资
1552	**201**	**4**	**2467**	**1463**	**90**	**901**		**13**
856	**27**	**4**	**617**	**546**	**5**	**57**		**9**
			1			1		
			1			1		
			287	287				
			287	287				
838	27							
838								
	27							
			5		5			
			5		5			
18		4	132	111		12		9
18			57	46		6		5
			5	5				

3-1-8 续表 4

行 业							
	私营合伙	私营有限责任公司	私营股份有限公司	其他	港、澳、台商投资	港澳台商合资经营	港澳台商合作经营
金属及金属矿批发	54	9110	226	96			
建材批发	299	19495	996	562	4		
化肥批发	119	1430	67	499			
农药批发	3	325	2	88			
农用薄膜批发		17		6			
其他化工产品批发	45	3416	132	31			
机械设备、五金产品及电子产品批发	369	38584	887	566	53	53	
农业机械批发	17	1251	79	163			
汽车批发	24	2744	12	51			
汽车零配件批发	16	2318	95	15			
摩托车及零配件批发		100					
五金产品批发	17	4931	126	122			
电气设备批发	63	2867	46	24			
计算机、软件及辅助设备批发	27	3360	65	36			
通讯及广播电视设备批发	42	699	12	5			
其他机械设备及电子产品批发	163	20314	452	150	53	53	
贸易经纪与代理	25	1963	45	65			
贸易代理	3	1043	13	50			
拍卖		401	30	2			
其他贸易经纪与代理	22	519	2	13			
其他批发业	64	9051	226	348			
再生物资回收与批发	22	2032	75	240			
其他未列明批发业	42	7019	151	108			
零售业	**2189**	**176628**	**17977**	**6576**	**2112**	**1242**	
综合零售	385	34886	13660	788			
百货零售	275	13252	727	465			
超级市场零售	59	17487	12687	88			
其他综合零售	51	4147	246	235			
食品、饮料及烟草制品专门零售	122	11856	178	2328	35		
粮油零售	15	1694	53	699			
糕点、面包零售	10	616	11				
果品、蔬菜零售	3	2113	31	808			
肉、禽、蛋、奶及水产品零售	9	905	16	250			
营养和保健品零售		329	4	53			
酒、饮料及茶叶零售	38	2798	21	16	35		
烟草制品零售		324	13	13			
其他食品零售	47	3077	29	489			
纺织、服装及日用品专门零售	272	19965	544	302	787	85	
纺织品及针织品零售	27	1689	1	43			
服装零售	217	14605	446	164	703	85	
鞋帽零售		788		2			
化妆品及卫生用品零售	4	725	38		84		
钟表、眼镜零售		592	39	5			
箱、包零售	2	149					
厨房用具及日用杂品零售	14	509	5	9			
自行车零售		69					
其他日用品零售	8	839	15	79			

港澳台商独资	港澳台商投资股份有限公司	其他港澳台商投资	外商投资企业	中外合资经营	中外合作经营	外资企业	外商投资股份有限公司	其他外商投资
			60	60				
		4	6			6		
			4					4
			186	148		38		
			186	148		38		
			6			6		
			6			6		
696	**174**		**1850**	**917**	**85**	**844**		**4**
			1542	718		824		
			824			824		
			718	718				
35			20			20		
			20			20		
35								
538	164							
454	164							
84								

3-1-8 续表 5

行业	私营合伙	私营有限责任公司	私营股份有限公司	其他	港、澳、台商投资	港澳台商合资经营	港澳台商合作经营
文化、体育用品及器材专门零售	100	7085	592	339	265	255	
文具用品零售	17	1461	26	23			
体育用品及器材零售		360	17				
图书、报刊零售	7	591	45	4			
音像制品及电子出版物零售		30	5	5			
珠宝首饰零售	12	2126	465	230	255	255	
工艺美术品及收藏品零售	47	1786	4	73			
乐器零售		151		2			
照相器材零售	3	115			10		
其他文化用品零售	14	465	30	2			
医药及医疗器材专门零售	124	10476	241	349	14		
药品零售	110	8178	160	337			
医疗用品及器材零售	14	2298	81	12	14		
汽车、摩托车、燃料及零配件专门零售	521	42087	1176	707	292	201	
汽车零售	66	34038	593	406	272	181	
汽车零配件零售	46	3232	93	54	20	20	
摩托车及零配件零售	6	557		3			
机动车燃料零售	403	4260	490	244			
家用电器及电子产品专门零售	189	21303	255	228			
家用视听设备零售	32	1415	47	27			
日用家电设备零售	56	8557	112	95			
计算机、软件及辅助设备零售	46	6483	64	66			
通信设备零售	13	1903	2	14			
其他电子产品零售	42	2945	30	26			
五金、家具及室内装饰材料专门零售	241	17417	753	595	18		
五金零售	118	7527	267	93			
灯具零售	10	494	6	14			
家具零售	70	3992	59	28			
涂料零售		272	6				
卫生洁具零售	10	288					
木质装饰材料零售	11	749	22	15			
陶瓷、石材装饰材料零售	7	685	17	275			
其他室内装饰材料零售	15	3410	376	170	18		
货摊、无店铺及其他零售业	235	11553	578	940	701	701	
货摊食品零售		86					
货摊纺织、服装及鞋零售	12	57					
货摊日用品零售		2					
互联网零售		206	50				
邮购及电视、电话零售		14					
旧货零售		151	7	14			
生活用燃料零售	81	1534	45	57	701	701	
其他未列明零售业	142	9503	476	869			

港澳台商独资	港澳台商投资股份有限公司	其他港澳台商投资	外商投资企业	中外合资经营	中外合作经营	外资企业	外商投资股份有限公司	其他外商投资
	10		4					4
			4					4
	10							
14								
14								
91			34	34				
91			3	3				
			22	22				
			9	9				
18			165	165				
			165	165				
18								
			85		85			
			85		85			

3-1-9 按行业、登记注册类型分组的

行业	营业收入（万元）					
		内资				
			国有	集体	股份合作	联营
批发和零售业	**143816486**	**143309475**	**18028036**	**1979407**	**100985**	**65464**
批发业	**119604543**	**119471065**	**17369352**	**1291619**	**48824**	**46566**
农、林、牧产品批发	726950	726950	193612	65533	20	1433
谷物、豆及薯类批发	378498	378498	174149	49643		
种子批发	97435	97435	5065	5004	20	1261
饲料批发	10443	10443				
棉、麻批发	6019	6019		3267		157
林业产品批发	24761	24761	565	1653		
牲畜批发	61915	61915	500			
其他农牧产品批发	147879	147879	13333	5966		16
食品、饮料及烟草制品批发	5576353	5566718	3161500	185182	527	17649
米、面制品及食用油批发	304940	304940	93615	1438		31
糕点、糖果及糖批发	53931	53931	1401	420	268	
果品、蔬菜批发	540791	540791	575	32490		190
肉、禽、蛋、奶及水产品批发	135662	126027	8558			
盐及调味品批发	149120	149120	6778	66767		490
营养和保健品批发	18177	18177				
酒、饮料及茶叶批发	890633	890633	8068	5083	187	16938
烟草制品批发	3070683	3070683	3042217	2110		
其他食品批发	412418	412418	289	76874	72	
纺织、服装及家庭用品批发	1072880	978823	4977	14629		1343
纺织品、针织品及原料批发	273852	273852	2711	1216		198
服装批发	187098	161004	2166	56		
鞋帽批发	37026	37026				
化妆品及卫生用品批发	22914	22914				
厨房、卫生间用具及日用杂货批发	27496	27496	20	617		1145
灯具、装饰物品批发	14726	14726		450		
家用电器批发	441939	373976				
其他家庭用品批发	67829	67829	81	12290		
文化、体育用品及器材批发	736902	736902	227696	2091		
文具用品批发	202196	202196	177636			
体育用品及器材批发	21824	21824	39			
图书批发	324841	324841	48479	1725		
报刊批发						
音像制品及电子出版物批发	116	116	8			
首饰、工艺品及收藏品批发	162156	162156		247		
其他文化用品批发	25768	25768	1534	120		
医药及医疗器材批发	1753597	1753437	83956	4603	1983	
西药批发	949095	949095	31029			
中药批发	485967	485967	52459	4603		
医疗用品及器材批发	318535	318375	468		1983	
矿产品、建材及化工产品批发	100402881	100389554	13596560	997699	42606	26025
煤炭及制品批发	70143544	70136910	8562855	825675	21837	25424
石油及制品批发	1514613	1512716	426499	13635		
非金属矿及制品批发	244839	244839	10119	915		

批发零售业企业法人营业收入

国有联营	集体联营	国有与集体联营	其他联营	有限责任公司	国有独资公司	其他有限责任公司	股份有限公司	私营	私营独资
7333	**18343**	**39738**	**50**	**76376143**	**22506780**	**53869364**	**8734201**	**37505487**	**1443347**
495	**6300**	**39734**	**36**	**72487164**	**22404010**	**50083154**	**3576490**	**24252368**	**669670**
50	1378		5	31707	4405	27302	1938	290493	22143
				7101	4405	2695		117409	3356
50	1206		5	4101		4101	1896	74527	5073
				6318		6318		3688	1409
	157			1679		1679		906	
				183		183	42	13370	684
				128		128		17803	2000
	16			12197		12197		62790	9621
190	1686	15742	31	1170774	563879	606895	36669	834295	44221
			31	28006	4881	23124	630	180494	14830
				10972		10972		40870	6581
190				281277		281277	4670	114131	15879
				25981	154	25827	10	56981	762
	490			34384		34384	8377	29940	75
				7604		7604		10573	
	1196	15742		705259	557053	148205	365	154351	949
				13465	1790	11674		12885	1458
				63828		63828	22615	234069	3687
180	1163			84966	860	84106	62965	802250	12252
180	18			5868	860	5008		263844	97
				1200		1200	200	157306	1933
				4710		4710	5	32311	19
				2458		2458		19751	1277
	1145			5643		5643	61	19831	623
				3602		3602		9041	486
				55186		55186	62700	251005	3619
				6299		6299		49159	4198
				191539	136639	54901	294	314977	5641
				505		505	242	23514	235
				25		25		21761	162
				190570	136639	53931	52	84015	169
								108	43
				65		65		161844	212
				375		375		23735	4821
				718470		718470	3026	938680	9352
				349093		349093		568973	663
				240549		240549	2917	182720	4671
				128828		128828	109	186987	4019
6	2027	23993		65128707	21567091	43561616	3444351	17087208	446580
	1506	23918		50850863	12493633	38357230	2037987	7769456	93589
				439959	156689	283270	250232	379227	31206
				84988	2085	82903		148401	7001

3-1-9 续表 1

行　业	营业收入 (万元)	内资	国有	集体	股份合作	联营
金属及金属矿批发	15650353	15647098	4494961	63517	18549	
建材批发	11117561	11116050	53291	8019	511	6
化肥批发	714608	714578	15720	79781	1710	
农药批发	28829	28829	80	2940		521
农用薄膜批发	9283	9283		1868		
其他化工产品批发	979252	979252	33035	1350		75
机械设备、五金产品及电子产品批发	7401302	7385003	56198	7631	3682	85
农业机械批发	159134	159134	45180	603		
汽车批发	592716	592716			339	
汽车零配件批发	165524	165524	14	60	1650	
摩托车及零配件批发	17948	17948				69
五金产品批发	351451	351451	4617	1264		16
电气设备批发	169968	169968		1241		
计算机、软件及辅助设备批发	254473	254473	43		1649	
通讯及广播电视设备批发	43610	43610		400		
其他机械设备及电子产品批发	5646478	5630179	6344	4063	44	
贸易经纪与代理	505763	505763	1762	2023		
贸易代理	487629	487629	626			
拍卖	4057	4057	165	62		
其他贸易经纪与代理	14077	14077	971	1961		
其他批发业	1427914	1427914	43091	12227	6	30
再生物资回收与批发	190578	190578	7462	8387	4	
其他未列明批发业	1237336	1237336	35629	3841	2	30
零售业	**24211943**	**23838410**	**658684**	**687788**	**52161**	**18899**
综合零售	3200219	3150438	164757	376503	4210	3091
百货零售	1385593	1354946	117062	106282	661	927
超级市场零售	1188282	1169147	18374	8848	270	
其他综合零售	626345	626345	29321	261372	3280	2164
食品、饮料及烟草制品专门零售	784590	775063	104532	71807	34868	1679
粮油零售	130733	130733	33818	2548	4119	14
糕点、面包零售	33031	33031	9	10		2
果品、蔬菜零售	163055	163055	34731	5390	30134	18
肉、禽、蛋、奶及水产品零售	43243	43243	20664	251	50	
营养和保健品零售	11166	6324	56	37		
酒、饮料及茶叶零售	210638	205953	1043	775	36	
烟草制品零售	75717	75717	13536	34591		1634
其他食品零售	117007	117007	675	28204	529	11
纺织、服装及日用品专门零售	1163552	1061680	56693	10822	597	721
纺织品及针织品零售	99137	99137	45878	1709		200
服装零售	969202	869585	10515	7472	509	521
鞋帽零售	14783	14783	26	12		
化妆品及卫生用品零售	24304	22048				
钟表、眼镜零售	20286	20286	115	48		
箱、包零售	4699	4699				
厨房用具及日用杂品零售	12188	12188		268		
自行车零售	1614	1614		200		
其他日用品零售	17339	17339	158	1112	89	

国有联营	集体联营	国有与集体联营	其他联营	有限责任公司	国有独资公司	其他有限责任公司	股份有限公司	私营	私营独资
				4912119	2473355	2438764	1014091	5138995	167721
6				8220101	6441329	1778773	114802	2712024	110884
				388922		388922	24997	197388	15843
	521			5290		5290		18555	7490
				5949		5949		1450	
		75		220516		220516	2242	721712	12846
69	16			4578880	112613	4466266	25781	2699736	87775
				22914		22914	1417	84904	8769
				64783		64783		525093	2453
				30383		30383	3330	130050	6913
69				2009		2009		15870	
	16			61272		61272	998	281609	18588
				34323		34323	876	133228	13120
				26898		26898	112	225480	3328
				4082		4082	436	38680	94
				4332216	112613	4219603	18613	1264822	34510
				6887		6887	98	494174	6789
				5590		5590	40	480568	4642
				427		427	56	3345	32
				870		870	2	10261	2115
	30			575233	18523	556710	1368	790557	34917
				11374		11374		159488	17348
	30			563859	18523	545336	1368	631068	17569
6838	**12043**	**4**	**14**	**3888979**	**102769**	**3786210**	**5157711**	**13253120**	**773677**
955	2133	4		631529	13126	618403	50705	1904541	61920
456	471			456083		456083	2917	659241	20997
				84714	13126	71588	40122	1015668	33150
498	1662	4		90733		90733	7666	229632	7772
1651	18		10	148851	62	148789	1277	378977	40420
14				19125		19125	38	66581	13668
2				18197		18197	299	14513	1949
	18			3975	52	3923		67478	10949
				3745		3745	582	16323	2146
				332		332	13	5028	104
				84705		84705	223	119070	3720
1634				8354		8354		17483	1596
1			10	10418	10	10409	121	72501	6288
406	315			222898		222898	1901	759706	44902
	200			30414		30414		20821	1416
406	115			184697		184697	1390	656652	36991
				995		995		13750	1357
				1751		1751	45	20252	1255
				425		425		19685	1691
				19		19		4680	
				263		263	420	11235	639
				273		273	2	1140	434
				4060		4060	44	11492	1119

3-1-9 续表 2

行　业	营业收入(万元)	内资	国有	集体	股份合作	联营	国有联营
文化、体育用品及器材专门零售	601881	584523	170139	4956			
文具用品零售	31724	31724	48	465			
体育用品及器材零售	15223	15223	3360	13			
图书、报刊零售	221731	221731	161446	3507			
音像制品及电子出版物零售	444	444					
珠宝首饰零售	265593	249027		568			
工艺美术品及收藏品零售	31161	31096	849	12			
乐器零售	6430	6430					
照相器材零售	11990	11263		17			
其他文化用品零售	17587	17587	4438	374			
医药及医疗器材专门零售	911099	910819	15433	6795	92	3110	3106
药品零售	794858	794858	15408	3150	92	3110	3106
医疗用品及器材零售	116241	115961	26	3645			
汽车、摩托车、燃料及零配件专门零售	13723751	13590159	71917	159752	11475	10112	720
汽车零售	7110289	6984684	789	118713	863		
汽车零配件零售	204738	196807	2073	4188	236		
摩托车及零配件零售	33609	33609	1024				
机动车燃料零售	6375115	6375059	68031	36850	10377	10112	720
家用电器及电子产品专门零售	1559566	1559566	31305	3088	195		
家用视听设备零售	152674	152674			105		
日用家电设备零售	835173	835173	24375	2060	40		
计算机、软件及辅助设备零售	338389	338389	5055		50		
通信设备零售	122333	122333	109	17			
其他电子产品零售	110999	110999	1766	1011			
五金、家具及室内装饰材料专门零售	996346	983048	25583	37372	1	44	
五金零售	327438	327438	16941	5720		44	
灯具零售	13612	13612					
家具零售	301681	301633	5206	31559	1		
涂料零售	6138	6138	50				
卫生洁具零售	7818	7818		10			
木质装饰材料零售	106008	106008	3035				
陶瓷、石材装饰材料零售	17335	17335					
其他室内装饰材料零售	216317	203067	350	82			
货摊、无店铺及其他零售业	1270938	1223114	18325	16694	722	143	
货摊食品零售	593	593					
货摊纺织、服装及鞋零售	1378	1378					
货摊日用品零售	138	138					
互联网零售	27513	27513					
邮购及电视、电话零售	38	38					
旧货零售	4626	4626		25			
生活用燃料零售	423665	376726	9167	2262			
其他未列明零售业	812988	812103	9158	14407	722	143	

集体联营	国有与集体联营	其他联营	有限责任公司	国有独资公司	其他有限责任公司	股份有限公司	私营	私营独资
			85600	24	85576	10254	298485	11547
			5188		5188	22	25915	2882
			1666		1666	1056	9128	184
			45516	24	45492	3052	8196	288
							429	2
			20901		20901	5738	207192	4990
			7261		7261	348	22600	721
			133		133		6296	1742
			4071		4071		7176	79
			865		865	37	11553	658
		4	447658		447658	9169	425398	36209
		4	443860		443860	8224	317951	32842
			3797		3797	945	107447	3367
9392			1612305	48706	1563599	5067697	6633103	284065
			1350300	23942	1326358	16299	5486252	60119
			92146		92146	3435	93280	7191
			1850		1850	235	30495	4848
9392			168010	24764	143245	5047728	1023076	211908
			140107		140107	8709	1372853	62594
			43634		43634	582	107936	4611
			35530		35530	3597	768391	39314
			34076		34076	2112	295921	11738
			9481		9481	2347	109958	4273
			17387		17387	71	90646	2658
44			225665	541	225124	4705	680630	37364
44			47186	541	46646	3039	252329	13392
			1285		1285		12261	960
			86260		86260	222	178099	9207
			364		364		5724	438
			642		642		7165	2365
			70530		70530	361	32061	1877
			2986		2986	145	14174	1095
			16411		16411	938	178817	8029
143			374367	40310	334056	3296	799426	194657
							593	
			203		203		1175	101
			95		95		43	43
			55		55		27457	3
							38	
			77		77		2935	126
			175932		175932	75	188236	9657
143			198004	40310	157694	3221	578949	184726

3-1-9 续表 3

行业	私营合伙	私营有限责任公司	私营股份有限公司	其他	港、澳、台商投资	港澳台商合资经营	港澳台商合作经营
批发和零售业	**256077**	**34097818**	**1708245**	**519750**	**413625**	**208923**	
批发业	**128903**	**22550759**	**903036**	**398682**	**101816**	**67783**	
农、林、牧产品批发	3566	236416	28368	142213			
谷物、豆及薯类批发	95	103986	9971	30197			
种子批发	168	52445	16841	5561			
饲料批发		2254	25	437			
棉、麻批发		906		10			
林业产品批发	2402	9988	295	8948			
牲畜批发		14623	1180	43484			
其他农牧产品批发	900	52214	56	53576			
食品、饮料及烟草制品批发	4897	748085	37092	160122			
米、面制品及食用油批发	1272	154330	10061	726			
糕点、糖果及糖批发		34208	82				
果品、蔬菜批发	1251	80243	16758	107457			
肉、禽、蛋、奶及水产品批发		48036	8183	34496			
盐及调味品批发		29737	128	2383			
营养和保健品批发	265	10304	4				
酒、饮料及茶叶批发	1740	150672	990	382			
烟草制品批发		11421	6	6			
其他食品批发	369	229133	880	14671			
纺织、服装及家庭用品批发	22410	713975	53613	7693	94057	60476	
纺织品、针织品及原料批发	22361	241386		15			
服装批发		112870	42503	76	26094		
鞋帽批发		32292					
化妆品及卫生用品批发		18474		705			
厨房、卫生间用具及日用杂货批发		19093	115	180			
灯具、装饰物品批发	3	8428	123	1633			
家用电器批发	6	236981	10400	5085	67963	60476	
其他家庭用品批发	40	44449	472				
文化、体育用品及器材批发	59	307578	1698	305			
文具用品批发	59	22868	352	300			
体育用品及器材批发		21538	61				
图书批发		83846					
报刊批发							
音像制品及电子出版物批发		64					
首饰、工艺品及收藏品批发		160348	1285				
其他文化用品批发		18914		5			
医药及医疗器材批发	286	921171	7871	2720			
西药批发		562181	6129				
中药批发	20	177925	104	2720			
医疗用品及器材批发	266	181065	1638				
矿产品、建材及化工产品批发	73424	15861109	706095	66398	1656	1204	
煤炭及制品批发	53876	7101268	520722	42813	377	25	
石油及制品批发	5209	326046	16766	3164	1179	1179	
非金属矿及制品批发		137777	3623	416			

港澳台商独资	港澳台商投资股份有限公司	其他港澳台商投资	外商投资企业	中外合资经营	中外合作经营	外资企业	外商投资股份有限公司	其他外商投资
182211	**22391**	**100**	**93386**	**52347**	**1045**	**39899**		**95**
26446	**7487**	**100**	**31663**	**27062**	**160**	**4410**		**30**
			9635	9635				
			9635	9635				
26094	7487							
26094								
	7487							
			160		160			
			160		160			
351		100	11672	10231		1410		30
351			6257	6257				
			719	719				

3-1-9 续表 4

行业	私营合伙	私营有限责任公司	私营股份有限公司	其他	港、澳、台商投资	港澳台商合资经营	港澳台商合作经营
金属及金属矿批发	1974	4927804	41495	4867			
建材批发	5977	2523399	71764	7295	100		
化肥批发	4877	175937	732	6061			
农药批发	138	10921	5	1444			
农用薄膜批发		1450		16			
其他化工产品批发	1372	656507	50987	322			
机械设备、五金产品及电子产品批发	20652	2530942	60367	13011	6103	6103	
农业机械批发	119	66551	9465	4117			
汽车批发	2034	519736	871	2500			
汽车零配件批发	1524	116390	5223	38			
摩托车及零配件批发		15870					
五金产品批发	48	253051	9922	1675			
电气设备批发	2528	117308	273	300			
计算机、软件及辅助设备批发	2883	218775	495	290			
通讯及广播电视设备批发	2738	35340	508	12			
其他机械设备及电子产品批发	8778	1187922	33611	4079	6103	6103	
贸易经纪与代理	3425	483726	235	819			
贸易代理	32	475823	70	805			
拍卖		3149	165	2			
其他贸易经纪与代理	3393	4754		12			
其他批发业	185	747757	7698	5402			
再生物资回收与批发	21	138513	3606	3863			
其他未列明批发业	164	609244	4092	1538			
零售业	**127174**	**11547059**	**805209**	**121068**	**311810**	**141141**	
综合零售	4747	1275749	562126	15102			
百货零售	2512	627160	8572	11774			
超级市场零售	2001	475804	504713	1151			
其他综合零售	233	172785	48841	2177			
食品、饮料及烟草制品专门零售	2223	334528	1805	33073	4686		
粮油零售	101	51878	934	4490			
糕点、面包零售	338	12155	72				
果品、蔬菜零售	3	56444	83	21329			
肉、禽、蛋、奶及水产品零售	274	13458	445	1628			
营养和保健品零售		4920	4	858			
酒、饮料及茶叶零售	1004	114200	145	101	4686		
烟草制品零售		15862	25	120			
其他食品零售	504	65612	98	4548			
纺织、服装及日用品专门零售	1887	691841	21076	8342	101872	8606	
纺织品及针织品零售	419	18986		115			
服装零售	333	598837	20491	7830	99617	8606	
鞋帽零售		12393					
化妆品及卫生用品零售	5	18909	83		2256		
钟表、眼镜零售		17590	404	12			
箱、包零售		4680					
厨房用具及日用杂品零售	1113	9469	15	1			
自行车零售		705					
其他日用品零售	18	10271	83	384			

港澳台商独　资	港澳台商投资股份有限公司	其他港澳台商投资	外商投资企　业	中外合资经　营	中外合作经　营	外资企业	外商投资股份有限公　司	其他外商投　资
			3256	3256				
		100	1410			1410		
			30					30
			10196	7196		3000		
			10196	7196		3000		
155766	**14903**		**61723**	**25285**	**885**	**35489**		**65**
			49782	19135		30646		
			30646			30646		
			19135	19135				
4686			4842			4842		
			4842			4842		
4686								
79090	14177							
76834	14177							
2256								

3-1-9 续表 5

行业	私营合伙	私营有限责任公司	私营股份有限公司	其他	港、澳、台商投资	港澳台商合资经营	港澳台商合作经营
文化、体育用品及器材专门零售	1022	199163	86754	15088	17292	16566	
文具用品零售	41	22108	884	86			
体育用品及器材零售		8772	172				
图书、报刊零售	124	7515	269	13			
音像制品及电子出版物零售		404	22	15			
珠宝首饰零售	41	116952	85209	14629	16566	16566	
工艺美术品及收藏品零售	498	21369	12	26			
乐器零售		4554					
照相器材零售		7097			727		
其他文化用品零售	318	10392	185	320			
医药及医疗器材专门零售	1794	380633	6762	3164	280		
药品零售	1782	278234	5093	3064			
医疗用品及器材零售	12	102399	1669	100	280		
汽车、摩托车、燃料及零配件专门零售	97844	6157288	93906	23799	127490	69030	
汽车零售	3681	5360566	61886	11467	125605	67145	
汽车零配件零售	1194	83984	911	1449	1886	1886	
摩托车及零配件零售	200	25447		6			
机动车燃料零售	92768	687291	31108	10877			
家用电器及电子产品专门零售	4468	1302274	3517	3309			
家用视听设备零售	840	101052	1434	417			
日用家电设备零售	1145	727042	890	1180			
计算机、软件及辅助设备零售	884	282260	1039	1174			
通信设备零售	414	105268	3	421			
其他电子产品零售	1186	86652	151	118			
五金、家具及室内装饰材料专门零售	4562	631406	7298	9049	13250		
五金零售	3373	231256	4308	2178			
灯具零售	91	11059	150	66			
家具零售	645	167649	598	286			
涂料零售		5278	8				
卫生洁具零售	33	4768					
木质装饰材料零售		29679	504	21			
陶瓷、石材装饰材料零售	40	13002	37	30			
其他室内装饰材料零售	381	168715	1693	6468	13250		
货摊、无店铺及其他零售业	8627	574177	21965	10141	46939	46939	
货摊食品零售		593					
货摊纺织、服装及鞋零售	732	343					
货摊日用品零售							
互联网零售		23304	4150				
邮购及电视、电话零售		38					
旧货零售		2588	220	1589			
生活用燃料零售	702	171489	6387	1054	46939	46939	
其他未列明零售业	7193	375822	11208	7498			

港澳台商独资	港澳台商投资股份有限公司	其他港澳台商投资	外商投资企业	中外合资经营	中外合作经营	外资企业	外商投资股份有限公司	其他外商投资
	727		65					65
			65					65
	727							
280								
280								
58460			6101	6101				
58460								
			6046	6046				
			55	55				
13250			48	48				
			48	48				
13250								
			885		885			
			885		885			

3-1-10 按行业、登记注册类型分组的

行业	资产总计（万元）					
		内资	国有	集体	股份合作	联营
批发和零售业	**86204457**	**85586540**	**11159123**	**999878**	**418360**	**794806**
批发业	**65885450**	**65558473**	**10663937**	**656347**	**387702**	**761458**
农、林、牧产品批发	611559	611559	190779	35973	100	1633
谷物、豆及薯类批发	289955	289955	175899	4422		
种子批发	128454	128454	3006	5156	100	324
饲料批发	15937	15937	877			
棉、麻批发	25293	25293		21714		798
林业产品批发	33315	33315	3756	219		
牲畜批发	12764	12764	60			
其他农牧产品批发	105842	105842	7181	4462		511
食品、饮料及烟草制品批发	2452872	2451785	1142423	100144	484	9142
米、面制品及食用油批发	249848	249848	134248	7445		200
糕点、糖果及糖批发	44893	44893	2625	470	211	
果品、蔬菜批发	382374	382374	5796	11775		1500
肉、禽、蛋、奶及水产品批发	64103	63016	6475			
盐及调味品批发	95154	95154	2085	54559		76
营养和保健品批发	15188	15188				
酒、饮料及茶叶批发	323982	323982	4846	5902	146	7365
烟草制品批发	1003338	1003338	985427	541		
其他食品批发	273991	273991	919	19453	127	1
纺织、服装及家庭用品批发	898358	849791	13134	8904		2113
纺织品、针织品及原料批发	124785	124785	6373	1686		206
服装批发	302495	280194	5383	7		
鞋帽批发	32110	32110				
化妆品及卫生用品批发	16656	16656		77		
厨房、卫生间用具及日用杂货批发	52247	52247	327	5045		1907
灯具、装饰物品批发	24228	24228		98		
家用电器批发	268467	242201	104			
其他家庭用品批发	77369	77369	947	1991		
文化、体育用品及器材批发	648229	648229	120664	802		
文具用品批发	100072	100072	78052			
体育用品及器材批发	38448	38448	2998			
图书批发	394434	394434	8105	587		
报刊批发	690	690				
音像制品及电子出版物批发	355	355	41			
首饰、工艺品及收藏品批发	54530	54530		136		
其他文化用品批发	59700	59700	31468	79		
医药及医疗器材批发	1176628	1176483	72895	646	822	
西药批发	668308	668308	35103			
中药批发	271510	271510	36377	646		
医疗用品及器材批发	236810	236665	1415		822	
矿产品、建材及化工产品批发	54376356	54229419	8955770	474583	383183	734782
煤炭及制品批发	43318646	43178870	8158355	353664	379796	733305
石油及制品批发	1218275	1216286	124015	12496	536	
非金属矿及制品批发	275349	275349	7176	230		

批发零售业企业法人资产总计

国有联营	集体联营	国有与集体联营	其他联营	有限责任公司			股份有限公司	私营	
					国有独资公司	其他有限责任公司			私营独资
33850	**19995**	**740731**	**230**	**31946731**	**6402444**	**25544288**	**5887990**	**33901380**	**1069663**
7475	**13054**	**740721**	**208**	**26393192**	**6169219**	**20223972**	**4308189**	**22075725**	**568510**
125	1500		8	48753	5918	42835	3441	280869	20016
				9697	5918	3779		84029	3570
100	216		8	8137		8137	3180	106054	6037
				1500		1500		13091	1159
	798			1897		1897		882	
				793		793	100	22809	4210
				329		329		2034	101
25	486			26400		26400	161	51971	4939
1503	559	6880	200	405055	108812	296243	17167	673629	54917
			200	18097	5281	12816	20	86928	7676
				15149		15149	150	26287	716
1500				160594		160594	1681	139944	23799
				6907	757	6150	20	40916	370
	76			18445		18445	1465	17595	66
				4278		4278		10910	
3	482	6880		151337	101119	50218	8901	145165	4651
				5797	1654	4144		11570	962
	1			24451		24451	4930	194314	16678
1056	1057			82058	1700	80358	4314	735682	10385
56	150			31993	1700	30293		84247	95
				4865		4865	500	268167	3284
				3460		3460	6	28645	22
				1675		1675		14787	544
1000	907			8318		8318	215	36005	574
				3727		3727		20374	557
				21033		21033	3594	216012	4097
				6987		6987		67444	1213
				327689	288315	39374	931	197964	4860
				1984		1984	322	19534	216
				63		63		35386	176
				324059	288315	35744	609	61075	158
								690	10
								314	38
				406		406		53989	3871
				1178		1178		26976	391
				360094	1400	358694	2500	737648	7587
				208757	1400	207357		424448	818
				76742		76742	2199	153668	972
				74595		74595	301	159532	5797
350	591	733841		23807453	5715011	18092441	4214325	15527562	353934
	303	733003		21001754	5135561	15866193	3473976	8996720	66559
				135556	9699	125857	556692	382335	22783
				72954	3299	69655		192201	6781

3-1-10 续表 1

行业	资产总计(万元)	内资	国有	集体	股份合作	联营
金属及金属矿批发	4906796	4903796	598474	36165	1530	
建材批发	3762223	3760140	25406	19515	1012	1122
化肥批发	318983	318893	10711	43274	310	
农药批发	15501	15501	458	1594		288
农用薄膜批发	10473	10473		2200		
其他化工产品批发	550109	550109	31174	5445		67
机械设备、五金产品及电子产品批发	4365399	4239660	62530	18449	2962	8949
农业机械批发	97492	97492	21409	2368		
汽车批发	329525	329525	120	937	110	
汽车零配件批发	217873	217873	210	505	1513	
摩托车及零配件批发	19020	19020				101
五金产品批发	490382	490382	19045	2162		20
电气设备批发	224316	224316	1410	2829		32
计算机、软件及辅助设备批发	199740	199740	53		1263	
通讯及广播电视设备批发	38326	38326	3	50		
其他机械设备及电子产品批发	2748727	2622988	20279	9599	76	8797
贸易经纪与代理	497099	497099	45599	2298		1
贸易代理	366540	366540	7784			
拍卖	30805	30805	899	1259		
其他贸易经纪与代理	99755	99755	36917	1039		1
其他批发业	858950	854448	60145	14548	150	4838
再生物资回收与批发	121375	121375	11449	10976	100	
其他未列明批发业	737575	733073	48696	3571	50	4838
零售业	**20319007**	**20028067**	**495186**	**343531**	**30658**	**33348**
综合零售	3067088	3024203	87291	166868	12920	11526
百货零售	1624419	1606635	55899	79921	1074	8220
超级市场零售	1168214	1143113	22107	12519	676	
其他综合零售	274456	274456	9285	74428	11170	3306
食品、饮料及烟草制品专门零售	875525	874076	59794	27707	5978	2476
粮油零售	152252	152252	50503	2878	790	50
糕点、面包零售	64985	64985	49	38		645
果品、蔬菜零售	266768	266768	2557	5992	4713	1061
肉、禽、蛋、奶及水产品零售	36263	36263	3135	602	200	
营养和保健品零售	11598	10911	129	22		
酒、饮料及茶叶零售	165279	164517	1880	386	90	
烟草制品零售	31485	31485	1068	9850		700
其他食品零售	146894	146894	472	7938	185	20
纺织、服装及日用品专门零售	3047113	2995545	10960	16016	3542	2135
纺织品及针织品零售	114927	114927	3253	5852		1028
服装零售	2764544	2714812	6630	3894	3209	1096
鞋帽零售	34459	34459	53	54		
化妆品及卫生用品零售	25684	23849				
钟表、眼镜零售	16808	16808	369	330		12
箱、包零售	6164	6164				
厨房用具及日用杂品零售	35238	35238		3021		
自行车零售	2282	2282		80		
其他日用品零售	47007	47007	654	2785	333	

国有联营	集体联营	国有与集体联营	其他联营	有限责任公司			股份有限公司	私营	
					国有独资公司	其他有限责任公司			私营独资
				1196095	284074	912021	117560	2938718	113195
350		772		1098171	282378	815794	62575	2533406	128817
				107940		107940	2697	147402	6987
	288			1371		1371		10957	3835
				8042		8042		219	
		67		185569		185569	826	325603	4977
111	8839			1140634	40379	1100255	62326	2932497	88102
				12089		12089	2711	54201	16102
				45706		45706		282168	1066
				60690		60690	1462	153303	3685
101				10403		10403		8516	
10	10			92841	12	92829	1291	374151	13274
	32			33628		33628	2628	183408	14696
				13009		13009	226	183649	2355
				7559		7559	429	30275	1529
	8797			864709	40367	824342	53578	1662825	35395
1				32226		32226	304	415355	9676
				25004		25004	100	332726	2670
				4054		4054	59	24433	71
1				3168		3168	145	58196	6934
4329	509			189229	7685	181545	2881	574519	19033
				16359		16359	200	78010	6129
4329	509			172870	7685	165185	2681	496509	12904
26376	**6941**	**9**	**22**	**5553540**	**233224**	**5320315**	**1579801**	**11825656**	**501154**
9859	1657	9		415129	7876	407254	27715	2260009	45331
7596	624			305475		305475	4927	1113075	28372
				87696	7876	79820	20369	998717	10068
2263	1033	9		21958		21958	2419	148217	6891
1340	1116		20	312517	353	312165	7404	422343	41590
50				18792		18792	128	74098	4751
590	55			48820		48820	173	15260	1553
	1061			146780	343	146438		89310	17846
				3549		3549	6400	15876	2031
				915		915	100	9469	331
				59561		59561	340	102035	3729
700				5193		5193		14614	3402
			20	28908	10	28898	264	101680	7947
1158	978			2185205		2185205	11005	762162	31011
200	828			44570		44570		59788	4281
958	138			2115749		2115749	9295	571712	19958
				1020		1020		33330	1417
				4998		4998	99	18752	1318
	12			966		966		15076	564
				50		50		6114	100
				8943		8943	1347	21903	433
				564		564	10	1628	260
				8346		8346	255	33859	2681

3-1-10 续表 2

行 业	资产总计(万元)	内资	国有	集体	股份合作	联营
文化、体育用品及器材专门零售	1276670	1238615	193971	4469	300	
文具用品零售	53657	53657	19	1051		
体育用品及器材零售	17581	17581	2192	220		
图书、报刊零售	232399	232399	176552	2565		
音像制品及电子出版物零售	1429	1429				
珠宝首饰零售	859382	821636		150		
工艺美术品及收藏品零售	84118	84061	15047	82	300	
乐器零售	7130	7130				
照相器材零售	4757	4505		21		
其他文化用品零售	16216	16216	160	380		
医药及医疗器材专门零售	674203	673838	13808	3698	79	13429
药品零售	541373	541373	13688	2169	79	13429
医疗用品及器材零售	132830	132465	120	1528		
汽车、摩托车、燃料及零配件专门零售	7133361	7070670	48775	85522	6145	3528
汽车零售	4493471	4445419	7117	36170	789	
汽车零配件零售	219611	205544	1833	3095	3973	
摩托车及零配件零售	19719	19719	460			
机动车燃料零售	2400561	2399988	39364	46258	1383	3528
家用电器及电子产品专门零售	1108110	1108110	19155	3062	425	
家用视听设备零售	86850	86850		10	225	
日用家电设备零售	492845	492845	4510	1176	100	
计算机、软件及辅助设备零售	299123	299123	5479		100	
通信设备零售	77835	77835	105	20		
其他电子产品零售	151457	151457	9060	1856		
五金、家具及室内装饰材料专门零售	1433235	1412193	27809	13146	116	158
五金零售	626034	626034	23933	12411		158
灯具零售	20317	20317				
家具零售	277089	276146	550	577	116	
涂料零售	11048	11048	122			
卫生洁具零售	10108	10108		50		
木质装饰材料零售	72130	72130	2925			
陶瓷、石材装饰材料零售	43807	43807				
其他室内装饰材料零售	372703	352603	279	108		
货摊、无店铺及其他零售业	1703701	1630817	33623	23043	1152	97
货摊食品零售	2115	2115				
货摊纺织、服装及鞋零售	1429	1429				
货摊日用品零售	652	652				
互联网零售	6002	6002				
邮购及电视、电话零售	333	333				
旧货零售	9710	9710		21		
生活用燃料零售	587472	515018	12229	3132		
其他未列明零售业	1095988	1095558	21394	19890	1152	97

国有联营	集体联营	国有与集体联营	其他联营	有限责任公司			股份有限公司	私营	
					国有独资公司	其他有限责任公司			私营独资
				100964	80	100884	11708	895365	11467
				6035		6035	30	46280	1777
				2739		2739	589	11841	350
				34845	80	34765	6687	11744	448
								1329	25
				23273		23273	3585	763324	4761
				31485		31485	717	36358	1762
				313		313		6717	722
				201		201		4283	124
				2072		2072	100	13489	1498
13427			2	334473		334473	5067	299678	25075
13427			2	304063		304063	4131	200340	23329
				30410		30410	937	99337	1745
565	2963			973818	20479	953339	1496000	4439677	216979
				725481	13685	711796	23924	3645740	50932
				61830		61830	4754	129127	7936
				1595		1595	68	17580	4576
565	2963			184911	6794	178118	1467254	647229	153536
				175366		175366	6570	900551	40302
				35010		35010	839	50319	4340
				51120		51120	4089	430832	21708
				50565		50565	807	240951	9189
				13881		13881	760	62932	2526
				24791		24791	74	115518	2539
	158			249523	149	249374	7934	1097906	40790
	158			102444	149	102295	5127	478537	16045
				1823		1823		18417	2066
				28820		28820	264	245404	11522
				1811		1811		9115	408
				1413		1413		8645	1047
				36618		36618	916	31452	1381
				4445		4445	910	33197	1272
				72149		72149	716	273138	7049
27	70			806544	204288	602256	6396	747966	48608
				9		9		2106	
				87		87		1342	266
				252		252		400	205
				171		171		5831	112
								333	
				723		723		6895	767
				289185		289185	55	209174	16637
27	70			516117	204288	311829	6341	521886	30621

3-1-10 续表 3

行业	私营合伙	私营有限责任公司	私营股份有限公司	其他	港、澳、台商投资	港澳台商合资经营	港澳台商合作经营
批发和零售业	**138656**	**31380802**	**1312259**	**478272**	**402918**	**292640**	
批发业	**86527**	**20739796**	**680892**	**311923**	**176027**	**149745**	
农、林、牧产品批发	5356	220500	34998	50011			
谷物、豆及薯类批发	194	69596	10669	15908			
种子批发	394	77664	21960	2497			
饲料批发		11881	50	469			
棉、麻批发		852	30	1			
林业产品批发	2385	16164	49	5638			
牲畜批发	4	1190	740	10341			
其他农牧产品批发	2379	43152	1500	15157			
食品、饮料及烟草制品批发	1860	601694	15157	103741			
米、面制品及食用油批发	214	71753	7286	2910			
糕点、糖果及糖批发		25521	50				
果品、蔬菜批发	51	114440	1654	61084			
肉、禽、蛋、奶及水产品批发		37942	2604	8698			
盐及调味品批发		17456	73	929			
营养和保健品批发		10890	20				
酒、饮料及茶叶批发	1124	136610	2780	320			
烟草制品批发		10558	50	4			
其他食品批发	471	176524	640	29796			
纺织、服装及家庭用品批发	281	571096	153920	3585	48568	25712	
纺织品、针织品及原料批发	130	84022		280			
服装批发		160783	104101	1272	22302		
鞋帽批发		28623					
化妆品及卫生用品批发		14244		117			
厨房、卫生间用具及日用杂货批发		35402	29	430			
灯具、装饰物品批发	30	19273	515	29			
家用电器批发	100	211219	596	1458	26266	25712	
其他家庭用品批发	21	17532	48679				
文化、体育用品及器材批发	92	192112	900	180			
文具用品批发	92	18646	581	180			
体育用品及器材批发		35105	106				
图书批发		60917					
报刊批发		680					
音像制品及电子出版物批发		276					
首饰、工艺品及收藏品批发		49904	213				
其他文化用品批发		26585					
医药及医疗器材批发	485	709044	20532	1878			
西药批发		406692	16938				
中药批发	135	151951	611	1878			
医疗用品及器材批发	350	150401	2984				
矿产品、建材及化工产品批发	55686	14718883	399060	131760	6015	2589	
煤炭及制品批发	37019	8642072	251071	81300	4826	1600	
石油及制品批发	6850	339561	13141	4656	989	989	
非金属矿及制品批发	292	184317	811	2787			

港澳台商独资	港澳台商投资股份有限公司	其他港澳台商投资	外商投资企业	中外合资经营	中外合作经营	外资企业	外商投资股份有限公司	其他外商投资
86656	**23422**	**200**	**214999**	**75577**	**575**	**138701**		**147**
25528	**554**	**200**	**150950**	**30485**	**145**	**120230**		**90**
			1087	1087				
			1087	1087				
22302	554							
22302								
	554							
			145		145			
			145		145			
3226		200	140922	25111		115721		90
3226			134949	21111		113838		
			1000	1000				

3-1-10 续表 4

行业	私营合伙	私营有限责任公司	私营股份有限公司	其他	港、澳、台商投资	港澳台商合资经营	港澳台商合作经营
金属及金属矿批发	2117	2789870	33536	15256			
建材批发	8385	2353954	42250	18934	200		
化肥批发	343	138264	1808	6559			
农药批发	100	6999	24	832			
农用薄膜批发		219		12			
其他化工产品批发	579	263627	56420	1424			
机械设备、五金产品及电子产品批发	18478	2785125	40792	11314	121444	121444	
农业机械批发	185	35591	2322	4713			
汽车批发	492	279825	784	484			
汽车零配件批发	379	144661	4577	190			
摩托车及零配件批发		8516					
五金产品批发	590	356967	3319	872			
电气设备批发	4544	163590	578	380			
计算机、软件及辅助设备批发	2364	177711	1219	1539			
通讯及广播电视设备批发	1451	26979	317	11			
其他机械设备及电子产品批发	8473	1591283	27675	3125	121444	121444	
贸易经纪与代理	3920	398911	2849	1315			
贸易代理	150	329671	235	926			
拍卖		21778	2584	100			
其他贸易经纪与代理	3770	47462	30	289			
其他批发业	370	542432	12684	8139			
再生物资回收与批发	141	69930	1810	4281			
其他未列明批发业	229	472502	10875	3858			
零售业	**52130**	**10641006**	**631367**	**166349**	**226892**	**142895**	
综合零售	3790	1754082	456805	42747			
百货零售	2991	1067651	14060	38045			
超级市场零售	530	596898	391221	1029			
其他综合零售	269	89533	51524	3674			
食品、饮料及烟草制品专门零售	1592	375976	3185	35857	762		
粮油零售	265	67614	1468	5014			
糕点、面包零售	83	13580	45				
果品、蔬菜零售	3	71149	312	16355			
肉、禽、蛋、奶及水产品零售	158	13538	150	6501			
营养和保健品零售		9134	3	276			
酒、饮料及茶叶零售	581	97347	378	225	762		
烟草制品零售		11189	23	60			
其他食品零售	502	92425	805	7427			
纺织、服装及日用品专门零售	3039	703685	24427	4520	51568	9528	
纺织品及针织品零售	1474	54034		436			
服装零售	777	527930	23048	3226	49732	9528	
鞋帽零售		31913		3			
化妆品及卫生用品零售	21	17325	89		1836		
钟表、眼镜零售		13484	1028	56			
箱、包零售	110	5904					
厨房用具及日用杂品零售	597	20843	30	24			
自行车零售		1368					
其他日用品零售	60	30885	232	774			

港澳台商独　资	港澳台商投资股份有限公司	其他港澳台商投资	外商投资企　业	中外合资经　营	中外合作经　营	外资企业	外商投资股份有限公　司	其他外商投　资
			3000	3000				
		200	1883			1883		
			90					90
			4295	4288		7		
			4295	4288		7		
			4503			4503		
			4503			4503		
61128	**22868**		**64048**	**45091**	**430**	**18470**		**57**
			42884	25101		17783		
			17783			17783		
			25101	25101				
762			687			687		
			687			687		
762								
19423	22616							
17588	22616							
1836								

3-1-10 续表 5

行 业	私营合伙	私营有限责任公司	私营股份有限公司	其他	港、澳、台商投资	港澳台商合资经营	港澳台商合作经营
文化、体育用品及器材专门零售	2104	858760	23034	31838	37999	37747	
文具用品零售	50	43669	784	242			
体育用品及器材零售		10907	584				
图书、报刊零售	611	9846	839	6			
音像制品及电子出版物零售		1267	37	100			
珠宝首饰零售	119	738041	20403	31303	37747	37747	
工艺美术品及收藏品零售	635	33851	110	72			
乐器零售		5995		100			
照相器材零售		4159			252		
其他文化用品零售	690	11025	277	15			
医药及医疗器材专门零售	1307	266964	6332	3607	365		
药品零售	1107	170595	5308	3474			
医疗用品及器材零售	200	96369	1023	133	365		
汽车、摩托车、燃料及零配件专门零售	22969	4127625	72103	17205	43644	23166	
汽车零售	2487	3561433	30888	6197	42698	22220	
汽车零配件零售	851	113665	6676	931	946	946	
摩托车及零配件零售	30	12975		15			
机动车燃料零售	19602	439553	34539	10061			
家用电器及电子产品专门零售	2243	853868	4138	2980			
家用视听设备零售	300	44631	1047	446			
日用家电设备零售	353	407807	964	1017			
计算机、软件及辅助设备零售	492	230074	1196	1221			
通信设备零售	90	60313	3	137			
其他电子产品零售	1008	111043	928	158			
五金、家具及室内装饰材料专门零售	6841	1033475	16800	15600	20100		
五金零售	2787	452801	6904	3424			
灯具零售	160	16016	176	77			
家具零售	3397	225810	4675	414			
涂料零售		8697	10				
卫生洁具零售	10	7588					
木质装饰材料零售	205	29742	124	217			
陶瓷、石材装饰材料零售	25	31628	272	5255			
其他室内装饰材料零售	257	261193	4639	6214	20100		
货摊、无店铺及其他零售业	8244	666571	24544	11994	72455	72455	
货摊食品零售		2106					
货摊纺织、服装及鞋零售	620	456					
货摊日用品零售		195					
互联网零售		4565	1154				
邮购及电视、电话零售		333					
旧货零售		5700	427	2072			
生活用燃料零售	2726	180066	9745	1243	72455	72455	
其他未列明零售业	4897	473150	13217	8680			

港澳台商独资	港澳台商投资股份有限公司	其他港澳台商投资	外商投资企业	中外合资经营	中外合作经营	外资企业	外商投资股份有限公司	其他外商投资
	252		57					57
			57					57
	252							
365								
365								
20478			19048	19048				
20478			5354	5354				
			13121	13121				
			573	573				
20100			943	943				
			943	943				
20100								
			430		430			
			430		430			

3-1-11 按行业、从业人员组距分组的

行 业	单位数(个)	7人及以下	8-19人	20-49个
批发和零售业	**45261**	**29025**	**10065**	**3960**
批发业	**23233**	**14823**	**5396**	**1989**
农、林、牧产品批发	1281	706	341	170
谷物、豆及薯类批发	458	250	117	63
种子批发	277	194	59	17
饲料批发	46	29	11	5
棉、麻批发	27	13	8	3
林业产品批发	108	57	29	14
牲畜批发	99	21	43	30
其他农牧产品批发	266	142	74	38
食品、饮料及烟草制品批发	2182	1236	526	273
米、面制品及食用油批发	319	148	101	51
糕点、糖果及糖批发	93	60	14	16
果品、蔬菜批发	362	160	95	59
肉、禽、蛋、奶及水产品批发	131	61	42	18
盐及调味品批发	110	35	37	28
营养和保健品批发	37	26	4	7
酒、饮料及茶叶批发	471	316	103	30
烟草制品批发	45	23	2	8
其他食品批发	614	407	128	56
纺织、服装及家庭用品批发	963	618	227	71
纺织品、针织品及原料批发	100	65	18	11
服装批发	217	126	59	19
鞋帽批发	21	14	4	
化妆品及卫生用品批发	98	74	17	6
厨房、卫生间用具及日用杂货批发	151	102	31	15
灯具、装饰物品批发	55	39	9	5
家用电器批发	233	145	66	12
其他家庭用品批发	88	53	23	3
文化、体育用品及器材批发	498	375	83	28
文具用品批发	136	103	29	3
体育用品及器材批发	37	30	3	3
图书批发	105	66	23	13
报刊批发	2	2		
音像制品及电子出版物批发	5	4	1	
首饰、工艺品及收藏品批发	127	108	11	4
其他文化用品批发	86	62	16	5
医药及医疗器材批发	556	261	152	93
西药批发	109	27	18	39
中药批发	93	21	24	32
医疗用品及器材批发	354	213	110	22
矿产品、建材及化工产品批发	9236	5747	2095	854
煤炭及制品批发	2092	792	537	396
石油及制品批发	315	179	85	30
非金属矿及制品批发	238	165	54	14

批发零售业企业法人单位数及从业人员数

50-99人	100-299人	300-499人	500-999人	1000-4999人	5000-9999人	10000人以上
1341	**670**	**111**	**62**	**24**	**2**	**1**
605	**316**	**58**	**35**	**10**	**1**	
46	15	2		1		
18	9			1		
6		1				
	1					
2	1					
7	1					
4	1					
9	2	1				
79	50	9	8	1		
15	4					
3						
23	23	1	1			
6	2	2				
4	5	1				
13	7	1	1			
1	1	3	6	1		
14	8	1				
28	14	4	1			
3	3					
7	3	2	1			
3						
		1				
3						
2						
3	6	1				
7	2					
7	3	1	1			
1						
1						
	1	1	1			
4						
1	2					
29	16	4		1		
14	8	3				
9	5	1		1		
6	3					
307	169	35	22	6	1	
175	135	32	19	5	1	
18	2		1			
4		1				

3-1-11 续表 1

行　业	单位数(个)			
		7人及以下	8-19人	20-49个
金属及金属矿批发	1628	1135	368	90
建材批发	3672	2634	774	203
化肥批发	489	294	112	64
农药批发	134	106	13	13
农用薄膜批发	10	5	4	
其他化工产品批发	658	437	148	44
机械设备、五金产品及电子产品批发	6517	4568	1488	356
农业机械批发	256	153	69	23
汽车批发	174	81	52	29
汽车零配件批发	357	242	93	14
摩托车及零配件批发	20	15	3	2
五金产品批发	1176	899	224	42
电气设备批发	555	387	140	25
计算机、软件及辅助设备批发	523	365	119	35
通讯及广播电视设备批发	112	73	33	6
其他机械设备及电子产品批发	3344	2353	755	180
贸易经纪与代理	437	311	96	22
贸易代理	197	131	46	15
拍卖	69	34	31	4
其他贸易经纪与代理	171	146	19	3
其他批发业	1563	1001	388	122
再生物资回收与批发	533	337	133	45
其他未列明批发业	1030	664	255	77
零售业	**22028**	**14202**	**4669**	**1971**
综合零售	2627	1297	597	394
百货零售	1396	711	313	212
超级市场零售	283	48	39	64
其他综合零售	948	538	245	118
食品、饮料及烟草制品专门零售	2154	1410	489	182
粮油零售	445	234	145	50
糕点、面包零售	79	43	25	6
果品、蔬菜零售	194	100	44	32
肉、禽、蛋、奶及水产品零售	154	94	42	10
营养和保健品零售	76	58	11	7
酒、饮料及茶叶零售	572	428	107	29
烟草制品零售	117	84	21	4
其他食品零售	517	369	94	44
纺织、服装及日用品专门零售	1785	1175	311	160
纺织品及针织品零售	200	129	36	21
服装零售	843	485	155	93
鞋帽零售	53	29	11	10
化妆品及卫生用品零售	229	191	28	8
钟表、眼镜零售	86	61	14	7
箱、包零售	18	12	5	
厨房用具及日用杂品零售	111	84	20	7
自行车零售	26	20	6	
其他日用品零售	219	164	36	14

50-99人	100-299人	300-499人	500-999人	1000-4999人	5000-9999人	10000人以上
25	8	2				
45	15			1		
15	4					
1			1			
1						
23	5		1			
69	33	3				
6	5					
7	4	1				
5	3					
5	6					
3						
4						
39	15	2				
6	2					
4	1					
2	1					
34	14		3	1		
15	3					
19	11		3	1		
736	**354**	**53**	**27**	**14**	**1**	**1**
186	120	22	5	4	1	1
79	64	13	3		1	
74	44	8	2	3		1
33	12	1		1		
49	20	3	1			
15	1					
4			1			
10	7	1				
7	1					
3	5					
6	2					
4	4	2				
79	50	8	1	1		
8	5	1				
59	43	6	1	1		
2		1				
2						
2	2					
1						
5						

3-1-11 续表 2

行 业	单位数(个)			
		7人及以下	8-19人	20-49个
文化、体育用品及器材专门零售	1335	907	284	109
文具用品零售	360	299	45	15
体育用品及器材零售	105	84	17	4
图书、报刊零售	216	79	74	46
音像制品及电子出版物零售	12	12		
珠宝首饰零售	250	137	72	33
工艺美术品及收藏品零售	203	148	40	8
乐器零售	34	28	5	1
照相器材零售	26	19	6	1
其他文化用品零售	129	101	25	1
医药及医疗器材专门零售	1510	1086	238	120
药品零售	1189	865	170	92
医疗用品及器材零售	321	221	68	28
汽车、摩托车、燃料及零配件专门零售	3811	2133	895	428
汽车零售	1768	781	380	320
汽车零配件零售	561	369	127	49
摩托车及零配件零售	126	92	28	6
机动车燃料零售	1356	891	360	53
家用电器及电子产品专门零售	3066	2128	669	218
家用视听设备零售	192	125	43	17
日用家电设备零售	749	442	184	93
计算机、软件及辅助设备零售	1269	960	246	57
通信设备零售	273	165	74	29
其他电子产品零售	583	436	122	22
五金、家具及室内装饰材料专门零售	3320	2418	659	174
五金零售	1764	1342	335	64
灯具零售	112	86	19	7
家具零售	421	240	99	56
涂料零售	62	46	12	4
卫生洁具零售	65	54	9	1
木质装饰材料零售	131	88	37	3
陶瓷、石材装饰材料零售	159	118	30	7
其他室内装饰材料零售	606	444	118	32
货摊、无店铺及其他零售业	2420	1648	527	186
货摊食品零售	6	2	2	2
货摊纺织、服装及鞋零售	13	8	3	2
货摊日用品零售	4	4		
互联网零售	11	5	2	2
邮购及电视、电话零售	3	3		
旧货零售	38	32	3	3
生活用燃料零售	252	130	80	29
其他未列明零售业	2093	1464	437	148

50-99人	100-299人	300-499人	500-999人	1000-4999人	5000-9999人	10000人以上
14	17	4				
	1					
7	9	1				
3	3	2				
2	4	1				
2						
40	18	1	5	2		
37	17	1	5	2		
3	1					
249	81	11	10	4		
220	60	3	3	1		
14	2					
15	19	8	7	3		
37	10	2	2			
5	2					
20	6	2	2			
6						
4	1					
2	1					
47	22					
15	8					
21	5					
1						
2	1					
3	1					
5	7					
35	16	2	3	3		
1	1					
8	3		1	1		
26	12	2	2	2		

3-1-11 续表 3

行业	年末从业人员数(人)	7人及以下	8-19人	20-49个
批发和零售业	**690060**	**110169**	**113885**	**114425**
批发业	**341314**	**57225**	**61027**	**56970**
农、林、牧产品批发	20686	2736	4095	4856
谷物、豆及薯类批发	9816	1002	1399	1775
种子批发	2557	676	683	456
饲料批发	552	121	121	140
棉、麻批发	516	47	105	79
林业产品批发	1475	243	345	336
牲畜批发	1893	85	558	920
其他农牧产品批发	3877	562	884	1150
食品、饮料及烟草制品批发	41626	4753	6153	7723
米、面制品及食用油批发	4991	581	1175	1453
糕点、糖果及糖批发	1098	236	159	491
果品、蔬菜批发	9003	589	1157	1722
肉、禽、蛋、奶及水产品批发	2872	236	525	525
盐及调味品批发	2817	150	462	814
营养和保健品批发	326	105	39	182
酒、饮料及茶叶批发	6145	1141	1150	827
烟草制品批发	7336	83	20	229
其他食品批发	7038	1632	1466	1480
纺织、服装及家庭用品批发	13081	2401	2461	2010
纺织品、针织品及原料批发	1356	248	209	358
服装批发	4095	478	626	524
鞋帽批发	311	63	46	
化妆品及卫生用品批发	885	277	174	134
厨房、卫生间用具及日用杂货批发	1339	389	336	433
灯具、装饰物品批发	521	146	87	129
家用电器批发	3413	592	739	352
其他家庭用品批发	1161	208	244	80
文化、体育用品及器材批发	4813	1197	945	803
文具用品批发	809	348	302	68
体育用品及器材批发	293	110	44	89
图书批发	2040	240	262	384
报刊批发	13	13		
音像制品及电子出版物批发	29	19	10	
首饰、工艺品及收藏品批发	701	214	131	130
其他文化用品批发	928	253	196	132
医药及医疗器材批发	12852	1098	1735	2806
西药批发	5065	96	221	1200
中药批发	4209	75	312	981
医疗用品及器材批发	3578	927	1202	625
矿产品、建材及化工产品批发	170900	22101	23906	24632
煤炭及制品批发	103331	3052	6547	11596
石油及制品批发	4989	790	957	842
非金属矿及制品批发	2261	606	622	414

50-99人	100-299人	300-499人	500-999人	1000-4999人	5000-9999人	10000人以上
89711	**105244**	**42524**	**44216**	**44367**	**14866**	**10653**
40209	**50061**	**21885**	**24860**	**20424**	**8653**	
2904	2389	706		3000		
1166	1474			3000		
404		338				
	170					
140	145					
431	120					
220	110					
543	370	368				
5167	7720	3214	5868	1028		
1027	755					
212						
1478	3183	340	534			
392	438	756				
249	732	410				
816	1153	300	758			
66	266	1068	4576	1028		
927	1193	340				
1845	2165	1361	838			
207	334					
444	442	743	838			
202						
		300				
181						
159						
236	1176	318				
416	213					
442	378	468	580			
91						
50						
	106	468	580			
226						
75	272					
2058	2508	1514		1133		
1003	1356	1189				
661	722	325		1133		
394	430					
20736	27383	13440	15937	14112	8653	
11902	22738	12199	13632	13012	8653	
1389	261		750			
299		320				

3-1-11 续表 4

行业	年末从业人员数（人）	7人及以下	8-19人	20-49个
金属及金属矿批发	14658	4492	4012	2434
建材批发	30169	10049	8584	5644
化肥批发	5968	1071	1330	2003
农药批发	1877	331	144	363
农用薄膜批发	117	20	46	
其他化工产品批发	7530	1690	1664	1336
机械设备、五金产品及电子产品批发	55517	18088	16339	10078
农业机械批发	3084	646	775	601
汽车批发	3449	343	567	888
汽车零配件批发	3284	1005	1067	405
摩托车及零配件批发	159	58	34	67
五金产品批发	8119	3310	2480	1193
电气设备批发	3886	1534	1484	682
计算机、软件及辅助设备批发	3998	1416	1362	979
通讯及广播电视设备批发	865	322	373	170
其他机械设备及电子产品批发	28673	9454	8197	5093
贸易经纪与代理	3451	1087	1079	639
贸易代理	1807	468	502	450
拍卖	595	146	346	103
其他贸易经纪与代理	1049	473	231	86
其他批发业	18388	3764	4314	3423
再生物资回收与批发	5346	1181	1480	1340
其他未列明批发业	13042	2583	2834	2083
零售业	**348746**	**52944**	**52858**	**57455**
综合零售	92169	4543	7291	11669
百货零售	40968	2439	3801	6256
超级市场零售	37412	168	474	2120
其他综合零售	13789	1936	3016	3293
食品、饮料及烟草制品专门零售	24047	5082	5692	5128
粮油零售	5130	863	1770	1474
糕点、面包零售	1522	167	270	149
果品、蔬菜零售	3974	366	535	882
肉、禽、蛋、奶及水产品零售	1809	370	494	301
营养和保健品零售	549	221	127	201
酒、饮料及茶叶零售	4432	1494	1183	780
烟草制品零售	1414	257	231	138
其他食品零售	5217	1344	1082	1203
纺织、服装及日用品专门零售	32782	4086	3513	4527
纺织品及针织品零售	3271	453	448	559
服装零售	23464	1706	1750	2663
鞋帽零售	994	103	109	295
化妆品及卫生用品零售	1252	579	305	215
钟表、眼镜零售	963	229	161	203
箱、包零售	170	34	56	
厨房用具及日用杂品零售	746	312	226	208
自行车零售	134	65	69	
其他日用品零售	1788	605	389	384

50-99人	100-299人	300-499人	500-999人	1000-4999人	5000-9999人	10000人以上
1665	1134	921				
2811	1981			1100		
1057	507					
59			980			
51						
1503	762		575			
4403	5427	1182				
390	672					
476	709	466				
265	542					
339	797					
186						
241						
2506	2707	716				
403	243					
273	114					
130	129					
2251	1848		1637	1151		
947	398					
1304	1450		1637	1151		
49502	**55183**	**20639**	**19356**	**23943**	**6213**	**10653**
12462	18759	8574	3532	8473	6213	10653
5267	9796	4926	2270		6213	
5083	7375	3206	1262	7071		10653
2112	1588	442		1402		
3168	3227	1069	681			
873	150					
255			681			
715	1116	360				
457	187					
176	799					
432	356					
260	619	709				
5484	8175	3267	630	3100		
476	935	400				
4141	6987	2487	630	3100		
107		380				
153						
117	253					
80						
410						

3-1-11 续表 5

行业	年末从业人员数（人）	7人及以下	8-19人	20-49个
文化、体育用品及器材专门零售	14569	3292	3188	3209
文具用品零售	2153	1040	467	444
体育用品及器材零售	606	286	196	.124
图书、报刊零售	4531	300	901	1303
音像制品及电子出版物零售	42	42		
珠宝首饰零售	3768	549	792	984
工艺美术品及收藏品零售	2345	538	443	261
乐器零售	181	93	53	35
照相器材零售	165	68	67	30
其他文化用品零售	778	376	269	28
医药及医疗器材专门零售	21207	3660	2601	3607
药品零售	18358	2728	1880	2839
医疗用品及器材零售	2849	932	721	768
汽车、摩托车、燃料及零配件专门零售	77449	8720	10067	13120
汽车零售	46146	3155	4542	10097
汽车零配件零售	5493	1463	1415	1392
摩托车及零配件零售	841	347	311	183
机动车燃料零售	24969	3755	3799	1448
家用电器及电子产品专门零售	27842	8271	7479	5935
家用视听设备零售	2263	489	485	459
日用家电设备零售	10869	1761	2172	2615
计算机、软件及辅助设备零售	8211	3696	2680	1492
通信设备零售	2662	644	833	802
其他电子产品零售	3837	1681	1309	567
五金、家具及室内装饰材料专门零售	27732	8922	7240	4773
五金零售	12501	4902	3607	1697
灯具零售	716	327	208	181
家具零售	5934	927	1203	1575
涂料零售	418	163	133	122
卫生洁具零售	434	206	94	38
木质装饰材料零售	1141	296	415	119
陶瓷、石材装饰材料零售	1335	440	327	192
其他室内装饰材料零售	5253	1661	1253	849
货摊、无店铺及其他零售业	30949	6368	5787	5487
货摊食品零售	94	7	18	69
货摊纺织、服装及鞋零售	128	22	28	78
货摊日用品零售	9	9		
互联网零售	275	9	18	56
邮购及电视、电话零售	14	14		
旧货零售	216	102	32	82
生活用燃料零售	6050	558	840	863
其他未列明零售业	24163	5647	4851	4339

50-99人	100-299人	300-499人	500-999人	1000-4999人	5000-9999人	10000人以上
906	2528	1446				
	202					
485	1168	374				
190	531	722				
126	627	350				
105						
2658	2755	406	3470	2050		
2500	2485	406	3470	2050		
158	270					
16941	11993	4357	7267	4984		
14983	8440	987	2337	1605		
980	243					
978	3310	3370	4930	3379		
2372	1542	788	1455			
320	510					
1326	752	788	1455			
343						
283	100					
100	180					
3099	3698					
1039	1256					
1365	864					
96						
115	196					
176	200					
308	1182					
2412	2506	732	2321	5336		
50	142					
564	451		701	2073		
1798	1913	732	1620	3263		

3-1-12 按行业、营业收入组距分组的

行 业	单位数(个)		
		100万元及以下	100万元-200万元
批发和零售业	**45261**	**28169**	**3877**
批发业	**23233**	**13671**	**1875**
农、林、牧产品批发	1281	827	99
谷物、豆及薯类批发	458	299	24
种子批发	277	213	23
饲料批发	46	35	
棉、麻批发	27	16	6
林业产品批发	108	65	14
牲畜批发	99	24	14
其他农牧产品批发	266	175	18
食品、饮料及烟草制品批发	2182	1315	161
米、面制品及食用油批发	319	182	26
糕点、糖果及糖批发	93	60	6
果品、蔬菜批发	362	189	23
肉、禽、蛋、奶及水产品批发	131	60	11
盐及调味品批发	110	33	14
营养和保健品批发	37	23	4
酒、饮料及茶叶批发	471	329	31
烟草制品批发	45	23	
其他食品批发	614	416	46
纺织、服装及家庭用品批发	963	615	68
纺织品、针织品及原料批发	100	66	5
服装批发	217	141	21
鞋帽批发	21	14	
化妆品及卫生用品批发	98	71	3
厨房、卫生间用具及日用杂货批发	151	115	11
灯具、装饰物品批发	55	37	4
家用电器批发	233	115	16
其他家庭用品批发	88	56	8
文化、体育用品及器材批发	498	379	19
文具用品批发	136	104	7
体育用品及器材批发	37	31	1
图书批发	105	63	4
报刊批发	2	2	
音像制品及电子出版物批发	5	5	
首饰、工艺品及收藏品批发	127	117	
其他文化用品批发	86	57	7
医药及医疗器材批发	556	220	50
西药批发	109	29	4
中药批发	93	25	8
医疗用品及器材批发	354	166	38
矿产品、建材及化工产品批发	9236	5057	670
煤炭及制品批发	2092	806	104
石油及制品批发	315	130	39
非金属矿及制品批发	238	163	13

批发零售业企业法人单位数及从业人员数

200万元-500万元	500万元-1000万元	1000万元-2000万元	2000万元-5000万元	5000万元-1亿元	1亿元以上
4814	**2737**	**2250**	**1554**	**772**	**1088**
2503	**1621**	**1470**	**902**	**482**	**709**
108	96	88	33	18	12
33	34	26	23	12	7
11	10	14	4		2
6	2	2	1		
1	2	1	1		
16	4	8	1		
32	23	4			2
9	21	33	3	6	1
252	158	136	75	37	48
39	23	19	18	5	7
9	5	5	5	3	
46	31	57	4	5	7
24	17	7	5	5	2
28	13	5	12	2	3
5	3			2	
30	29	19	19	7	7
2		4	3	1	12
69	37	20	9	7	10
105	68	48	29	13	17
9	7	6	3	2	2
21	11	7	6	7	3
1	3		1	1	1
9	7	7	1		
13	4	5	3		
5	3	5	1		
37	28	14	12	2	9
10	5	4	2	1	2
39	21	20	10	2	8
11	11		2		1
3		1			1
12	10	6	4	2	4
1		6	1		2
12		7	3		
75	55	51	41	26	38
9	9	11	14	10	23
7	6	9	16	11	11
59	40	31	11	5	4
909	654	644	472	300	530
139	132	178	189	169	375
36	38	31	19	4	18
21	10	15	6	6	4

3-1-12 续表 1

行 业	单位数(个)		
		100万元及以下	100万元-200万元
金属及金属矿批发	1628	705	130
建材批发	3672	2518	268
化肥批发	489	285	36
农药批发	134	99	8
农用薄膜批发	10	5	1
其他化工产品批发	658	346	71
机械设备、五金产品及电子产品批发	6517	3914	646
农业机械批发	256	147	22
汽车批发	174	54	12
汽车零配件批发	357	201	42
摩托车及零配件批发	20	11	2
五金产品批发	1176	769	112
电气设备批发	555	322	65
计算机、软件及辅助设备批发	523	316	60
通讯及广播电视设备批发	112	60	17
其他机械设备及电子产品批发	3344	2034	314
贸易经纪与代理	437	354	20
贸易代理	197	142	9
拍卖	69	60	5
其他贸易经纪与代理	171	152	6
其他批发业	1563	990	142
再生物资回收与批发	533	368	36
其他未列明批发业	1030	622	106
零售业	**22028**	**14498**	**2002**
综合零售	2627	1718	210
百货零售	1396	968	102
超级市场零售	283	76	23
其他综合零售	948	674	85
食品、饮料及烟草制品专门零售	2154	1584	164
粮油零售	445	312	36
糕点、面包零售	79	57	9
果品、蔬菜零售	194	137	16
肉、禽、蛋、奶及水产品零售	154	115	12
营养和保健品零售	76	62	2
酒、饮料及茶叶零售	572	428	47
烟草制品零售	117	85	4
其他食品零售	517	388	38
纺织、服装及日用品专门零售	1785	1332	135
纺织品及针织品零售	200	162	8
服装零售	843	568	64
鞋帽零售	53	37	8
化妆品及卫生用品零售	229	199	13
钟表、眼镜零售	86	71	6
箱、包零售	18	13	2
厨房用具及日用杂品零售	111	82	12
自行车零售	26	20	4
其他日用品零售	219	180	18

200万元-500万元	500万元-1000万元	1000万元-2000万元	2000万元-5000万元	5000万元-1亿元	1亿元以上
231	155	145	120	60	82
333	227	168	84	42	32
53	33	51	17	7	7
11	5	11			
	1	2		1	
85	53	43	37	11	12
838	473	342	194	72	38
27	23	24	6	4	3
25	19	29	19	12	4
51	30	14	11	5	3
1	2	3			1
132	72	60	24	4	3
80	49	23	14	2	
61	32	26	19	7	2
14	10	4	6	1	
447	236	159	95	37	22
22	14	14	7	2	4
14	10	10	6	2	4
3	1				
5	3	4	1		
155	82	127	41	12	14
38	18	54	14	4	1
117	64	73	27	8	13
2311	**1116**	**780**	**652**	**290**	**379**
262	157	96	86	44	54
119	71	40	48	26	22
32	48	40	28	17	19
111	38	16	10	1	13
176	96	54	50	16	14
40	24	20	10	2	1
5	4	1	2		1
11	9	7	9	1	4
14	5	3	3	1	1
8	3		1		
44	25	6	14	4	4
9	2	6	6	3	2
45	24	11	5	5	1
131	68	45	36	17	21
16	5	4	1	1	3
71	47	30	32	14	17
1	4	2		1	
11	1	2	2	1	
5	2	1			1
1		1	1		
13	1	3			
2					
11	8	2			

3-1-12 续表 2

行业	单位数(个)		
		100万元及以下	100万元-200万元
文化、体育用品及器材专门零售	1335	967	95
文具用品零售	360	300	23
体育用品及器材零售	105	84	10
图书、报刊零售	216	90	5
音像制品及电子出版物零售	12	11	1
珠宝首饰零售	250	158	27
工艺美术品及收藏品零售	203	181	11
乐器零售	34	25	4
照相器材零售	26	18	1
其他文化用品零售	129	100	13
医药及医疗器材专门零售	1510	1115	105
药品零售	1189	912	82
医疗用品及器材零售	321	203	23
汽车、摩托车、燃料及零配件专门零售	3811	1766	419
汽车零售	1768	661	160
汽车零配件零售	561	387	55
摩托车及零配件零售	126	74	16
机动车燃料零售	1356	644	188
家用电器及电子产品专门零售	3066	1957	313
家用视听设备零售	192	107	18
日用家电设备零售	749	391	81
计算机、软件及辅助设备零售	1269	846	145
通信设备零售	273	180	26
其他电子产品零售	583	433	43
五金、家具及室内装饰材料专门零售	3320	2429	310
五金零售	1764	1253	181
灯具零售	112	85	14
家具零售	421	281	45
涂料零售	62	47	5
卫生洁具零售	65	50	7
木质装饰材料零售	131	101	8
陶瓷、石材装饰材料零售	159	132	13
其他室内装饰材料零售	606	480	37
货摊、无店铺及其他零售业	2420	1630	251
货摊食品零售	6	5	
货摊纺织、服装及鞋零售	13	10	
货摊日用品零售	4	4	
互联网零售	11	7	
邮购及电视、电话零售	3	3	
旧货零售	38	32	
生活用燃料零售	252	147	23
其他未列明零售业	2093	1422	228

200万元-500万元	500万元-1000万元	1000万元-2000万元	2000万元-5000万元	5000万元-1亿元	1亿元以上
98	61	58	41	8	7
25	7	4	1		
6	2	1	2		
17	30	41	28	4	1
30	14	7	6	3	5
4	3	2		1	1
3		1	1		
3	2		2		
10	3	2	1		
136	57	50	27	9	11
87	39	34	18	7	10
49	18	16	9	2	1
519	267	239	229	151	221
196	126	148	161	135	181
57	22	19	18	2	1
19	8	6	3		
247	111	66	47	14	39
366	192	119	79	20	20
26	19	11	7	1	3
109	64	45	40	8	11
148	64	37	21	5	3
27	10	17	7	4	2
56	35	9	4	2	1
343	112	57	54	2	13
211	61	33	21	2	2
10	2		1		
44	21	10	15		5
7	3				
5	1	2			
10	6	2	2		2
8	2	2	2		
48	16	8	13		4
280	106	62	50	23	18
1					
2	1				
2			1		1
4		2			
25	12	14	14	10	7
246	93	46	35	13	10

3-1-12 续表 3

行　业	年末从业人员数(人)	100万元及以下	100万元-200万元
批发和零售业	**690060**	**185209**	**42785**
批发业	**341314**	**90055**	**19522**
农、林、牧产品批发	20686	6397	1723
谷物、豆及薯类批发	9816	2719	375
种子批发	2557	1238	261
饲料批发	552	269	
棉、麻批发	516	93	193
林业产品批发	1475	506	239
牲畜批发	1893	249	365
其他农牧产品批发	3877	1323	290
食品、饮料及烟草制品批发	41626	9526	2233
米、面制品及食用油批发	4991	1689	388
糕点、糖果及糖批发	1098	554	63
果品、蔬菜批发	9003	1590	712
肉、禽、蛋、奶及水产品批发	2872	469	150
盐及调味品批发	2817	250	158
营养和保健品批发	326	104	69
酒、饮料及茶叶批发	6145	1879	285
烟草制品批发	7336	117	
其他食品批发	7038	2874	408
纺织、服装及家庭用品批发	13081	3947	902
纺织品、针织品及原料批发	1356	511	151
服装批发	4095	907	291
鞋帽批发	311	74	
化妆品及卫生用品批发	885	315	16
厨房、卫生间用具及日用杂货批发	1339	841	115
灯具、装饰物品批发	521	265	40
家用电器批发	3413	594	96
其他家庭用品批发	1161	440	193
文化、体育用品及器材批发	4813	1878	177
文具用品批发	809	445	58
体育用品及器材批发	293	170	4
图书批发	2040	293	28
报刊批发	13	13	
音像制品及电子出版物批发	29	29	
首饰、工艺品及收藏品批发	701	365	
其他文化用品批发	928	563	87
医药及医疗器材批发	12852	1592	538
西药批发	5065	256	103
中药批发	4209	297	155
医疗用品及器材批发	3578	1039	280
矿产品、建材及化工产品批发	170900	34475	7079
煤炭及制品批发	103331	8509	1883
石油及制品批发	4989	695	294
非金属矿及制品批发	2261	856	130

200万元-500万元	500万元-1000万元	1000万元-2000万元	2000万元-5000万元	5000万元-1亿元	1亿元以上
64417	**50512**	**55361**	**52240**	**39852**	**199684**
29545	**25179**	**30856**	**23856**	**17684**	**104617**
2052	2415	1941	1101	838	4219
697	629	865	712	397	3422
145	207	178	121		407
218	35	15	15		
16	37	32	145		
319	60	331	20		
516	646	95			22
141	801	425	88	441	368
3840	3844	3857	3570	2882	11874
507	395	386	701	203	722
124	44	79	119	115	
1070	1459	2280	295	892	705
334	385	97	231	721	485
579	214	123	694	47	752
47	53			53	
272	574	315	873	510	1437
17		123	106	10	6963
890	720	454	551	331	810
1142	901	1263	919	1035	2972
181	126	210	87	32	58
309	123	138	322	554	1451
10	25		93	51	58
73	86	374	21		
161	49	109	64		
33	120	58	5		
307	269	177	302	386	1282
68	103	197	25	12	123
358	204	508	291	55	1342
92	87		36		91
24		50			45
98	117	137	196	55	1116
66		150	30		90
78		171	29		
1162	943	938	1378	1050	5251
185	236	340	422	478	3045
461	88	154	810	430	1814
516	619	444	146	142	392
11515	9948	14310	11296	8292	73985
3532	4138	5651	6742	6161	66715
401	505	470	495	145	1984
315	88	554	161	90	67

3-1-12 续表 4

行 业	年末从业人员数(人)		
		100万元及以下	100万元-200万元
金属及金属矿批发	14658	4120	940
建材批发	30169	15955	2783
化肥批发	5968	1650	375
农药批发	1877	497	63
农用薄膜批发	117	27	3
其他化工产品批发	7530	2166	608
机械设备、五金产品及电子产品批发	55517	22109	5013
农业机械批发	3084	1226	361
汽车批发	3449	504	75
汽车零配件批发	3284	1198	311
摩托车及零配件批发	159	82	14
五金产品批发	8119	4368	796
电气设备批发	3886	1624	494
计算机、软件及辅助设备批发	3998	1621	469
通讯及广播电视设备批发	865	345	124
其他机械设备及电子产品批发	28673	11141	2369
贸易经纪与代理	3451	2086	203
贸易代理	1807	1012	71
拍卖	595	448	87
其他贸易经纪与代理	1049	626	45
其他批发业	18388	8045	1654
再生物资回收与批发	5346	2345	734
其他未列明批发业	13042	5700	920
零售业	**348746**	**95154**	**23263**
综合零售	92169	16193	4892
百货零售	40968	9382	2463
超级市场零售	37412	1434	842
其他综合零售	13789	5377	1587
食品、饮料及烟草制品专门零售	24047	10323	2386
粮油零售	5130	2722	475
糕点、面包零售	1522	428	134
果品、蔬菜零售	3974	1251	532
肉、禽、蛋、奶及水产品零售	1809	1019	170
营养和保健品零售	549	324	42
酒、饮料及茶叶零售	4432	2048	500
烟草制品零售	1414	392	113
其他食品零售	5217	2139	420
纺织、服装及日用品专门零售	32782	9733	2149
纺织品及针织品零售	3271	1796	249
服装零售	23464	4673	1178
鞋帽零售	994	293	136
化妆品及卫生用品零售	1252	826	161
钟表、眼镜零售	963	432	117
箱、包零售	170	56	11
厨房用具及日用杂品零售	746	477	55
自行车零售	134	92	20
其他日用品零售	1788	1088	222

200万元-500万元	500万元-1000万元	1000万元-2000万元	2000万元-5000万元	5000万元-1亿元	1亿元以上
1850	1221	1506	1284	730	3007
3497	2254	2796	1034	656	1194
918	846	1294	448	204	233
96	94	1127			
	8	61		18	
906	794	851	1132	288	785
7071	5432	5155	4204	3065	3468
306	236	268	253	73	361
303	513	662	432	308	652
348	455	213	212	337	210
3	19	17			24
1001	629	758	283	143	141
741	506	205	274	42	
496	346	458	358	137	113
121	108	50	107	10	
3752	2620	2524	2285	2015	1967
210	219	357	129	47	200
116	145	93	123	47	200
42	18				
52	56	264	6		
2195	1273	2527	968	420	1306
933	274	682	283	60	35
1262	999	1845	685	360	1271
34872	**25333**	**24505**	**28384**	**22168**	**95067**
8229	6703	5331	7145	6819	36857
4804	3007	2035	3972	3695	11610
922	2691	2936	2633	3117	22837
2503	1005	360	540	7	2410
2560	2333	1490	1729	965	2261
696	428	334	367	83	25
48	123	12	96		681
362	496	182	309	360	482
212	120	126	66	15	81
96	67		20		
404	356	222	303	61	538
60	27	314	220	148	140
682	716	300	348	298	314
3749	3257	2200	2531	2511	6652
251	265	158	51	269	232
2945	2480	1416	2313	2175	6284
10	110	388		57	
106	38	24	87	10	
93	68	117			136
5		18	80		
112	40	62			
22					
205	256	17			

3-1-12 续表 5

行 业	年末从业人员数(人)		
		100万元及以下	100万元-200万元
文化、体育用品及器材专门零售	14569	5485	899
文具用品零售	2153	1289	234
体育用品及器材零售	606	362	81
图书、报刊零售	4531	618	41
音像制品及电子出版物零售	42	38	4
珠宝首饰零售	3768	991	285
工艺美术品及收藏品零售	2345	1567	128
乐器零售	181	93	21
照相器材零售	165	87	5
其他文化用品零售	778	440	100
医药及医疗器材专门零售	21207	5075	1347
药品零售	18358	4002	1121
医疗用品及器材零售	2849	1073	226
汽车、摩托车、燃料及零配件专门零售	77449	10879	3824
汽车零售	46146	4231	1948
汽车零配件零售	5493	2921	547
摩托车及零配件零售	841	298	138
机动车燃料零售	24969	3429	1191
家用电器及电子产品专门零售	27842	9753	2449
家用视听设备零售	2263	499	136
日用家电设备零售	10869	2116	660
计算机、软件及辅助设备零售	8211	3979	966
通信设备零售	2662	1025	321
其他电子产品零售	3837	2134	366
五金、家具及室内装饰材料专门零售	27732	13899	2854
五金零售	12501	6359	1446
灯具零售	716	463	95
家具零售	5934	2173	519
涂料零售	418	294	45
卫生洁具零售	434	200	56
木质装饰材料零售	1141	599	107
陶瓷、石材装饰材料零售	1335	938	136
其他室内装饰材料零售	5253	2873	450
货摊、无店铺及其他零售业	30949	13814	2463
货摊食品零售	94	56	
货摊纺织、服装及鞋零售	128	75	
货摊日用品零售	9	9	
互联网零售	275	27	
邮购及电视、电话零售	14	14	
旧货零售	216	139	
生活用燃料零售	6050	1154	224
其他未列明零售业	24163	12340	2239

200万元-500万元	500万元-1000万元	1000万元-2000万元	2000万元-5000万元	5000万元-1亿元	1亿元以上
1157	1156	1659	1867	693	1653
226	110	92	202		
48	50	10	55		
202	622	868	1297	509	374
405	251	218	184	181	1253
143	86	392		3	26
22		10	35		
15	15		43		
96	22	69	51		
2629	2129	3334	1520	1200	3973
2190	1837	3077	1289	920	3922
439	292	257	231	280	51
5251	3250	5248	6760	7775	34462
2431	1832	3919	5108	6623	20054
837	270	482	337	31	68
163	141	58	43		
1820	1007	789	1272	1121	14340
3465	2656	2461	3266	900	2892
254	275	191	251	64	593
1127	1056	1291	2220	372	2027
1229	785	540	497	101	114
352	127	335	210	159	133
503	413	104	88	204	25
4757	1931	1357	2102	135	697
2602	768	626	533	135	32
144	7		7		
865	584	396	961		436
56	23				
69	10	99			
107	84	20	204		20
109	17	68	67		
805	438	148	330		209
3075	1918	1425	1464	1170	5620
38					
41	12				
56			50		142
44		33			
260	152	423	427	418	2992
2636	1754	969	987	752	2486

3-1-13 按行业、资产总额组距分组的

行业	单位数（个）	50万元及以下	50万元-100万元
批发和零售业	**45261**	**15209**	**6655**
批发业	**23233**	**6496**	**3217**
农、林、牧产品批发	1281	510	196
谷物、豆及薯类批发	458	196	74
种子批发	277	126	40
饲料批发	46	18	4
棉、麻批发	27	9	2
林业产品批发	108	42	11
牲畜批发	99	23	27
其他农牧产品批发	266	96	38
食品、饮料及烟草制品批发	2182	606	345
米、面制品及食用油批发	319	92	43
糕点、糖果及糖批发	93	33	17
果品、蔬菜批发	362	100	38
肉、禽、蛋、奶及水产品批发	131	31	32
盐及调味品批发	110	21	21
营养和保健品批发	37	11	4
酒、饮料及茶叶批发	471	142	75
烟草制品批发	45	11	7
其他食品批发	614	165	108
纺织、服装及家庭用品批发	963	275	137
纺织品、针织品及原料批发	100	28	14
服装批发	217	49	26
鞋帽批发	21	4	2
化妆品及卫生用品批发	98	53	11
厨房、卫生间用具及日用杂货批发	151	56	25
灯具、装饰物品批发	55	17	7
家用电器批发	233	42	36
其他家庭用品批发	88	26	16
文化、体育用品及器材批发	498	244	64
文具用品批发	136	69	22
体育用品及器材批发	37	18	5
图书批发	105	31	17
报刊批发	2	1	
音像制品及电子出版物批发	5	3	
首饰、工艺品及收藏品批发	127	90	6
其他文化用品批发	86	32	14
医药及医疗器材批发	556	83	70
西药批发	109	18	4
中药批发	93	17	8
医疗用品及器材批发	354	48	58
矿产品、建材及化工产品批发	9236	2299	1134
煤炭及制品批发	2092	261	118
石油及制品批发	315	47	51

批发零售业企业法人单位数及从业人员数

100万元-500万元	500万元-1000万元	1000万元-5000万元	5000万元-1亿元	1亿元以上
13580	**3971**	**4249**	**737**	**860**
7442	**2350**	**2641**	**444**	**643**
394	88	75	8	10
112	30	38	4	4
70	26	11	1	3
17	5	1	1	
11	3	1		1
40	6	9		
46	3			
98	15	15	2	2
779	195	201	29	27
91	39	45	6	3
26	9	6	2	
128	55	34		7
43	8	15	2	
43	14	8	1	2
11	7	4		
181	25	36	10	2
10	1	5		11
246	37	48	8	2
358	93	77	9	14
39	7	10		2
93	21	18	4	6
10	1	3		1
23	7	4		
48	8	13	1	
19	6	5	1	
95	36	17	3	4
31	7	7		1
123	26	30	4	7
33	6	5		1
9	1	3		1
36	9	8	1	3
	1			
2				
21	3	4	2	1
22	6	10	1	1
189	72	94	24	24
18	10	32	12	15
18	13	23	7	7
153	49	39	5	2
2550	1025	1447	290	491
343	267	595	157	351
110	44	37	12	14

3-1-13 续表 1

行业	单位数(个)		
		50万元及以下	50万元-100万元
非金属矿及制品批发	238	75	28
金属及金属矿批发	1628	286	184
建材批发	3672	1157	540
化肥批发	489	208	90
农药批发	134	82	21
农用薄膜批发	10	5	1
其他化工产品批发	658	178	101
机械设备、五金产品及电子产品批发	6517	1755	965
农业机械批发	256	75	30
汽车批发	174	21	12
汽车零配件批发	357	83	45
摩托车及零配件批发	20	1	5
五金产品批发	1176	418	183
电气设备批发	555	136	87
计算机、软件及辅助设备批发	523	146	72
通讯及广播电视设备批发	112	22	22
其他机械设备及电子产品批发	3344	853	509
贸易经纪与代理	437	142	85
贸易代理	197	60	38
拍卖	69	7	15
其他贸易经纪与代理	171	75	32
其他批发业	1563	582	221
再生物资回收与批发	533	260	84
其他未列明批发业	1030	322	137
零售业	**22028**	**8713**	**3438**
综合零售	2627	1092	352
百货零售	1396	595	185
超级市场零售	283	52	19
其他综合零售	948	445	148
食品、饮料及烟草制品专门零售	2154	926	359
粮油零售	445	201	75
糕点、面包零售	79	38	13
果品、蔬菜零售	194	74	19
肉、禽、蛋、奶及水产品零售	154	76	23
营养和保健品零售	76	32	15
酒、饮料及茶叶零售	572	217	124
烟草制品零售	117	60	13
其他食品零售	517	228	77
纺织、服装及日用品专门零售	1785	809	282
纺织品及针织品零售	200	80	34
服装零售	843	332	126
鞋帽零售	53	17	13
化妆品及卫生用品零售	229	159	26
钟表、眼镜零售	86	53	14
箱、包零售	18	5	3

100万元-500万元	500万元-1000万元	1000万元-5000万元	5000万元-1亿元	1亿元以上
74	21	31	5	4
528	227	290	51	62
1147	350	386	44	48
113	37	30	7	4
24	5	2		
1	1	1	1	
210	73	75	13	8
2442	683	562	58	52
106	26	16	3	
56	30	46	2	7
162	30	30	4	3
7	3	3		1
390	106	67	6	6
216	60	52	3	1
201	56	44	4	
41	16	11		
1263	356	293	36	34
127	38	29	7	9
52	20	16	5	6
26	10	11		
49	8	2	2	3
480	130	126	15	9
132	28	28	1	
348	102	98	14	9
6138	**1621**	**1608**	**293**	**217**
717	212	182	34	38
372	102	102	22	18
89	44	53	9	17
256	66	27	3	3
596	136	113	15	9
97	40	27	5	
16	8	3		1
55	20	21	1	4
38	11	5	1	
22	5	2		
176	23	27	2	3
28	9	6	1	
164	20	22	5	1
429	100	122	22	21
52	15	15	3	1
219	55	77	15	19
12	4	5	2	
36	4	4		
12	3	3	1	
6	2	2		

3-1-13 续表 2

行 业	单位数(个)		
		50万元及以下	50万元-100万元
厨房用具及日用杂品零售	111	50	21
自行车零售	26	9	9
其他日用品零售	219	104	36
文化、体育用品及器材专门零售	1335	577	217
文具用品零售	360	210	61
体育用品及器材零售	105	51	19
图书、报刊零售	216	61	16
音像制品及电子出版物零售	12	6	2
珠宝首饰零售	250	47	50
工艺美术品及收藏品零售	203	97	43
乐器零售	34	18	6
照相器材零售	26	12	5
其他文化用品零售	129	75	15
医药及医疗器材专门零售	1510	938	187
药品零售	1189	844	121
医疗用品及器材零售	321	94	66
汽车、摩托车、燃料及零配件专门零售	3811	910	585
汽车零售	1768	295	181
汽车零配件零售	561	220	102
摩托车及零配件零售	126	52	27
机动车燃料零售	1356	343	275
家用电器及电子产品专门零售	3066	1131	472
家用视听设备零售	192	65	29
日用家电设备零售	749	231	120
计算机、软件及辅助设备零售	1269	494	201
通信设备零售	273	116	34
其他电子产品零售	583	225	88
五金、家具及室内装饰材料专门零售	3320	1374	580
五金零售	1764	727	330
灯具零售	112	41	26
家具零售	421	146	55
涂料零售	62	23	14
卫生洁具零售	65	29	14
木质装饰材料零售	131	60	19
陶瓷、石材装饰材料零售	159	66	20
其他室内装饰材料零售	606	282	102
货摊、无店铺及其他零售业	2420	956	404
货摊食品零售	6	1	1
货摊纺织、服装及鞋零售	13	6	4
货摊日用品零售	4	1	
互联网零售	11	5	
邮购及电视、电话零售	3	2	
旧货零售	38	13	7
生活用燃料零售	252	71	41
其他未列明零售业	2093	857	351

100万元-500万元	500万元-1000万元	1000万元-5000万元	5000万元-1亿元	1亿元以上
24	7	8	1	
8				
60	10	8		1
321	102	93	16	9
67	13	8	1	
28	5	2		
45	41	43	8	2
3	1			
89	25	30	4	5
45	9	4	3	2
6	2	2		
6	1	2		
32	5	2		
233	67	70	7	8
126	39	47	5	7
107	28	23	2	1
1161	386	547	137	85
477	219	420	117	59
147	55	28	7	2
39	6	2		
498	106	97	13	24
1071	227	142	13	10
72	10	13	1	2
263	78	46	4	7
453	76	40	4	1
87	21	14	1	
196	42	29	3	
933	220	174	21	18
512	102	76	12	5
38	5	2		
133	37	36	8	6
19	5	1		
17	4	1		
35	11	4		2
48	13	12		
131	43	42	1	5
677	171	165	28	19
2	2			
2	1			
3				
4		2		
1				
12	3	3		
64	22	34	14	6
589	143	126	14	13

3-1-13 续表 3

行业	年末从业人员数(个)	50万元及以下	50万元-100万元
批发和零售业	**690060**	**87949**	**49687**
批发业	**341314**	**39385**	**23084**
农、林、牧产品批发	20686	3507	2704
谷物、豆及薯类批发	9816	1527	967
种子批发	2557	604	254
饲料批发	552	112	54
棉、麻批发	516	54	21
林业产品批发	1475	311	227
牲畜批发	1893	247	471
其他农牧产品批发	3877	652	710
食品、饮料及烟草制品批发	41626	3808	2976
米、面制品及食用油批发	4991	605	369
糕点、糖果及糖批发	1098	283	149
果品、蔬菜批发	9003	910	324
肉、禽、蛋、奶及水产品批发	2872	165	593
盐及调味品批发	2817	119	314
营养和保健品批发	326	49	10
酒、饮料及茶叶批发	6145	721	392
烟草制品批发	7336	36	70
其他食品批发	7038	920	755
纺织、服装及家庭用品批发	13081	1615	930
纺织品、针织品及原料批发	1356	223	129
服装批发	4095	341	137
鞋帽批发	311	16	9
化妆品及卫生用品批发	885	248	78
厨房、卫生间用具及日用杂货批发	1339	325	199
灯具、装饰物品批发	521	73	35
家用电器批发	3413	207	186
其他家庭用品批发	1161	182	157
文化、体育用品及器材批发	4813	830	437
文具用品批发	809	292	109
体育用品及器材批发	293	75	36
图书批发	2040	118	167
报刊批发	13	6	
音像制品及电子出版物批发	29	16	
首饰、工艺品及收藏品批发	701	165	33
其他文化用品批发	928	158	92
医药及医疗器材批发	12852	512	504
西药批发	5065	108	34
中药批发	4209	132	127
医疗用品及器材批发	3578	272	343
矿产品、建材及化工产品批发	170900	14676	7749
煤炭及制品批发	103331	2852	1164
石油及制品批发	4989	250	338

100万元-500万元	500万元-1000万元	1000万元-5000万元	5000万元-1亿元	1亿元以上
137061	**69458**	**125128**	**41791**	**178986**
67984	**32066**	**59455**	**17961**	**101379**
6491	1432	4935	495	1122
2052	510	4057	373	330
618	439	212	3	427
348	34	2	2	
191	93	12		145
742	64	131		
1131	44			
1409	248	521	117	220
9199	5435	7747	2272	10189
924	862	1198	590	443
313	91	217	45	
2516	2400	1845		1008
570	155	1341	48	
675	465	492	210	542
87	94	86		
1681	324	1081	970	976
137	22	133		6938
2296	1022	1354	409	282
2935	2081	2449	685	2386
361	234	336		73
711	371	356	562	1617
66	12	150		58
140	360	59		
473	174	165	3	
161	122	126	4	
615	606	1048	116	635
408	202	209		3
982	301	755	106	1402
236	44	37		91
56	5	76		45
328	139	180	28	1080
	7			
13				
194	66	123	70	50
155	40	339	8	136
1979	1194	2615	1656	4392
403	242	1099	776	2403
411	325	857	684	1673
1165	627	659	196	316
22965	11618	27680	9315	76897
5055	3635	14071	6965	69589
918	467	845	330	1841

3-1-13 续表 4

行业	年末从业人员数(个)	50万元及以下	50万元-100万元
非金属矿及制品批发	2261	337	165
金属及金属矿批发	14658	1453	1032
建材批发	30169	7307	3145
化肥批发	5968	1093	1090
农药批发	1877	393	208
农用薄膜批发	117	23	7
其他化工产品批发	7530	968	600
机械设备、五金产品及电子产品批发	55517	9042	5567
农业机械批发	3084	431	233
汽车批发	3449	191	132
汽车零配件批发	3284	438	240
摩托车及零配件批发	159	4	26
五金产品批发	8119	2465	1090
电气设备批发	3886	556	526
计算机、软件及辅助设备批发	3998	666	362
通讯及广播电视设备批发	865	135	166
其他机械设备及电子产品批发	28673	4156	2792
贸易经纪与代理	3451	642	542
贸易代理	1807	312	279
拍卖	595	50	113
其他贸易经纪与代理	1049	280	150
其他批发业	18388	4753	1675
再生物资回收与批发	5346	1911	815
其他未列明批发业	13042	2842	860
零售业	**348746**	**48564**	**26603**
综合零售	92169	8967	4508
百货零售	40968	4989	2506
超级市场零售	37412	915	413
其他综合零售	13789	3063	1589
食品、饮料及烟草制品专门零售	24047	5360	2365
粮油零售	5130	1490	604
糕点、面包零售	1522	289	95
果品、蔬菜零售	3974	498	165
肉、禽、蛋、奶及水产品零售	1809	698	218
营养和保健品零售	549	113	110
酒、饮料及茶叶零售	4432	907	642
烟草制品零售	1414	277	65
其他食品零售	5217	1088	466
纺织、服装及日用品专门零售	32782	4587	2630
纺织品及针织品零售	3271	422	344
服装零售	23464	2367	1409
鞋帽零售	994	115	155
化妆品及卫生用品零售	1252	602	208
钟表、眼镜零售	963	295	107
箱、包零售	170	27	14

100万元-500万元	500万元-1000万元	1000万元-5000万元	5000万元-1亿元	1亿元以上
510	171	959	67	52
3267	2056	3306	700	2844
8372	3437	5637	669	1602
1929	802	713	88	253
1200	23	53		
10	8	51	18	
1704	1019	2045	478	716
17761	7276	9947	2121	3803
1293	462	446	219	
699	433	1242	50	702
1348	283	532	233	210
69	20	30		10
2480	819	929	137	199
1464	564	714	42	20
1375	653	839	103	
245	204	115		
8788	3838	5100	1337	2662
853	552	310	245	307
362	280	171	162	241
203	99	130		
288	173	9	83	66
4819	2177	3017	1066	881
1495	559	560	6	
3324	1618	2457	1060	881
69077	**37392**	**65673**	**23830**	**77607**
15987	9652	13947	5121	33987
8378	4517	7452	2671	10455
3522	3065	5647	1940	21910
4087	2070	848	510	1622
6433	3294	4156	471	1968
1172	921	818	125	
259	81	117		681
943	620	880	91	777
498	236	109	50	
248	44	34		
1364	294	682	36	507
239	497	258	78	
1710	601	1258	91	3
6156	3517	7649	2591	5652
776	447	1061	106	115
4085	2654	5518	1907	5524
91	49	147	437	
269	39	134		
152	69	204	136	
29	19	81		

3-1-13 续表 5

行 业	年末从业人员数(个)	50万元及以下	50万元-100万元
厨房用具及日用杂品零售	746	195	112
自行车零售	134	42	47
其他日用品零售	1788	522	234
文化、体育用品及器材专门零售	14569	2561	1870
文具用品零售	2153	812	394
体育用品及器材零售	606	198	119
图书、报刊零售	4531	263	114
音像制品及电子出版物零售	42	18	9
珠宝首饰零售	3768	280	345
工艺美术品及收藏品零售	2345	559	738
乐器零售	181	47	28
照相器材零售	165	61	22
其他文化用品零售	778	323	101
医药及医疗器材专门零售	21207	4259	1458
药品零售	18358	3739	1101
医疗用品及器材零售	2849	520	357
汽车、摩托车、燃料及零配件专门零售	77449	5459	3775
汽车零售	46146	1559	1237
汽车零配件零售	5493	1347	837
摩托车及零配件零售	841	218	190
机动车燃料零售	24969	2335	1511
家用电器及电子产品专门零售	27842	5239	3072
家用视听设备零售	2263	382	172
日用家电设备零售	10869	1133	879
计算机、软件及辅助设备零售	8211	2143	1158
通信设备零售	2662	591	340
其他电子产品零售	3837	990	523
五金、家具及室内装饰材料专门零售	27732	6519	3851
五金零售	12501	3389	1830
灯具零售	716	201	149
家具零售	5934	818	767
涂料零售	418	74	96
卫生洁具零售	434	113	72
木质装饰材料零售	1141	366	107
陶瓷、石材装饰材料零售	1335	325	108
其他室内装饰材料零售	5253	1233	722
货摊、无店铺及其他零售业	30949	5613	3074
货摊食品零售	94	8	31
货摊纺织、服装及鞋零售	128	57	48
货摊日用品零售	9	1	
互联网零售	275	9	
邮购及电视、电话零售	14	7	
旧货零售	216	48	24
生活用燃料零售	6050	555	268
其他未列明零售业	24163	4928	2703

100万元-500万元	500万元-1000万元	1000万元-5000万元	5000万元-1亿元	1亿元以上
222	102	110	5	
45				
487	138	394		13
2497	1902	3143	1047	1549
446	179	318	4	
219	25	45		
475	931	1560	794	394
10	5			
682	301	955	67	1138
323	373	153	182	17
43	18	45		
40	30	12		
259	40	55		
3982	2029	3607	1645	4227
3183	1654	3150	1324	4207
799	375	457	321	20
10555	5959	19571	10605	21525
4765	3910	15653	8433	10589
1570	782	663	256	38
299	98	36		
3921	1169	3219	1916	10898
8993	3254	4504	560	2220
643	240	301	15	510
2833	1428	2666	229	1701
3201	839	775	86	9
1010	326	389	6	
1306	421	373	224	
8273	3122	4038	787	1142
4225	1178	1513	128	238
267	75	24		
1578	967	1162	399	243
189	44	15		
185	62	2		
329	95	38		206
284	194	424		
1216	507	860	260	455
6201	4663	5058	1003	5337
7	48			
11	12			
8				
74		192		
7				
69	14	61		
625	272	652	620	3058
5400	4317	4153	383	2279

3-1-14 按行业、从业人员组距、资产总额组距

行 业	营业收入(万元)		从业	
		7人及以下	8人-19人	20人-49人
批发和零售业	**143816486**	**25456498**	**14124831**	**18426807**
批发业	**119604543**	**23992006**	**11793704**	**15440986**
农、林、牧产品批发	726950	80903	243381	143237
谷物、豆及薯类批发	378498	33649	112259	92672
种子批发	97435	16903	14786	14981
饲料批发	10443	3502	5460	1111
棉、麻批发	6019	240	1449	1928
林业产品批发	24761	6948	8558	4966
牲畜批发	61915	2593	43756	13072
其他农牧产品批发	147879	17068	57113	14509
食品、饮料及烟草制品批发	5576353	196524	349316	408105
米、面制品及食用油批发	304940	22221	66284	39857
糕点、糖果及糖批发	53931	13717	12756	21459
果品、蔬菜批发	540791	29460	98090	74982
肉、禽、蛋、奶及水产品批发	135662	9135	19955	58712
盐及调味品批发	149120	8736	20333	29480
营养和保健品批发	18177	2472	514	15190
酒、饮料及茶叶批发	890633	30492	68957	55174
烟草制品批发	3070683	2302	6185	21471
其他食品批发	412418	77988	56242	91780
纺织、服装及家庭用品批发	1072880	68772	178197	295198
纺织品、针织品及原料批发	273852	6377	40010	224806
服装批发	187098	9806	28540	23289
鞋帽批发	37026	1628	1269	
化妆品及卫生用品批发	22914	7386	6139	7463
厨房、卫生间用具及日用杂货批发	27496	5269	11233	10921
灯具、装饰物品批发	14726	8085	3244	2796
家用电器批发	441939	25100	65350	25788
其他家庭用品批发	67829	5121	22411	133
文化、体育用品及器材批发	736902	25978	39186	200518
文具用品批发	202196	7525	12052	4998
体育用品及器材批发	21824	1239	390	18195
图书批发	324841	5649	12106	104766
报刊批发				
音像制品及电子出版物批发	116	109	6	
首饰、工艺品及收藏品批发	162156	2277	3023	69126
其他文化用品批发	25768	9180	11609	3433
医药及医疗器材批发	1753597	67606	150486	417788
西药批发	949095	24821	16547	192124
中药批发	485967	617	38258	188023
医疗用品及器材批发	318535	42169	95681	37641
矿产品、建材及化工产品批发	100402881	19274604	8984335	12827056
煤炭及制品批发	70143544	5510608	3041640	9773236
石油及制品批发	1514613	45007	86241	92380
非金属矿及制品批发	244839	54464	125067	59783

分组的批发零售业企业法人营业收入

人员分组						
50人-99人	100人-299人	300人-499人	500人-999人	1000人-4999人	5000人-9999人	10000人以上
24604472	**29228059**	**12999921**	**12031550**	**6407668**	**113167**	**423513**
20828264	**24707154**	**10127167**	**8268734**	**4434142**	**12387**	
123038	37817	52000		46573		
66472	26872			46573		
18606		32160				
	370					
302	2099					
3169	1121					
1579	916					
32909	6439	19840				
402007	487257	743425	2636346	353374		
143121	33457					
6000						
129544	34138	8770	165807			
7180	12215	28464				
16226	44517	29828				
44045	132511	2401	557053			
1225	102279	670362	1913486	353374		
54667	128141	3600				
138191	306856	59572	26094			
2282	376					
25108	23567	50694	26094			
34129						
		1926				
73						
600						
37495	281254	6952				
38505	1660					
268888	3711	64621	134000			
177622						
2000						
	3699	64621	134000			
87731						
1535	12					
213047	480851	313887		109933		
143221	258703	313680				
42088	106841	207		109933		
27738	115307					
18731264	22702353	8487316	5459305	3924262	12387	
15938881	19773051	7156613	5012864	3924262	12387	
613656	258721		418609			
4288		1235				

3-1-14 续表 1

行 业	营业收入(万元)	从业		
		7人及以下	8人-19人	20人-49人
金属及金属矿批发	15650353	6074448	3940800	1795263
建材批发	11117561	7020420	1328111	944850
化肥批发	714608	70714	187964	78619
农药批发	28829	12854	6686	5780
农用薄膜批发	9283	261	7754	
其他化工产品批发	979252	485827	260071	77144
机械设备、五金产品及电子产品批发	7401302	4080959	1561616	692150
农业机械批发	159134	34379	52599	23831
汽车批发	592716	43945	82989	95689
汽车零配件批发	165524	39990	51600	25757
摩托车及零配件批发	17948	3532	2716	11699
五金产品批发	351451	145416	135092	42503
电气设备批发	169968	68181	71066	28082
计算机、软件及辅助设备批发	254473	48957	101597	66057
通讯及广播电视设备批发	43610	11791	24955	6864
其他机械设备及电子产品批发	5646478	3684769	1039002	391667
贸易经纪与代理	505763	34208	37779	81584
贸易代理	487629	27475	32884	80178
拍卖	4057	682	2795	581
其他贸易经纪与代理	14077	6052	2100	825
其他批发业	1427914	162451	249407	375352
再生物资回收与批发	190578	53930	84296	42568
其他未列明批发业	1237336	108521	165111	332784
零售业	**24211943**	**1464492**	**2331128**	**2985821**
综合零售	3200219	112403	282634	322107
百货零售	1385593	61159	101755	156678
超级市场零售	1188282	6325	11029	83074
其他综合零售	626345	44919	169851	82354
食品、饮料及烟草制品专门零售	784590	110994	180063	216318
粮油零售	130733	18924	42342	46438
糕点、面包零售	33031	1772	4819	5175
果品、蔬菜零售	163055	7502	18638	52860
肉、禽、蛋、奶及水产品零售	43243	5598	15213	9968
营养和保健品零售	11166	3288	1124	6754
酒、饮料及茶叶零售	210638	42631	51070	45839
烟草制品零售	75717	3213	16245	19640
其他食品零售	117007	28066	30611	29644
纺织、服装及日用品专门零售	1163552	64122	110913	117098
纺织品及针织品零售	99137	4667	30764	5567
服装零售	969202	32548	54009	99528
鞋帽零售	14783	1509	1842	3020
化妆品及卫生用品零售	24304	11059	8962	1982
钟表、眼镜零售	20286	2224	1360	1537
箱、包零售	4699	442	1611	
厨房用具及日用杂品零售	12188	4833	3662	3693
自行车零售	1614	1044	571	
其他日用品零售	17339	5798	8132	1771

人员分组						
50人-99人	100人-299人	300人-499人	500人-999人	1000人-4999人	5000人-9999人	10000人以上
1926432	583943	1329467				
97043	1727135					
29206	348105					
1527			1982			
1268						
118962	11397		25850			
363767	296462	406348				
258	48067					
18059	35817	316216				
24638	23540					
27663	777					
2639						
37862						
252648	188261	90131				
6120	346072					
2955	344137					
3165	1935					
581941	45775		12989			
8868	916					
573074	44859		12989			
3776208	**4520905**	**2872754**	**3762816**	**1973526**	**100780**	**423513**
212710	636134	625633	225570	258735	100780	423513
75813	354210	404477	130721		100780	
91418	199135	142701	94849	136238		423513
45479	82789	78456		122497		
115997	126638	17009	17571			
23028						
3693			17571			
33315	45012	5730				
12464						
7559	63539					
34860	1760					
1078	16328	11280				
157307	334762	282874	5454	91022		
8299	49841					
134710	270558	281373	5454	91022		
6911		1501				
2301						
801	14364					
2646						
1638						

3-1-14 续表 2

行 业	营业收入(万元)	从业		
		7人及以下	8人-19人	20人-49人
文化、体育用品及器材专门零售	601881	57483	93478	152585
文具用品零售	31724	13977	10338	4578
体育用品及器材零售	15223	3147	7950	4125
图书、报刊零售	221731	6437	51171	87044
音像制品及电子出版物零售	444	444		
珠宝首饰零售	265593	12459	9366	35480
工艺美术品及收藏品零售	31161	11707	1997	13282
乐器零售	6430	1274	2286	2869
照相器材零售	11990	1822	5208	4960
其他文化用品零售	17587	6215	5161	246
医药及医疗器材专门零售	911099	71598	71970	132471
药品零售	794858	49045	35425	98077
医疗用品及器材零售	116241	22553	36546	34394
汽车、摩托车、燃料及零配件专门零售	13723751	386503	666207	1326200
汽车零售	7110289	170267	374658	1151674
汽车零配件零售	204738	40178	55863	35457
摩托车及零配件零售	33609	10165	20193	3250
机动车燃料零售	6375115	165893	215493	135818
家用电器及电子产品专门零售	1559566	207457	318886	356855
家用视听设备零售	152674	13703	18594	25209
日用家电设备零售	835173	53392	106744	152082
计算机、软件及辅助设备零售	338389	92862	121305	102964
通信设备零售	122333	13285	41762	38162
其他电子产品零售	110999	34215	30480	38438
五金、家具及室内装饰材料专门零售	996346	286273	315967	105876
五金零售	327438	126243	131612	34808
灯具零售	13612	10498	1933	1181
家具零售	301681	13112	26838	48802
涂料零售	6138	3907	1882	350
卫生洁具零售	7818	4017	1858	493
木质装饰材料零售	106008	5716	94939	948
陶瓷、石材装饰材料零售	17335	5478	3875	5944
其他室内装饰材料零售	216317	117304	53031	13351
货摊、无店铺及其他零售业	1270938	167658	291009	256311
货摊食品零售	593	2	15	576
货摊纺织、服装及鞋零售	1378	407	769	203
货摊日用品零售	138	138		
互联网零售	27513	3	55	504
邮购及电视、电话零售	38	38		
旧货零售	4626	2848	153	1624
生活用燃料零售	423665	14066	78637	88753
其他未列明零售业	812988	150156	211381	164650

人员分组

50人-99人	100人-299人	300人-499人	500人-999人	1000人-4999人	5000人-9999人	10000人以上
47220	91219	159896				
	2831					
22846	39632	14601				
17901	45090	145295				
508	3666					
5965						
105808	98140	546	406906	23659		
90191	91010	546	406906	23659		
15617	7130					
2637357	2823040	1509392	2816058	1558993		
2324756	2042451	174364	656423	215696		
72840	400					
239761	780189	1335029	2159635	1343297		
203214	147184	258524	67447			
24182	70986					
133710	63273	258524	67447			
21257						
23869	5254					
195	7670					
212806	75423					
29468	5307					
177033	35897					
1450						
120	4285					
2019	20					
2716	29914					
83790	188365	18879	223810	41117		
4150	22800					
41097	113173		46939	41000		
38543	52392	18879	176871	117		

3-1-14 续表 3

行业			
			资产
	50万元及以下	50万元-100万元	100万元-500万元
批发和零售业	**1373317**	**970831**	**4575530**
批发业	**670751**	**515656**	**2578054**
农、林、牧产品批发	55213	58781	194672
谷物、豆及薯类批发	16650	14940	67612
种子批发	6278	4873	18955
饲料批发	342	283	3897
棉、麻批发	274	21	3181
林业产品批发	5934	1078	12925
牲畜批发	18016	10643	30376
其他农牧产品批发	7719	26943	57726
食品、饮料及烟草制品批发	43480	49495	291393
米、面制品及食用油批发	5813	5066	33785
糕点、糖果及糖批发	4426	5889	5123
果品、蔬菜批发	6664	10100	92785
肉、禽、蛋、奶及水产品批发	3319	7473	24762
盐及调味品批发	2491	4844	23314
营养和保健品批发	1105	123	1016
酒、饮料及茶叶批发	10112	5691	47558
烟草制品批发	152	1997	7643
其他食品批发	9399	8313	55406
纺织、服装及家庭用品批发	12542	13120	123952
纺织品、针织品及原料批发	773	807	38418
服装批发	1523	2007	13645
鞋帽批发	30	732	1496
化妆品及卫生用品批发	2659	2477	6783
厨房、卫生间用具及日用杂货批发	1535	1022	11241
灯具、装饰物品批发	2029	536	4495
家用电器批发	2114	4375	40172
其他家庭用品批发	1878	1164	7703
文化、体育用品及器材批发	7007	11201	40502
文具用品批发	1879	1824	15716
体育用品及器材批发	500	107	1058
图书批发	1351	5014	13952
报刊批发			
音像制品及电子出版物批发	51		64
首饰、工艺品及收藏品批发	360	153	4972
其他文化用品批发	2866	4105	4739
医药及医疗器材批发	26459	10957	84464
西药批发	377	357	14160
中药批发	22098	2168	25225
医疗用品及器材批发	3984	8432	45079
矿产品、建材及化工产品批发	352299	181620	1061156
煤炭及制品批发	152456	24459	272033
石油及制品批发	3254	9553	45683
非金属矿及制品批发	3349	7566	20480

总额分组			
500万元-1000万元	1000万元-5000万元	5000万元-1亿元	1亿元以上
3566457	**12209517**	**7378975**	**113741859**
1979341	**7303733**	**4239842**	**102317167**
82242	172175	34912	128955
41138	142986	24044	71128
5355	12199	30	49745
5921			
355	88		2099
341	4483		
2881			
26251	12418	10839	5983
202092	581186	338942	4069765
36107	75773	118131	30264
5793	29356	3344	
64440	83755		283046
6230	81673	12205	
30939	21858	16198	49475
1876	14057		
25312	76426	156575	568961
1438	19954		3039499
29957	178334	32489	98520
99676	273864	37193	512532
5496	16413		211945
14384	34089	25327	96124
40	12957		21770
6274	4721		
4276	9422		
1071	6589	6	
58319	142406	11861	182692
9815	47268		1
18401	122874	11316	525600
3302	1854		177622
	2003		18156
8156	45286	7180	243902
1511	65291	3950	85919
5432	8440	186	
52911	295367	253103	1030337
9759	128577	140108	655757
12375	102205	61652	260244
30777	64585	51344	114336
978395	4568039	3215976	90045396
315562	2311926	1767996	65299111
36072	302844	90388	1026819
6089	83155	17865	106335

3-1-14 续表 4

行业			
	资产		
	50万元及以下	50万元-100万元	100万元-500万元
金属及金属矿批发	61236	36777	313615
建材批发	77164	61405	265468
化肥批发	31506	20382	60705
农药批发	7447	4139	9075
农用薄膜批发	266	40	1410
其他化工产品批发	15621	17298	72689
机械设备、五金产品及电子产品批发	116923	130336	584008
农业机械批发	8665	2967	44954
汽车批发	3370	3427	34830
汽车零配件批发	5179	4274	43467
摩托车及零配件批发		2342	321
五金产品批发	29660	30793	93006
电气设备批发	4780	11064	43367
计算机、软件及辅助设备批发	7249	5846	39769
通讯及广播电视设备批发	2516	2618	10622
其他机械设备及电子产品批发	55505	67006	273673
贸易经纪与代理	2698	6400	17514
贸易代理	1403	4293	13458
拍卖	81	388	1453
其他贸易经纪与代理	1214	1720	2604
其他批发业	54130	53746	180393
再生物资回收与批发	27233	28270	61912
其他未列明批发业	26897	25476	118482
零售业	**702565**	**455175**	**1997476**
综合零售	46460	54756	383069
百货零售	22049	38929	149162
超级市场零售	3469	3771	66905
其他综合零售	20942	12057	167002
食品、饮料及烟草制品专门零售	40827	38187	150203
粮油零售	11712	7726	20733
糕点、面包零售	1146	1109	8914
果品、蔬菜零售	1569	4742	21740
肉、禽、蛋、奶及水产品零售	3222	3752	8847
营养和保健品零售	380	1415	3239
酒、饮料及茶叶零售	9914	11931	33538
烟草制品零售	2033	1319	14308
其他食品零售	10851	6194	38884
纺织、服装及日用品专门零售	31355	20579	91322
纺织品及针织品零售	1907	2181	6798
服装零售	18894	11509	59644
鞋帽零售	925	708	2241
化妆品及卫生用品零售	3300	1130	8889
钟表、眼镜零售	2340	730	942
箱、包零售	32	188	470
厨房用具及日用杂品零售	1607	1538	5415
自行车零售	474	473	667
其他日用品零售	1876	2121	6256

总额分组			
500万元-1000万元	1000万元-5000万元	5000万元-1亿元	1亿元以上
258060	1098474	626335	13255856
215598	501396	182295	9814235
56277	97032	88678	360029
4582	3587		
600	1268	5699	
85555	168356	436719	183012
444175	1033573	279207	4813080
21180	55179	26190	
31969	111158	17750	390212
16967	59090	7387	29159
628	12658		2000
46820	107565	20628	22979
46609	62784	1102	262
65367	128841	7400	
12320	15534		
202314	480764	198749	4368467
17403	23962	5350	432437
14651	19522	3564	430739
482	1653		
2270	2786	1785	1698
84046	232693	63843	759064
27010	46059	96	
57036	186634	63747	759064
1587116	**4905785**	**3139133**	**11424692**
286258	472236	270845	1686595
141421	232825	111558	689648
70161	139581	80418	823977
74676	99830	78868	172970
146004	247472	51705	110192
21995	48907	19659	
1607	2684		17571
33785	70261	363	30596
18680	8160	581	
5180	952		
25580	53817	13845	62014
28994	18289	10774	
10183	44401	6484	11
108385	254487	155003	502421
31507	27250	4195	25300
60812	211460	129924	476958
415	2201	8292	
6899	4086		
707	2997	12571	
1360	2650		
3048	559	21	
3638	3284		163

3-1-14 续表 5

行业			
	资产		
	50万元及以下	50万元-100万元	100万元-500万元
文化、体育用品及器材专门零售	22255	16591	67607
文具用品零售	6119	5707	8484
体育用品及器材零售	1283	661	8302
图书、报刊零售	2715	1248	19901
音像制品及电子出版物零售	226	141	14
珠宝首饰零售	4466	4651	12588
工艺美术品及收藏品零售	2418	1997	2124
乐器零售	369	520	710
照相器材零售	651	506	5395
其他文化用品零售	4009	1159	10089
医药及医疗器材专门零售	39349	19558	62489
药品零售	32947	13075	43610
医疗用品及器材零售	6402	6484	18879
汽车、摩托车、燃料及零配件专门零售	352225	108402	525429
汽车零售	32228	37763	265016
汽车零配件零售	13490	9948	32571
摩托车及零配件零售	3494	8759	14660
机动车燃料零售	303013	51931	213182
家用电器及电子产品专门零售	62031	55332	346386
家用视听设备零售	3686	4117	30069
日用家电设备零售	16194	14369	130558
计算机、软件及辅助设备零售	25211	27663	122822
通信设备零售	9170	3661	31339
其他电子产品零售	7771	5521	31599
五金、家具及室内装饰材料专门零售	61598	89881	178806
五金零售	37299	33095	99476
灯具零售	1207	1725	9485
家具零售	6841	37279	34147
涂料零售	553	984	3177
卫生洁具零售	729	1122	4893
木质装饰材料零售	2494	816	5695
陶瓷、石材装饰材料零售	1585	860	3310
其他室内装饰材料零售	10889	14000	18622
货摊、无店铺及其他零售业	46464	51890	192164
货摊食品零售		86	2
货摊纺织、服装及鞋零售	295	246	106
货摊日用品零售	5		133
互联网零售	3		560
邮购及电视、电话零售	18		20
旧货零售	388	78	920
生活用燃料零售	4161	8606	23308
其他未列明零售业	41594	42873	167117

总额分组			
500万元-1000万元	1000万元-5000万元	5000万元-1亿元	1亿元以上
71533	173114	58046	192736
3965	7402	47	
1736	3241		
45764	92404	43382	16318
63			
9611	57978	244	176056
2813	7074	14373	362
1897	2933		
4960	477		
725	1605		
55618	184327	105689	444068
39230	137054	85028	443913
16388	47273	20661	154
390154	2656750	2249224	7441568
261602	2043846	1654432	2815403
28723	105962	4898	9146
6245	451		
93585	506491	589894	4617019
188092	365843	64066	477816
19417	23742	657	70986
71616	173859	21931	406646
49216	88834	24458	184
30806	46886	470	
17037	32521	16550	
98383	271575	87171	208932
55336	61978	29572	10682
840	355		
13798	118363	56880	34372
1186	238		
1074			
3870	20205		72927
4402	7178		
17879	63257	719	90951
242688	279982	97386	360364
505			
732			
	26950		
1648	1591		
17348	63414	76078	230751
222456	188027	21308	129612

3-1-15 按行业、地区分组的批发

行 业	全 省	太原市	大同市	阳泉市
批发和零售业	**45261**	**12720**	**3329**	**1670**
批发业	**23233**	**7929**	**1097**	**599**
农、林、牧产品批发	1281	114	75	11
谷物、豆及薯类批发	458	11	40	1
种子批发	277	60	14	4
饲料批发	46	7	2	
棉、麻批发	27	3		1
林业产品批发	108	17	5	3
牲畜批发	99	2		
其他农牧产品批发	266	14	14	2
食品、饮料及烟草制品批发	2182	591	92	50
米、面制品及食用油批发	319	54	29	14
糕点、糖果及糖批发	93	21	6	6
果品、蔬菜批发	362	41	15	3
肉、禽、蛋、奶及水产品批发	131	38	7	3
盐及调味品批发	110	30	3	1
营养和保健品批发	37	17	2	
酒、饮料及茶叶批发	471	186	12	12
烟草制品批发	45	7	3	1
其他食品批发	614	197	15	10
纺织、服装及家庭用品批发	963	487	25	22
纺织品、针织品及原料批发	100	37	3	2
服装批发	217	134	5	6
鞋帽批发	21	15	1	
化妆品及卫生用品批发	98	59	4	3
厨房、卫生间用具及日用杂货批发	151	73	4	2
灯具、装饰物品批发	55	17	2	1
家用电器批发	233	113	2	5
其他家庭用品批发	88	39	4	3
文化、体育用品及器材批发	498	260	10	7
文具用品批发	136	68	3	5
体育用品及器材批发	37	14		
图书批发	105	85	5	1
报刊批发	2	2		
音像制品及电子出版物批发	5	3		
首饰、工艺品及收藏品批发	127	42		
其他文化用品批发	86	46	2	1
医药及医疗器材批发	556	310	11	9
西药批发	109	42	3	2
中药批发	93	34	2	2
医疗用品及器材批发	354	234	6	5
矿产品、建材及化工产品批发	9236	2643	535	259
煤炭及制品批发	2092	382	131	53
石油及制品批发	315	88	14	4
非金属矿及制品批发	238	39	9	17

零售业企业法人单位数

单位：个

长治市	晋城市	朔州市	晋中市	运城市	忻州市	临汾市	吕梁市
4562	**4005**	**2157**	**3343**	**3799**	**3226**	**4366**	**2084**
2639	**1759**	**850**	**1714**	**1673**	**1456**	**2586**	**931**
140	72	109	158	99	317	139	47
86	22	35	66	27	119	34	17
29	18	13	37	26	29	38	9
3	3	2	2	8	8	10	1
	2		5	6	3	7	
7	6	10	8	13	22	15	2
	2	1	5		84	3	2
15	19	48	35	19	52	32	16
213	131	72	170	248	125	193	297
30	33	8	33	32	38	40	8
14	7	4	4	10	2	11	8
21	12	35	49	129	16	26	15
12	7	3	10	11	24	11	5
21	4	8	10	10	5	4	14
2	2		2	6	1	3	2
64	19	6	16	14	18	55	69
6	1	3	3	5	2	10	4
43	46	5	43	31	19	33	172
71	44	13	30	80	28	143	20
13	5	4	7	11	8	7	3
11	8		3	20	2	25	3
1				1		3	
6	9			7	2	8	
10	8	4	6	4	7	31	2
9		3	5	6		9	3
17	6	2	4	19	6	51	8
4	8		5	12	3	9	1
36	6	7	88	27	7	46	4
21	5	1	5	9	3	15	1
6	1	3	3	1		8	1
1			2	5	1	4	1
1				1			
4		2	73	1	2	2	1
3		1	5	10	1	17	
47	15	8	21	52	10	61	12
11	2	2	5	17	3	18	4
8	5		7	18	2	11	4
28	8	6	9	17	5	32	4
1159	630	338	752	689	631	1238	362
198	176	133	179	67	207	469	97
40	11	11	22	23	28	51	23
15	12	14	27	19	19	44	23

3-1-15 续表 1

行 业	全 省	太原市	大同市	阳泉市
金属及金属矿批发	1628	709	62	26
建材批发	3672	1082	251	140
化肥批发	489	57	26	3
农药批发	134	19	4	5
农用薄膜批发	10	2	1	
其他化工产品批发	658	265	37	11
机械设备、五金产品及电子产品批发	6517	2839	220	174
农业机械批发	256	27	16	3
汽车批发	174	20	12	6
汽车零配件批发	357	222	18	9
摩托车及零配件批发	20	4	2	
五金产品批发	1176	403	44	62
电气设备批发	555	234	16	13
计算机、软件及辅助设备批发	523	334	7	5
通讯及广播电视设备批发	112	77	1	2
其他机械设备及电子产品批发	3344	1518	104	74
贸易经纪与代理	437	131	18	19
贸易代理	197	63	5	13
拍卖	69	19	8	2
其他贸易经纪与代理	171	49	5	4
其他批发业	1563	554	111	48
再生物资回收与批发	533	111	19	21
其他未列明批发业	1030	443	92	27
零售业	**22028**	**4791**	**2232**	**1071**
综合零售	2627	340	201	163
百货零售	1396	202	132	85
超级市场零售	283	34	15	14
其他综合零售	948	104	54	64
食品、饮料及烟草制品专门零售	2154	530	184	79
粮油零售	445	52	45	17
糕点、面包零售	79	21	6	3
果品、蔬菜零售	194	44	9	3
肉、禽、蛋、奶及水产品零售	154	32	9	3
营养和保健品零售	76	22	9	4
酒、饮料及茶叶零售	572	155	46	21
烟草制品零售	117	35	5	7
其他食品零售	517	169	55	21
纺织、服装及日用品专门零售	1785	636	145	74
纺织品及针织品零售	200	42	9	8
服装零售	843	305	73	39
鞋帽零售	53	22	2	5
化妆品及卫生用品零售	229	102	20	10
钟表、眼镜零售	86	27	13	4
箱、包零售	18	11		
厨房用具及日用杂品零售	111	31	14	2
自行车零售	26	10	1	2
其他日用品零售	219	86	13	4

单位：个

长治市	晋城市	朔州市	晋中市	运城市	忻州市	临汾市	吕梁市
243	44	19	105	123	98	156	43
526	322	126	293	225	219	354	134
62	30	16	56	120	40	71	8
6	8		27	41	2	20	2
1			1	2	1		2
68	27	19	42	69	17	73	30
838	747	227	328	240	211	590	103
33	9	30	32	21	39	30	16
19	5	4	36	12	14	41	5
21	5	8	18	14	12	26	4
	1		3	5	1	3	1
186	131	52	59	54	38	119	28
58	49	16	34	34	14	81	6
66	13	2	5	15	13	61	2
2	6	1	5	3	4	9	2
453	528	114	136	82	76	220	39
66	16	8	38	75	19	29	18
12	9	4	11	51	5	10	14
4	2	2	7	7	6	10	2
50	5	2	20	17	8	9	2
69	98	68	129	163	108	147	68
45	35	36	69	75	49	51	22
24	63	32	60	88	59	96	46
1923	**2246**	**1307**	**1629**	**2126**	**1770**	**1780**	**1153**
289	363	195	207	217	247	219	186
107	165	120	106	104	147	101	127
33	27	3	39	38	23	35	22
149	171	72	62	75	77	83	37
203	206	151	189	114	259	144	95
31	51	48	43	18	88	34	18
5	4	5	6	5	15	7	2
10	7	12	28	23	23	24	11
12	11	19	13	5	32	10	8
6	10	4	7	7	4	2	1
74	68	40	44	30	36	33	25
12	7	12	14	5	11	6	3
53	48	11	34	21	50	28	27
207	170	88	116	110	88	106	45
39	19	17	16	9	21	12	8
96	60	51	59	60	37	42	21
7	2	3		2	3	4	3
11	31	2	14	10	8	18	3
6	15	3	9	4	2	3	
1	2	1		1	1	1	
14	8	4	7	11	7	10	3
5	2		1	3		1	1
28	31	7	10	10	9	15	6

3-1-15 续表 2

行 业	全 省	太原市	大同市	阳泉市
文化、体育用品及器材专门零售	1335	428	134	52
文具用品零售	360	109	49	20
体育用品及器材零售	105	36	10	3
图书、报刊零售	216	49	11	8
音像制品及电子出版物零售	12	5	1	
珠宝首饰零售	250	94	16	12
工艺美术品及收藏品零售	203	67	23	4
乐器零售	34	15	3	1
照相器材零售	26	13	2	
其他文化用品零售	129	40	19	4
医药及医疗器材专门零售	1510	258	132	55
药品零售	1189	111	100	46
医疗用品及器材零售	321	147	32	9
汽车、摩托车、燃料及零配件专门零售	3811	533	346	146
汽车零售	1768	257	185	64
汽车零配件零售	561	142	68	37
摩托车及零配件零售	126	9	13	5
机动车燃料零售	1356	125	80	40
家用电器及电子产品专门零售	3066	928	291	106
家用视听设备零售	192	27	8	7
日用家电设备零售	749	143	77	25
计算机、软件及辅助设备零售	1269	449	88	42
通信设备零售	273	88	43	14
其他电子产品零售	583	221	75	18
五金、家具及室内装饰材料专门零售	3320	709	470	226
五金零售	1764	352	294	167
灯具零售	112	24	11	3
家具零售	421	99	33	19
涂料零售	62	17	13	3
卫生洁具零售	65	9	5	2
木质装饰材料零售	131	13	23	7
陶瓷、石材装饰材料零售	159	51	16	4
其他室内装饰材料零售	606	144	75	21
货摊、无店铺及其他零售业	2420	429	329	170
货摊食品零售	6	3		
货摊纺织、服装及鞋零售	13	3		1
货摊日用品零售	4	2		
互联网零售	11	4	1	1
邮购及电视、电话零售	3	1		
旧货零售	38	6	1	1
生活用燃料零售	252	33	21	11
其他未列明零售业	2093	377	306	156

单位：个

长治市	晋城市	朔州市	晋中市	运城市	忻州市	临汾市	吕梁市
124	122	81	92	72	97	85	48
26	42	31	23	12	19	25	4
11	15	2	8	1	9	7	3
26	13	10	17	21	19	25	17
	1	1	2	1	1		
18	15	16	21	12	17	11	18
18	19	12	14	12	24	7	3
8	3	1	1			2	
3	2	1		1	1	3	
14	12	7	6	12	7	5	3
100	73	92	79	390	84	212	35
74	54	87	59	369	72	191	26
26	19	5	20	21	12	21	9
317	256	266	359	432	402	408	346
140	101	143	164	201	195	199	119
38	55	47	48	36	38	33	19
10	16	6	5	27	7	21	7
129	84	70	142	168	162	155	201
278	381	82	162	255	174	297	112
21	15	11	10	18	33	29	13
76	97	20	48	106	48	68	41
106	209	31	62	72	55	124	31
22	16	9	20	15	14	22	10
53	44	11	22	44	24	54	17
368	420	261	197	192	179	181	117
161	196	166	78	96	98	103	53
20	17	5	11	6	5	6	4
67	70	23	22	32	15	24	17
3	12	1	3	1	5	4	
10	9	5	10	6	2	4	3
15	10	11	16	6	13	9	8
13	21	11	7	7	11	9	9
79	85	39	50	38	30	22	23
37	255	91	228	344	240	128	169
					1	2	
		1		1	2	3	2
	1			1			
				1	2	2	
				2			
1	2	3	1	10	7	5	1
11	15	7	20	45	36	28	25
25	237	80	207	284	192	88	141

3-1-16 按行业、地区分组的批发

行 业	全 省	太原市	大同市	阳泉市
批发和零售业	**690060**	**180974**	**70956**	**27647**
批发业	**341314**	**97696**	**27988**	**11286**
农、林、牧产品批发	20686	1384	968	107
谷物、豆及薯类批发	9816	488	694	62
种子批发	2557	385	109	15
饲料批发	552	32	5	
棉、麻批发	516	152		1
林业产品批发	1475	197	42	16
牲畜批发	1893	26		
其他农牧产品批发	3877	104	118	13
食品、饮料及烟草制品批发	41626	10122	1896	930
米、面制品及食用油批发	4991	1002	324	215
糕点、糖果及糖批发	1098	307	84	31
果品、蔬菜批发	9003	1455	130	129
肉、禽、蛋、奶及水产品批发	2872	1056	45	28
盐及调味品批发	2817	1075	179	22
营养和保健品批发	326	182	17	
酒、饮料及茶叶批发	6145	2207	189	156
烟草制品批发	7336	849	749	266
其他食品批发	7038	1989	179	83
纺织、服装及家庭用品批发	13081	8574	161	240
纺织品、针织品及原料批发	1356	494	12	87
服装批发	4095	3484	30	43
鞋帽批发	311	283	5	
化妆品及卫生用品批发	885	626	17	46
厨房、卫生间用具及日用杂货批发	1339	624	27	4
灯具、装饰物品批发	521	125	8	5
家用电器批发	3413	2495	18	32
其他家庭用品批发	1161	443	44	23
文化、体育用品及器材批发	4813	2820	92	49
文具用品批发	809	458	13	15
体育用品及器材批发	293	128		
图书批发	2040	1214	69	28
报刊批发	13	13		
音像制品及电子出版物批发	29	16		
首饰、工艺品及收藏品批发	701	324		
其他文化用品批发	928	667	10	6
医药及医疗器材批发	12852	6957	133	291
西药批发	5065	2845	56	63
中药批发	4209	1488	35	178
医疗用品及器材批发	3578	2624	42	50
矿产品、建材及化工产品批发	170900	36894	21479	7634
煤炭及制品批发	103331	18406	17974	5447
石油及制品批发	4989	1632	186	33
非金属矿及制品批发	2261	342	67	316

零售业企业法人从业人员数

单位：人

长治市	晋城市	朔州市	晋中市	运城市	忻州市	临汾市	吕梁市
57048	**58733**	**42632**	**54312**	**55073**	**50622**	**50904**	**41159**
29386	**23569**	**20065**	**28843**	**24668**	**26675**	**29653**	**21485**
1164	961	1211	2361	1186	6224	1188	3932
732	282	462	892	443	2410	201	3150
181	237	146	277	173	408	230	396
48	13	15	9	62	100	263	5
	27		111	84	84	57	
55	59	111	100	153	612	73	57
	22	23	92		1711	14	5
148	321	454	880	271	899	350	319
3187	2492	1538	3550	6161	3543	2188	6019
288	664	94	963	339	729	279	94
169	59	45	26	120	60	83	114
410	692	527	773	3622	800	157	308
307	73	333	122	240	447	141	80
316	90	122	225	237	126	55	370
7	6		10	43	4	22	35
535	109	31	139	265	423	535	1556
767	397	363	783	1087	772	450	853
388	402	23	509	208	182	466	2609
671	477	166	322	855	536	932	147
95	84	61	80	113	277	26	27
78	33		25	167	7	217	11
10				3		10	
46	59			47	8	36	
52	110	45	88	30	169	185	5
131		53	27	107		53	12
239	24	7	16	149	36	311	86
20	167		86	239	39	94	6
192	50	85	716	281	134	334	60
87	45	8	28	55	6	91	3
42	5	11	11	3		90	3
30			496	114	45	40	4
3				10			
16		63	159	3	78	8	50
14		3	22	96	5	105	
758	375	70	518	1962	482	1047	259
442	193	28	104	312	409	543	70
85	99		349	1484	33	286	172
231	83	42	65	166	40	218	17
15697	12583	13282	15607	9305	11697	17646	9076
7445	8919	9353	10504	1087	7805	10320	6071
566	67	852	558	229	283	460	123
105	67	445	167	127	105	338	182

3-1-16 续表 1

行业	全省	太原市	大同市	阳泉市
金属及金属矿批发	14658	5666	360	267
建材批发	30169	8069	1880	1166
化肥批发	5968	571	183	28
农药批发	1877	92	13	12
农用薄膜批发	117	54	4	
其他化工产品批发	7530	2062	812	365
机械设备、五金产品及电子产品批发	55517	23231	1732	1343
农业机械批发	3084	290	88	77
汽车批发	3449	285	100	90
汽车零配件批发	3284	1770	138	100
摩托车及零配件批发	159	45	7	
五金产品批发	8119	2313	402	332
电气设备批发	3886	1853	110	60
计算机、软件及辅助设备批发	3998	2763	30	19
通讯及广播电视设备批发	865	607	8	14
其他机械设备及电子产品批发	28673	13305	849	651
贸易经纪与代理	3451	1062	154	94
贸易代理	1807	700	22	61
拍卖	595	175	77	11
其他贸易经纪与代理	1049	187	55	22
其他批发业	18388	6652	1373	598
再生物资回收与批发	5346	752	114	337
其他未列明批发业	13042	5900	1259	261
零售业	**348746**	**83278**	**42968**	**16361**
综合零售	92169	21853	11657	3764
百货零售	40968	5789	10177	1858
超级市场零售	37412	13470	739	1176
其他综合零售	13789	2594	741	730
食品、饮料及烟草制品专门零售	24047	5618	1869	1213
粮油零售	5130	545	506	153
糕点、面包零售	1522	962	74	11
果品、蔬菜零售	3974	914	394	231
肉、禽、蛋、奶及水产品零售	1809	391	38	20
营养和保健品零售	549	181	44	20
酒、饮料及茶叶零售	4432	1153	356	241
烟草制品零售	1414	316	87	53
其他食品零售	5217	1156	370	484
纺织、服装及日用品专门零售	32782	8932	2592	1612
纺织品及针织品零售	3271	566	319	118
服装零售	23464	6061	1635	1184
鞋帽零售	994	620	17	31
化妆品及卫生用品零售	1252	537	153	31
钟表、眼镜零售	963	456	125	46
箱、包零售	170	51		
厨房用具及日用杂品零售	746	154	96	8
自行车零售	134	36	10	8
其他日用品零售	1788	451	237	186

单位：人

长治市	晋城市	朔州市	晋中市	运城市	忻州市	临汾市	吕梁市
2140	505	417	1002	1180	739	1940	442
3869	2360	1602	2295	2074	2039	3037	1778
731	329	264	547	2083	497	600	135
33	56		89	1388	35	140	19
7			3	28	8		13
801	280	349	442	1109	186	811	313
6200	5380	2567	3542	2851	2242	5167	1262
378	135	423	213	255	516	488	221
491	132	37	313	690	156	1054	101
97	27	103	347	147	96	430	29
	3		12	29	43	16	4
1036	895	636	504	510	667	653	171
292	379	113	221	172	66	532	88
464	94	8	35	86	96	391	12
13	54	1	26	16	57	60	9
3429	3661	1246	1871	946	545	1543	627
332	168	123	226	513	423	230	126
85	134	12	90	316	211	79	97
55	19	26	43	53	32	86	18
192	15	85	93	144	180	65	11
1185	1083	1023	2001	1554	1394	921	604
1013	512	532	637	695	360	254	140
172	571	491	1364	859	1034	667	464
27662	**35164**	**22567**	**25469**	**30405**	**23947**	**21251**	**19674**
8522	12387	5053	7430	6720	5454	4498	4831
3345	4764	4175	1914	1903	3190	1216	2637
2922	5564	279	4692	3321	1143	2280	1826
2255	2059	599	824	1496	1121	1002	368
1510	1834	1716	2175	1288	3914	1658	1252
263	523	490	430	186	1149	472	413
17	29	99	29	33	123	116	29
423	128	232	251	202	679	347	173
87	126	139	217	56	610	80	45
21	111	15	55	75	18	4	5
349	492	218	550	262	391	206	214
46	75	118	153	197	311	47	11
304	350	405	490	277	633	386	362
3118	2933	4866	916	2615	1879	1772	1547
637	234	159	100	305	637	88	108
1867	2075	4487	572	2000	988	1317	1278
147	7	17		6	69	18	62
55	116	20	50	72	64	140	14
29	185	24	32	35	24	7	
2	11	80		10	4	12	
139	46	18	96	44	30	90	25
32	4		2	30		4	8
210	255	61	64	113	63	96	52

3-1-16 续表 2

行业	全省	太原市	大同市	阳泉市
文化、体育用品及器材专门零售	14569	4629	1788	590
文具用品零售	2153	505	451	80
体育用品及器材零售	606	277	71	11
图书、报刊零售	4531	887	376	204
音像制品及电子出版物零售	42	15	6	
珠宝首饰零售	3768	1541	649	220
工艺美术品及收藏品零售	2345	942	127	53
乐器零售	181	94	11	4
照相器材零售	165	107	13	
其他文化用品零售	778	261	84	18
医药及医疗器材专门零售	21207	7699	1553	646
药品零售	18358	6214	1293	601
医疗用品及器材零售	2849	1485	260	45
汽车、摩托车、燃料及零配件专门零售	77449	16856	7515	3729
汽车零售	46146	11756	4514	1772
汽车零配件零售	5493	1233	733	514
摩托车及零配件零售	841	66	96	27
机动车燃料零售	24969	3801	2172	1416
家用电器及电子产品专门零售	27842	8878	2739	1217
家用视听设备零售	2263	168	325	354
日用家电设备零售	10869	3486	889	388
计算机、软件及辅助设备零售	8211	2842	669	232
通信设备零售	2662	926	362	109
其他电子产品零售	3837	1456	494	134
五金、家具及室内装饰材料专门零售	27732	4685	4110	1790
五金零售	12501	1788	2444	947
灯具零售	716	150	96	16
家具零售	5934	941	467	553
涂料零售	418	117	93	10
卫生洁具零售	434	77	26	6
木质装饰材料零售	1141	75	170	39
陶瓷、石材装饰材料零售	1335	494	69	61
其他室内装饰材料零售	5253	1043	745	158
货摊、无店铺及其他零售业	30949	4128	9145	1800
货摊食品零售	94	43		
货摊纺织、服装及鞋零售	128	81		2
货摊日用品零售	9	5		
互联网零售	275	202	21	10
邮购及电视、电话零售	14	7		
旧货零售	216	20	6	4
生活用燃料零售	6050	418	3203	155
其他未列明零售业	24163	3352	5915	1629

单位：人

长治市	晋城市	朔州市	晋中市	运城市	忻州市	临汾市	吕梁市
1005	855	1014	1132	806	996	1061	693
104	216	359	133	69	89	134	13
39	70	8	25	3	39	21	42
457	285	179	409	445	347	608	334
	3	4	6	5	3		
182	115	217	251	124	83	164	222
81	105	181	270	84	395	99	8
50	9	3	2			8	
22	5	2		3	3	10	
70	47	61	36	73	37	17	74
1887	808	752	1245	2352	1230	1759	1276
1485	657	720	1127	2272	1158	1604	1227
402	151	32	118	80	72	155	49
6458	6283	3963	6336	9135	4923	6588	5663
3898	4294	2261	2965	6196	2183	3739	2568
315	426	435	412	426	376	348	275
36	160	74	53	152	41	101	35
2209	1403	1193	2906	2361	2323	2400	2785
2236	3146	1166	1389	2197	1585	1839	1450
228	195	254	64	113	222	232	108
818	1080	356	584	1206	719	452	891
696	1416	213	445	491	330	653	224
200	213	90	183	151	145	170	113
294	242	253	113	236	169	332	114
2686	3784	2843	2097	1958	1425	1166	1188
872	1607	1637	649	549	841	629	538
85	122	25	80	56	20	28	38
955	947	513	264	720	105	233	236
11	50	10	19	7	58	43	
42	148	18	56	32	5	13	11
48	260	92	145	53	141	45	73
76	147	160	104	39	44	70	71
597	503	388	780	502	211	105	221
240	3134	1194	2749	3334	2541	910	1774
					38	13	
		3		4	15	19	4
	3			1			
				1	36	5	
				7			
5	10	48	28	30	17	46	2
73	149	120	414	620	434	223	241
162	2972	1023	2307	2671	2001	604	1527

3-1-17 按行业、地区分组的批发

行 业	全 省	太原市	大同市	阳泉市
批发和零售业	**143816486**	**55868999**	**15677257**	**10334484**
批发业	**119604543**	**47884950**	**13515366**	**9358732**
农、林、牧产品批发	726950	52388	39701	376
谷物、豆及薯类批发	378498	34542	25852	20
种子批发	97435	10054	3828	50
饲料批发	10443	232	5	
棉、麻批发	6019	2277		
林业产品批发	24761	1249	2389	71
牲畜批发	61915	132		
其他农牧产品批发	147879	3901	7627	235
食品、饮料及烟草制品批发	5576353	1317575	331698	133291
米、面制品及食用油批发	304940	93146	11595	9345
糕点、糖果及糖批发	53931	33891	1670	2038
果品、蔬菜批发	540791	172277	2986	2284
肉、禽、蛋、奶及水产品批发	135662	43835	2151	4219
盐及调味品批发	149120	74506	4476	2403
营养和保健品批发	18177	16301	71	
酒、饮料及茶叶批发	890633	177996	8742	5838
烟草制品批发	3070683	507704	297231	102279
其他食品批发	412418	197918	2776	4884
纺织、服装及家庭用品批发	1072880	911046	6059	5447
纺织品、针织品及原料批发	273852	235053	21	1668
服装批发	187098	177059	90	163
鞋帽批发	37026	36194	724	
化妆品及卫生用品批发	22914	11571	584	1057
厨房、卫生间用具及日用杂货批发	27496	21745	36	56
灯具、装饰物品批发	14726	5863	338	6
家用电器批发	441939	382752	4149	682
其他家庭用品批发	67829	40808	117	1816
文化、体育用品及器材批发	736902	502930	4792	2949
文具用品批发	202196	194794	1053	318
体育用品及器材批发	21824	19236		
图书批发	324841	199656	3646	2632
报刊批发				
音像制品及电子出版物批发	116	101		
首饰、工艺品及收藏品批发	162156	74085		
其他文化用品批发	25768	15057	93	
医药及医疗器材批发	1753597	1322227	11825	11980
西药批发	949095	774100	5080	5230
中药批发	485967	279185	5180	4757
医疗用品及器材批发	318535	268942	1564	1993
矿产品、建材及化工产品批发	100402881	37460803	13022198	9111582
煤炭及制品批发	70143544	22802901	6720345	7352886
石油及制品批发	1514613	670783	23836	2504
非金属矿及制品批发	244839	131327	197	7025

零售业企业法人营业收入

单位：万元

长治市	晋城市	朔州市	晋中市	运城市	忻州市	临汾市	吕梁市
15429776	**6039346**	**5253907**	**9842523**	**5596033**	**5263132**	**8089955**	**6421074**
14017144	**4575793**	**3972785**	**7800655**	**3021744**	**3920413**	**6335000**	**5201962**
121316	43555	85481	96632	51819	133772	11641	90270
102344	524	38523	52069	9517	64495	3181	47431
14143	3148	6626	10209	8855	4053	3903	32564
37	201	36	12	2435	5463	1472	550
	810		1188	1324	157	263	
290	1945	3338	1028	4673	8827	886	66
	28683	23	5335		27410	325	7
4501	8243	36934	26792	25015	23368	1610	9652
461064	310766	212249	503682	553710	352686	415407	984225
16134	54029	2113	75043	15295	21000	5040	2199
5912	1328	122	1402	5445		1138	985
105930	22501	53641	24626	115963	36259	1062	3261
4748	6697	17892	10443	35786	7852	1469	570
10179	3984	9131	8969	16758	4193	6337	8181
755	95		54	574	7	126	195
26882	1561	1638	13078	4383	7595	16813	626107
279987	182053	126924	293614	355913	260921	378656	285400
10537	38518	788	76453	3594	14858	4766	57325
21491	23514	7342	7881	52745	3439	32016	1901
2497	903	1710	620	30480	681	219	
765	332		1503	2871	210	4090	15
11				5		92	
2870	1826			2182	107	2717	
160	610	103	1172	255	25	3321	14
145		5322	1548	656		802	47
14510	1647	209	1455	12971	2260	19485	1819
532	18195		1584	3325	156	1292	5
3452	417	86074	78247	47557	1391	8757	335
1606	392	26	1165	1612	87	1139	6
49	25	69	235	5		2175	29
1489			71801	43241	1049	1093	235
8				6			
28		85969	1723	8	247	31	65
272		10	3323	2685	8	4320	
88966	33181	4484	20930	158150	18394	69009	14451
58196	15451	2423	15564	15194	17680	31968	8209
5081	9222		3126	139539	398	33264	6215
25689	8508	2062	2240	3417	316	3776	28
13022262	3927645	3417266	6708098	1511793	3297227	4942734	3981273
10729147	3664222	2877293	5933954	848956	2880109	2672418	3661312
101844	3963	423560	191195	19834	47538	23970	5586
1512	3324	10636	1603	39375	2096	29318	18426

3-1-17 续表 1

行 业	全 省	太原市	大同市	阳泉市
金属及金属矿批发	15650353	11114918	18939	74362
建材批发	11117561	1606662	6215055	1667170
化肥批发	714608	448619	3562	1840
农药批发	28829	1904	54	63
农用薄膜批发	9283	1463	10	
其他化工产品批发	979252	682225	40201	5732
机械设备、五金产品及电子产品批发	7401302	4920428	60389	80970
农业机械批发	159134	25994	1901	437
汽车批发	592716	29660	12867	8995
汽车零配件批发	165524	87482	2430	1115
摩托车及零配件批发	17948	13801	2158	
五金产品批发	351451	125642	18340	21327
电气设备批发	169968	101484	2403	2966
计算机、软件及辅助设备批发	254473	218404	500	215
通讯及广播电视设备批发	43610	25968	657	471
其他机械设备及电子产品批发	5646478	4291994	19132	45444
贸易经纪与代理	505763	402012	503	2371
贸易代理	487629	399078	122	2106
拍卖	4057	899	268	79
其他贸易经纪与代理	14077	2036	113	185
其他批发业	1427914	995542	38202	9765
再生物资回收与批发	190578	52630	999	4338
其他未列明批发业	1237336	942912	37202	5427
零售业	**24211943**	**7984049**	**2161891**	**975752**
综合零售	3200219	1230216	207081	173779
百货零售	1385593	500036	192109	89520
超级市场零售	1188282	545255	6839	46805
其他综合零售	626345	184925	8133	37454
食品、饮料及烟草制品专门零售	784590	229162	48174	91914
粮油零售	130733	21439	11373	3137
糕点、面包零售	33031	23949	410	434
果品、蔬菜零售	163055	36431	5167	74893
肉、禽、蛋、奶及水产品零售	43243	12266	249	586
营养和保健品零售	11166	1164	1003	109
酒、饮料及茶叶零售	210638	73118	12595	2863
烟草制品零售	75717	18536	3491	6011
其他食品零售	117007	42259	13885	3880
纺织、服装及日用品专门零售	1163552	516034	132503	103401
纺织品及针织品零售	99137	31210	5920	27405
服装零售	969202	433578	122213	74150
鞋帽零售	14783	12035	130	332
化妆品及卫生用品零售	24304	11496	1405	199
钟表、眼镜零售	20286	15418	538	219
箱、包零售	4699	1821		
厨房用具及日用杂品零售	12188	2178	815	19
自行车零售	1614	400	200	6
其他日用品零售	17339	7898	1281	1070

单位：万元

长治市	晋城市	朔州市	晋中市	运城市	忻州市	临汾市	吕梁市
1958125	108873	46226	372140	147572	99485	1505983	203731
171508	79546	32184	155073	256838	245436	636820	51269
34976	47296	19626	34748	93933	12666	11538	5804
78	687		4456	20871	77	514	125
40			0	7109	600		61
25033	19733	7742	14929	77305	9220	62174	34959
283362	202018	113798	269092	457251	77464	835125	101406
24349	2239	29048	18243	16832	10197	21630	8264
26521	6086	2325	45762	322677	23767	100264	13791
1869	1269	3656	40280	9477	4422	12684	840
	28		427	1428	69	38	
32072	48669	30620	20945	32051	6198	11992	3596
11899	15682	3847	8220	5733	2551	14781	403
16446	2053	37	355	4624	709	10998	133
2032	568		174	1847	2611	9180	103
168174	125424	44264	134688	62583	26940	653558	74277
661	2973	2411	9475	73597	4082	4829	2850
41	2816	306	9242	68076	574	2491	2775
71	98	320	186	414	281	1368	75
549	60	1785	46	5107	3227	969	
14570	31726	43679	106616	115122	31959	15482	25251
8025	10279	14232	64122	27533	4124	3484	813
6546	21447	29447	42494	87589	27836	11998	24438
1412633	**1463552**	**1281122**	**2041867**	**2574289**	**1342719**	**1754955**	**1219113**
175877	170710	133329	286342	494546	150548	103014	74776
68887	94233	111831	117305	63616	90543	24583	32928
92325	48928	11916	149660	134187	51455	61849	39062
14666	27549	9582	19377	296743	8549	16582	2785
16838	55200	37448	82815	83506	50965	52226	36342
1805	21336	8979	19464	2007	18404	6831	15957
209	972	252	84	2279	1662	2781	
5778	2626	912	7012	8782	2140	16342	2972
663	7052	2599	3153	4327	11319	619	410
68	2175	550	403	5345	331	10	8
4189	8325	5736	41314	32926	5978	9215	14378
528	5020	6552	2334	24907	3176	5149	15
3598	7695	11868	9053	2932	7956	11280	2602
24577	34320	151698	21031	79840	16741	68467	14941
2720	6374	2031	655	19746	2141	563	373
10955	20194	144945	13984	56556	13220	65478	13928
1031	59	232		24	291	620	29
6874	860	123	1657	467	496	646	81
73	2613	199	587	484	135	19	
3	200	2646		10		19	
1685	1533	501	2901	1153	232	731	439
403	119		2	444		30	11
832	2369	1021	1245	956	225	361	80

3-1-17 续表 2

行业	全省	太原市	大同市	阳泉市
文化、体育用品及器材专门零售	601881	230404	96808	16616
文具用品零售	31724	9442	5142	819
体育用品及器材零售	15223	8917	750	91
图书、报刊零售	221731	28921	7202	7829
音像制品及电子出版物零售	444	79	16	
珠宝首饰零售	265593	136252	82455	7690
工艺美术品及收藏品零售	31161	21944	515	33
乐器零售	6430	5018	45	50
照相器材零售	11990	10899	10	
其他文化用品零售	17586.96	8932.39	672.93	104.54
医药及医疗器材专门零售	911099	610972	53963	11397
药品零售	794858	521184	50897	10436
医疗用品及器材零售	116241	89788	3066	961
汽车、摩托车、燃料及零配件专门零售	13723751	4006348	1160878	420004
汽车零售	7110289	3002111	599804	159136
汽车零配件零售	204738	47219	27553	4440
摩托车及零配件零售	33609	912	4371	325
机动车燃料零售	6375115	956107	529151	256102
家用电器及电子产品专门零售	1559566	737784	120859	78235
家用视听设备零售	152674	3795	45792	36452
日用家电设备零售	835173	425265	45290	27899
计算机、软件及辅助设备零售	338389	169512	14268	8907
通信设备零售	122333	80096	5527	1112
其他电子产品零售	110999	59114	9981	3865
五金、家具及室内装饰材料专门零售	996346	111446	157545	35504
五金零售	327438	55155	58106	17148
灯具零售	13612	7492	791	144
家具零售	301681	15585	81865	7888
涂料零售	6138	2165	1861	54
卫生洁具零售	7818	2173	99	42
木质装饰材料零售	106008	1269	1761	4257
陶瓷、石材装饰材料零售	17335	8928	913	1844
其他室内装饰材料零售	216317	18679	12149	4127
货摊、无店铺及其他零售业	1270938	311681	184079	44903
货摊食品零售	593	103		
货摊纺织、服装及鞋零售	1378	433		4
货摊日用品零售	138	38		
互联网零售	27513	26950	229	55
邮购及电视、电话零售	38	20		
旧货零售	4626	229	32	42
生活用燃料零售	423665	24169	128027	3237
其他未列明零售业	812988	259740	55791	41565

单位：万元

长治市	晋城市	朔州市	晋中市	运城市	忻州市	临汾市	吕梁市
31059	26918	28844	32415	36434	29676	38776	33931
944	3827	3448	1060	2117	1136	3764	24
284	870	90	403	26	270	286	3236
25511	17632	12196	22709	24483	23157	28325	23767
	90	126	103	15	14		
1867	2557	11884	4647	6460	1580	4938	5264
394	844	357	3105	236	3114	604	16
735	183	100	9			290	
400	56	68		100	40	416	
926.17	859.4	573.95	379.18	2997.49	363.95	152.32	1624.64
19546	21206	12131	31420	81541	12487	40868	15568
11277	16113	10721	28537	80285	11810	38635	14964
8269	5093	1411	2883	1256	677	2233	605
1040136	872229	677961	1348172	1199927	856088	1274249	867760
567835	424177	208215	382927	688009	205404	598754	273916
3486	10075	13005	72521	8997	2944	4163	10337
519	5611	1825	300	10652	4289	3296	1509
468296	432366	454916	892425	492269	643451	668036	581997
76406	106986	58407	73503	158305	41397	59887	47798
10222	5226	21800	3143	3907	5821	14203	2313
36410	46754	20502	45806	107105	24769	20241	35130
18188	36498	4985	19218	38341	4327	17821	6324
8491	7776	2476	3946	2471	3884	3465	3087
3095	10732	8644	1389	6481	2596	4157	944
25407	105075	109818	44600	261082	20944	99424	25501
13083	29326	37058	24322	61890	9236	6567	15548
619	2233	129	659	611	118	679	137
5343	49579	10449	3775	111474	7156	3669	4897
10	963		280	207	412	185	
491	2104	416	1353	810	85	129	115
277	5836	2314	2608	963	714	85807	202
1457	906	560	527	476	514	272	938
4127	14128	58890	11076	84651	2708	2116	3664
2787	70907	71487	121569	179109	163875	18046	102495
					490		
		6		30	802	44	60
	95			5			
				3	276		
				18			
17	86	1210	443	1651	255	659	1
1142	4223	29686	28410	52225	126194	6640	19711
1628	66503	40584	92716	125177	35859	10703	82723

3-1-18 按行业、地区分组的批发

行　业	全　省	太原市	大同市	阳泉市
批发和零售业	**86204457**	**34924751**	**7345141**	**2610490**
批发业	**65885450**	**26663779**	**4210240**	**1939654**
农、林、牧产品批发	611559	73509	32739	2724
谷物、豆及薯类批发	289955	30988	16688	38
种子批发	128454	14416	3279	153
饲料批发	15937	726	7051	
棉、麻批发	25293	16626		
林业产品批发	33315	6397	3127	2069
牲畜批发	12764	569		
其他农牧产品批发	105842	3788	2594	464
食品、饮料及烟草制品批发	2452872	750081	137505	66287
米、面制品及食用油批发	249848	61990	4760	11527
糕点、糖果及糖批发	44893	29362	1067	1537
果品、蔬菜批发	382374	143695	3450	4715
肉、禽、蛋、奶及水产品批发	64103	26489	530	1719
盐及调味品批发	95154	70517	1916	597
营养和保健品批发	15188	9269	550	
酒、饮料及茶叶批发	323982	119962	7559	5442
烟草制品批发	1003338	174799	107247	37039
其他食品批发	273991	113997	10426	3711
纺织、服装及家庭用品批发	898358	707406	11306	8161
纺织品、针织品及原料批发	124785	100768	118	3039
服装批发	302495	280657	3058	2157
鞋帽批发	32110	31568	73	
化妆品及卫生用品批发	16656	10821	130	905
厨房、卫生间用具及日用杂货批发	52247	33185	3183	471
灯具、装饰物品批发	24228	7534	2055	66
家用电器批发	268467	227280	430	1132
其他家庭用品批发	77369	15593	2259	390
文化、体育用品及器材批发	648229	526585	2958	1627
文具用品批发	100072	88295	73	325
体育用品及器材批发	38448	31446		
图书批发	394434	334126	2774	1301
报刊批发	690	690		
音像制品及电子出版物批发	355	287		
首饰、工艺品及收藏品批发	54530	25422		
其他文化用品批发	59700	46319	111	1
医药及医疗器材批发	1176628	811099	5549	22369
西药批发	668308	410407	2328	10189
中药批发	271510	201004	2472	9525
医疗用品及器材批发	236810	199689	749	2654
矿产品、建材及化工产品批发	54376356	20843668	3913342	1701404
煤炭及制品批发	43318646	15537123	3424010	1222307
石油及制品批发	1218275	781175	15378	2879
非金属矿及制品批发	275349	97952	1322	20671

零售业企业法人资产总计

单位：万元

长治市	晋城市	朔州市	晋中市	运城市	忻州市	临汾市	吕梁市
5698502	**6238783**	**3347208**	**7481151**	**3070882**	**3125044**	**7580959**	**4781545**
4857554	**5117918**	**2741026**	**6046339**	**1685460**	**2285638**	**6449696**	**3888147**
116102	29954	39146	110485	32135	72484	52268	50014
81827	1656	22170	72973	11045	35767	10646	6157
23117	3944	2335	18669	7347	4011	13740	37443
220	2137	7	403	565	2517	1801	510
	353		1208	1815	809	4483	
631	2530	3618	6705	1246	2979	3818	194
	221	163	1796		9627	273	114
10307	19112	10852	8732	10116	16774	17507	5597
200771	155854	71157	223089	214192	140882	178776	314278
15083	28833	2165	43984	13519	48196	18264	1527
6791	1075	315	572	949	60	1754	1411
52718	34207	14784	52014	58965	7067	7716	3044
1996	1094	8233	10448	5401	3497	3269	1428
3553	1769	2059	2921	5000	1045	1859	3918
150	100		1010	1860	30	570	1650
18441	1653	1684	5921	6546	3026	17037	136711
94589	63280	41478	91620	110346	75142	119551	88248
7450	23842	440	14599	11607	2820	8757	76341
30655	14048	3119	53872	26536	5039	30492	7724
4343	1117	626	749	11237	1790	862	135
3098	687		2010	4088	247	6273	220
160				200		110	
596	1903			876	52	1372	
3150	4475	669	1546	107	1236	4204	22
7402		1504	510	3563		1566	30
11075	2021	321	594	4527	1445	12374	7267
832	3844		48463	1939	269	3730	50
10084	358	23176	56229	8515	1208	13359	4131
4300	350	50	582	2057	174	3845	20
3743	8	113	126	150		2817	44
1636			47747	4509	518	1128	695
41				27			
283		23003	1802	23	456	170	3372
81		10	5972	1749	60	5398	
194766	19563	1261	7704	50335	20563	34389	9030
175697	12279	376	2673	17961	17295	14800	4304
1377	5841		3061	27634	2286	13839	4470
17693	1442	885	1969	4740	982	5751	256
3796557	4428252	2505603	5176035	975480	1910648	5802121	3323245
2808062	4189810	2317632	4644156	450628	1630378	4026731	3067810
149671	2763	106613	54066	25325	25080	42542	12785
5662	2982	6429	6601	4502	5391	97259	26577

3-1-18 续表 1

行　业	全 省	太原市	大同市	阳泉市
金属及金属矿批发	4906796	2551992	59222	26499
建材批发	3762223	1460378	390210	417444
化肥批发	318983	164734	4929	994
农药批发	15501	2631	187	149
农用薄膜批发	10473	1220	50	
其他化工产品批发	550109	246463	18033	10462
机械设备、五金产品及电子产品批发	4365399	2201246	67499	101665
农业机械批发	97492	14815	2336	1401
汽车批发	329525	16247	3711	5033
汽车零配件批发	217873	96656	3913	2980
摩托车及零配件批发	19020	12377	1106	
五金产品批发	490382	234645	13884	47118
电气设备批发	224316	130623	3482	1509
计算机、软件及辅助设备批发	199740	159415	244	163
通讯及广播电视设备批发	38326	28642	100	1539
其他机械设备及电子产品批发	2748727	1507826	38723	41921
贸易经纪与代理	497099	278275	4142	20523
贸易代理	366540	245651	875	20070
拍卖	30805	15509	2932	208
其他贸易经纪与代理	99755	17115	335	245
其他批发业	858950	471910	35201	14894
再生物资回收与批发	121375	34738	5392	7308
其他未列明批发业	737575	437172	29809	7586
零售业	**20319007**	**8260973**	**3134901**	**670836**
综合零售	3067088	1358628	248160	129638
百货零售	1624419	799031	230175	75878
超级市场零售	1168214	462303	6596	32413
其他综合零售	274456	97294	11389	21347
食品、饮料及烟草制品专门零售	875525	386189	42833	23255
粮油零售	152252	27354	16094	5151
糕点、面包零售	64985	56299	697	699
果品、蔬菜零售	266768	173601	3019	6571
肉、禽、蛋、奶及水产品零售	36263	21758	391	487
营养和保健品零售	11598	2127	1835	401
酒、饮料及茶叶零售	165279	54631	8978	2774
烟草制品零售	31485	11070	1996	1384
其他食品零售	146894	39349	9824	5787
纺织、服装及日用品专门零售	3047113	2501762	80281	67099
纺织品及针织品零售	114927	59992	5741	3083
服装零售	2764544	2370997	39103	53349
鞋帽零售	34459	25895	400	1905
化妆品及卫生用品零售	25684	8230	7872	1253
钟表、眼镜零售	16808	10108	1488	167
箱、包零售	6164	3515		
厨房用具及日用杂品零售	35238	9833	8722	3013
自行车零售	2282	931	80	150
其他日用品零售	47007	12261	16875	4178

单位：万元

长治市	晋城市	朔州市	晋中市	运城市	忻州市	临汾市	吕梁市
447063	82997	23037	154795	85119	66014	1299837	110221
321880	111335	39035	263424	242978	155345	286413	73781
29100	21996	7426	24716	27904	23211	9680	4292
405	662		1346	8723	213	862	323
80			2	8106	1000		15
34635	15708	5431	26929	122195	4016	38797	27440
450544	412507	72302	347640	185182	98389	275109	153315
10736	3461	7412	20666	9391	8005	14818	4450
50646	5028	1103	29294	89225	28068	77612	23558
7305	2104	1093	72955	11010	8209	11404	244
	1000		595	3426	101	415	
41315	47632	23220	35087	21592	5305	17609	2976
14776	32132	3253	7391	6199	2749	21055	1147
10144	2182	664	3140	4668	1274	17786	60
400	1489		725	1087	1429	2805	110
315221	317477	35559	177787	38585	43250	111606	120771
41339	17924	7028	12301	94416	3694	14748	2709
2599	12543	155	8807	63792	1929	8006	2112
265	341	232	1911	2338	693	6013	362
38475	5039	6641	1583	28286	1072	728	235
16737	39458	18232	58984	98669	32730	48434	23701
9610	8709	5435	16924	9476	6546	15547	1689
7127	30749	12797	42060	89193	26183	32887	22012
840948	**1120866**	**606182**	**1434813**	**1385423**	**839406**	**1131263**	**893398**
173960	238629	51653	253162	188182	88763	150901	185412
83074	80227	38172	76262	40362	36267	28510	136461
75981	106677	1761	162803	126229	41454	108103	43893
14905	51725	11721	14096	21591	11042	14289	5058
48876	43005	33720	74734	41116	70801	72505	38490
13037	12624	15398	22015	2333	18776	10108	9364
390	457	218	469	1204	3565	967	19
12896	3875	2297	15000	3721	20268	23073	2448
985	1294	1530	1759	753	3988	2015	1305
1545	1331	1220	683	2203	206	21	25
8496	11637	5556	20015	22203	6465	5937	18587
504	1757	1033	3626	5587	3553	612	364
11023	10032	6470	11167	3111	13981	29772	6377
52705	46488	122568	19105	54004	31726	38691	32685
11327	14399	3399	819	3233	7637	4029	1268
24879	23175	114869	12828	46860	21303	27895	29286
4822	340	614		157	160	139	28
3876	666	50	1046	1032	249	1279	131
321	3258	122	277	803	83	183	
5	250	2223		20	100	50	
2196	836	152	2612	690	1707	4114	1364
541	59		10	110		200	200
4741	3503	1138	1512	1100	488	803	407

3-1-18 续表 2

行 业	全 省	太原市	大同市	阳泉市
文化、体育用品及器材专门零售	1276670	225812	710182	19291
文具用品零售	53657	20862	9411	834
体育用品及器材零售	17581	5149	5665	182
图书、报刊零售	232399	28019	7052	8846
音像制品及电子出版物零售	1429	1098	26	
珠宝首饰零售	859382	105342	684190	8614
工艺美术品及收藏品零售	84118	49789	2641	594
乐器零售	7130	5122	203	22
照相器材零售	4757	4247	53	
其他文化用品零售	16216	6183	941	199
医药及医疗器材专门零售	674203	445220	45352	10073
药品零售	541373	364537	20125	9495
医疗用品及器材零售	132830	80683	25227	579
汽车、摩托车、燃料及零配件专门零售	7133361	2366232	1251528	247578
汽车零售	4493471	1313566	1089493	111376
汽车零配件零售	219611	68263	54449	12712
摩托车及零配件零售	19719	3490	1079	485
机动车燃料零售	2400561	980913	106506	123005
家用电器及电子产品专门零售	1108110	492310	119267	35029
家用视听设备零售	86850	10088	16154	16640
日用家电设备零售	492845	231842	36771	6177
计算机、软件及辅助设备零售	299123	126381	43922	6246
通信设备零售	77835	41158	9561	795
其他电子产品零售	151457	82842	12860	5172
五金、家具及室内装饰材料专门零售	1433235	300546	225261	76205
五金零售	626034	129050	122049	43806
灯具零售	20317	6625	4453	130
家具零售	277089	41020	26842	20872
涂料零售	11048	3609	3183	49
卫生洁具零售	10108	2061	241	140
木质装饰材料零售	72130	3567	2863	4672
陶瓷、石材装饰材料零售	43807	19047	3187	1602
其他室内装饰材料零售	372703	95567	62443	4933
货摊、无店铺及其他零售业	1703701	184275	412038	62667
货摊食品零售	2115	1173		
货摊纺织、服装及鞋零售	1429	100		3
货摊日用品零售	652	395		
互联网零售	6002	5154	172	171
邮购及电视、电话零售	333	300		
旧货零售	9710	1314	50	120
生活用燃料零售	587472	18330	315115	8289
其他未列明零售业	1095988	157511	96702	54084

单位：万元

长治市	晋城市	朔州市	晋中市	运城市	忻州市	临汾市	吕梁市
29937	28774	25246	37151	29370	86798	36810	47299
1660	3552	4103	2535	3565	4067	2889	178
734	1589	41	362	49	601	986	2224
17390	15508	12185	18960	17834	61055	25095	20454
	12	53	106	100	34		
6502	5504	8076	7001	4427	2535	5467	21723
1711	1667	284	7520	1756	16567	1546	42
1066	413	30	156			117	
101	20	95		50	41	151	
773	508	379	511	1588	1898	560	2677
19821	15830	6108	23945	34305	20258	38778	14513
11462	10507	5841	20350	32034	18680	34463	13879
8360	5323	267	3594	2272	1578	4315	633
349868	402108	195822	560642	622843	307966	538188	290587
251326	257601	121932	236084	467381	130799	360400	153514
5631	9299	9137	10676	11791	10544	13346	13762
601	4636	1092	474	2537	1974	2783	567
92310	130572	63661	313407	141134	164650	161660	122743
54905	102827	22264	48171	103542	41144	54438	34215
3036	7744	6443	1159	7536	10522	5193	2337
23844	40352	4613	16733	75423	19412	15384	22295
19122	34067	3129	24021	9908	6282	18880	7166
5256	6469	974	2650	3752	1665	4306	1250
3647	14194	7105	3608	6923	3263	10676	1168
102108	133767	100180	68844	148534	52323	162064	63405
32317	42186	30640	37670	21638	37549	107875	21254
2644	1911	169	805	1757	184	478	1162
41675	50473	6357	8544	36819	3734	9075	31678
85	801	144	741	216	1965	255	
2334	734	305	874	1247	93	1892	186
1477	13467	1255	2363	1604	2119	38210	533
2950	4281	3993	2306	317	1206	1610	3308
18625	19914	57316	15541	84935	5472	2670	5285
8768	109438	48621	349059	163526	139627	38887	186794
					823	119	
		50		80	821	325	50
	252			5			
				2	491	12	
				33			
98	297	1799	1731	2284	288	832	897
3192	4286	14748	29998	76657	78941	21605	16311
5477	104602	32023	317330	84465	58263	15994	169536

3-1-19 按地区、登记注册类型

地区	单位数（个）	内资	国有	集体	股份合作	联营	国有联营
全省	**23233**	**23207**	**818**	**573**	**33**	**42**	**14**
太原市	7929	7915	154	104	13	3	
大同市	1097	1095	91	33	2	3	
阳泉市	599	599	29	17	4	1	
长治市	2639	2635	122	79		2	1
晋城市	1759	1757	62	54	2	2	
朔州市	850	850	40	27			
晋中市	1714	1712	46	39	2	2	
运城市	1673	1673	67	70	5	4	
忻州市	1456	1456	107	61	4	21	13
临汾市	2586	2585	61	60	1	2	
吕梁市	931	930	39	29		2	

3-1-19 续表

地区	私营合伙	私营有限责任公司	私营股份有限公司	其他	港、澳、台商投资	港澳台商合资经营	港澳台商合作经营	港澳台商独资
全省	**198**	**14587**	**411**	**1175**	**10**	**5**		**2**
太原市	52	5683	132	124	6	4		1
大同市	7	723	20	26	1			
阳泉市	11	195	9	12				
长治市	16	2165	63	20	3	1		1
晋城市	9	1214	21	32				
朔州市	13	406	42	116				
晋中市	19	1118	31	133				
运城市	17	701	34	201				
忻州市	28	635	30	254				
临汾市	19	1352	18	88				
吕梁市	7	395	11	169				

分组的批发业企业法人单位数

集体联营	国有与集体联营	其他联营	有限责任公司	国有独资公司	其他有限责任公司	股份有限公司	私营	私营独资
21	**5**	**2**	**3173**	**91**	**3082**	**198**	**17195**	**1999**
2	1		1047	25	1022	77	6393	526
1	1	1	123	9	114	3	814	64
		1	228	8	220	11	297	82
1			63	7	56	1	2348	104
1	1		188	4	184	10	1407	163
			114	3	111	5	548	87
2			124	9	115	18	1348	180
3	1		296	3	293	27	1003	251
8			165	5	160	13	831	138
2			667	8	659	25	1681	292
1	1		158	10	148	8	525	112

港澳台商投资股份有限公司	其他港澳台商投资	外商投资企业	中外合资经营	中外合作经营	外资企业	外商投资股份有限公司	其他外商投资
2	**1**	**16**	**7**	**1**	**6**		**2**
	1	8	4		4		
1		1	1				
1		1	1				
		2	1		1		
		2		1			1
		1					1
		1			1		

3-1-20 按地区、登记注册类型分组的

地 区	年末从业人员（人）	内资					
			国有	集体	股份合作	联营	
							国有联营
全 省	**341314**	**339437**	**41055**	**19921**	**425**	**1559**	**1099**
太原市	97696	95972	7269	2801	153	114	
大同市	27988	27968	6303	999	110	58	
阳泉市	11286	11286	1690	332	29	5	
长治市	29386	29299	3491	1795		5	2
晋城市	23569	23538	2889	1173	20	47	
朔州市	20065	20065	3483	2852			
晋中市	28843	28834	3574	851	18	21	
运城市	24668	24668	2676	2017	20	15	
忻州市	26675	26675	5241	1256	54	1245	1097
临汾市	29653	29648	2325	1106	21	15	
吕梁市	21485	21484	2114	4739		34	

3-1-20 续表

地 区	私营合伙	私营有限责任公司	私营股份有限公司	其他	港、澳、台商投资	港澳台商合资经营	港澳台商合作经营	港澳台商独资
全 省	**1790**	**142349**	**5176**	**17164**	**1260**	**373**		**856**
太原市	383	55108	1668	793	1199	357		838
大同市	78	7038	236	238	14			
阳泉市	57	1987	149	151				
长治市	104	17023	626	140	47	16		18
晋城市	86	10448	124	481				
朔州市	175	6811	804	1212				
晋中市	130	12114	455	1656				
运城市	164	7267	245	4396				
忻州市	358	6489	434	5392				
临汾市	196	12453	294	597				
吕梁市	59	5611	141	2108				

批发业企业法人从业人员数

集体联营	国有与集体联营	其他联营	有限责任公司	国有独资公司	其他有限责任公司	股份有限公司	私营	私营独资
369	**66**	**25**	**91897**	**17314**	**74583**	**3840**	**163576**	**14261**
112	2		23197	6396	16801	1715	59930	2771
10	28	20	12370	696	11674	61	7829	477
		5	6309	2048	4261	181	2589	396
3			5274	896	4378	27	18567	814
32	15		7099	876	6223	167	11662	1004
			3320	220	3100	167	9031	1241
21			8123	1155	6968	537	14054	1355
12	3		5735	91	5644	185	9624	1948
148			5071	934	4137	344	8072	791
15			9896	1271	8625	191	15497	2554
16	18		5503	2731	2772	265	6721	910

港澳台商投资股份有限公司	其他港澳台商投资	外商投资企业	中外合资经营	中外合作经营	外资企业	外商投资股份有限公司	其他外商投资
27	**4**	**617**	**546**	**5**	**57**		**9**
	4	525	475		50		
14		6	6				
13		40	40				
		31	25		6		
		9		5			4
		5					5
		1			1		

3-1-21 按地区、登记注册类型分组的

地区	营业收入(万元)	内资					
			国有	集体	股份合作	联营	
							国有联营
山西	**119604543**	**119471065**	**17369352**	**1291619**	**48824**	**46566**	**495**
太原市	47884950	47769886	10346853	250845	22099	1506	
大同市	13515366	13511215	480487	59878	13370	31	
阳泉市	9358732	9358732	253232	14644	682	5	
长治市	14017144	14006020	661062	99703			
晋城市	4575793	4572843	655821	37569	2225	23918	
朔州市	3972785	3972785	1308787	584412			
晋中市	7800655	7800465	1351611	39358	906	2221	
运城市	3021744	3021744	457987	65286	2535	718	
忻州市	3920413	3920413	984055	60359	5021	1205	495
临汾市	6335000	6335000	537806	24339	1987	24	
吕梁市	5201962	5201962	331652	55226		16938	

3-1-21 续表

地区	私营合伙	私营有限责任公司	私营股份有限公司	其他	港、澳、台商投资	港澳台商合资经营	港澳台商合作经营	港澳台商独资
山西	**128903**	**22550759**	**903036**	**398682**	**101816**	**67783**		**26446**
太原市	24216	8938646	256075	11565	92798	66604		26094
大同市	3548	483870	3840	1813	4149			
阳泉市	4827	163339	19903	901				
长治市	741	2615872	56734	482	4869	1179		351
晋城市	9337	958653	4632	22212				
朔州市	10193	796060	169767	47587				
晋中市	2465	1401387	48899	46268				
运城市	32596	1854518	61711	134180				
忻州市	37867	1428376	273207	100667				
临汾市	1277	2733478	5015	16119				
吕梁市	1835	1176561	3254	16889				

批发业企业法人营业收入

集体联营	国有与集体联营	其他联营	有限责任公司	国有独资公司	其他有限责任公司	股份有限公司	私营	私营独资
6300	**39734**	**36**	**72487164**	**22404010**	**50083154**	**3576490**	**24252368**	**669670**
1506			24688129	8474570	16213559	3001268	9447621	228684
0		31	12436776	6230232	6206544	2567	516293	25036
		5	8876408	2937499	5938909	2946	209914	21846
			10450375	672972	9777403	90424	2703974	30628
	23918		2790973	1202397	1588576	25363	1014763	42141
			1008409	74499	933910	18382	1005209	29189
2221			4822297	134352	4687945	34887	1502918	50166
643	75		301481	20064	281416	16294	2043263	94439
711			837727	67499	770228	160450	1770928	31478
24			2933266	289072	2644194	24052	2797406	57637
1196	15742		3341324	2300855	1040469	199856	1240078	58428

港澳台商投资股份有限公司	其他港澳台商投资	外商投资企业	中外合资经营	中外合作经营	外资企业	外商投资股份有限公司	其他外商投资
7487	**100**	**31663**	**27062**	**160**	**4410**		**30**
	100	22266	17855		4410		
4149		2	2				
3338		6255	6255				
		2950	2950				
		190		160			30

3-1-22 按地区、登记注册类型分组的

地 区	资产总计(万元)	内资					
			国有	集体	股份合作	联营	
							国有联营
山 西	**65885450**	**65558473**	**10663937**	**656347**	**387702**	**761458**	**7475**
太原市	26663779	26368865	2339106	163798	4252	1074	
大同市	4210240	4203805	378035	38303	369815	725236	
阳泉市	1939654	1939654	116979	11591	728	8	
长治市	4857554	4838110	343768	75541			
晋城市	5117918	5111969	2360805	25440	1037	17198	
朔州市	2741026	2741026	812189	241218			
晋中市	6046339	6046104	3107194	18156	2466	1007	
运城市	1685460	1685460	240767	31360	874	468	
忻州市	2285638	2285638	557265	15600	5462	9050	7475
临汾市	6449696	6449696	284892	21083	3067	54	
吕梁市	3888147	3888147	122938	14256		7362	

3-1-22 续表

地 区	私营合伙	私营有限责任公司	私营股份有限公司	其他	港、澳、台商投资	港澳台商合资经营	港澳台商合作经营	港澳台商独 资
山 西	**86527**	**20739796**	**680892**	**311923**	**176027**	**149745**		**25528**
太原市	22414	8481833	301675	44878	171258	148756		22302
大同市	3664	540901	9881	4795	430			
阳泉市	4015	151020	9384	458				
长治市	4626	2316808	69800	1148	4339	989		3226
晋城市	4777	821545	7407	5930				
朔州市	3242	490425	121776	33012				
晋中市	1179	1138689	68003	25377				
运城市	10230	992944	17575	71772				
忻州市	24991	918644	54865	68779				
临汾市	3199	3115826	7742	19230				
吕梁市	4191	1771161	12785	36545				

批发业企业法人资产总计

集体联营	国有与集体联营	其他联营	有限责任公司	国有独资公司	其他有限责任公司	股份有限公司	私营	私营独资
13054	**740721**	**208**	**26393192**	**6169219**	**20223972**	**4308189**	**22075725**	**568510**
303	772		10819336	3576813	7242523	3999166	8997255	191333
435	724602	200	2103452	288003	1815449	3388	580781	26334
		8	1616934	294467	1322468	4046	188911	24492
			1971022	167478	1803544	31985	2414644	23410
8797	8401		1793466	226703	1566763	31591	876501	42773
			940471	17533	922938	74379	639756	24314
1007			1631342	28741	1602601	17966	1242596	34725
401	67		260615	6231	254384	8535	1071069	50320
1576			562213	53995	508218	39891	1027377	28878
54			2886433	185713	2700720	24092	3210844	84077
482	6880		1807907	1323542	484365	73149	1825990	37853

港澳台商投资股份有限公司	其他港澳台商投资	外商投资企业	中外合资经营	中外合作经营	外资企业	外商投资股份有限公司	其他外商投资
554	**200**	**150950**	**30485**	**145**	**120230**		**90**
	200	123656	7928		115728		
430		6005	6005				
124		15106	15106				
		5949	1447		4503		
		235		145			90

3-1-23 按地区、登记注册类型分组的

地 区	单位数(个)	内资	国有	集体	股份合作	联营	国有联营	集体联营
全 省	**22028**	**22001**	**605**	**993**	**57**	**49**	**21**	**25**
太原市	4791	4774	100	124	21	2	1	1
大同市	2232	2229	71	73	1	1		1
阳泉市	1071	1071	44	69	4	3	2	1
长治市	1923	1921	50	177	2			
晋城市	2246	2245	52	99	3	2	2	
朔州市	1307	1307	27	46	2	1		1
晋中市	1629	1628	31	46	3	8		8
运城市	2126	2123	56	90	4	2		1
忻州市	1770	1770	87	120	8	26	16	10
临汾市	1780	1780	35	90	8	2		1
吕梁市	1153	1153	52	59	1	2		1

3-1-23 续表

地 区	私营合伙	私营有限责任公司	私营股份有限公司	其他	港、澳、台商投资	港澳台商合资经营	港澳台商合作经营	港澳台商独 资
全 省	**287**	**12446**	**397**	**737**	**15**	**5**		**8**
太原市	56	3241	78	75	13	4		7
大同市	12	1577	16	18	1	1		
阳泉市	15	275	14	32				
长治市	16	1429	32	5				
晋城市	23	1429	28	29				
朔州市	22	713	47	88				
晋中市	21	967	46	54				
运城市	29	804	41	107	1			1
忻州市	52	729	47	174				
临汾市	18	862	16	50				
吕梁市	23	420	32	105				

零售业企业法人单位数

国有与集体联营	其他联营	有限责任公司	国有独资公司	其他有限责任公司	股份有限公司	私营	私营独资
1	**2**	**2575**	**16**	**2559**	**238**	**16747**	**3617**
		588	3	585	50	3814	439
		241	1	240	7	1817	212
		403	1	402	33	483	179
		34	2	32	4	1649	172
		211	3	208	12	1837	357
		119		119	10	1014	232
		66	4	62	17	1403	369
	1	300		300	38	1526	652
		182	1	181	21	1152	324
1		245	1	244	16	1334	438
	1	186		186	30	718	243

港澳台商投资股份有限公司	其他港澳台商投资	外商投资企业	中外合资经营	中外合作经营	外资企业	外商投资股份有限公司	其他外商投资
2		**12**	**6**	**1**	**4**		**1**
2		4	2		2		
		2	1		1		
		2	2				
		1					1
		1	1				
		2		1	1		

3-1-24 按地区、登记注册类型分组的

地 区	年末从业人员（人）							
		内资						
			国有	集体	股份合作	联营		
							国有联营	集体联营
全 省	**348746**	**344784**	**15756**	**24043**	**791**	**2528**	**1817**	**705**
太原市	83278	80646	2523	2459	206	47	19	28
大同市	42968	41942	1597	5739	96	35		35
阳泉市	16361	16361	1737	1544	60	10	7	3
长治市	27662	27488	1256	2914	29			
晋城市	35164	35160	1072	2780	48	83	83	
朔州市	22567	22567	677	1449	8	14		14
晋中市	25469	25466	885	689	24	104		104
运城市	30405	30282	1292	2127	42	4		2
忻州市	23947	23947	2647	2087	136	2079	1708	371
临汾市	21251	21251	658	1351	92	5		3
吕梁市	19674	19674	1412	904	50	147		145

3-1-24 续表

地 区								
	私营合伙	私营有限责任公司	私营股份有限公司	其他	港、澳、台商投资	港澳台商合资经营	港澳台商合作经营	港澳台商独 资
全 省	**2189**	**176628**	**17977**	**6576**	**2112**	**1242**		**696**
太原市	342	44597	11813	708	1393	541		678
大同市	59	18015	195	315	701	701		
阳泉市	62	4290	193	299				
长治市	159	18374	469	107				
晋城市	243	21661	265	205				
朔州市	215	13995	1062	877				
晋中市	234	14902	2190	288				
运城市	211	12272	675	1024	18			18
忻州市	319	7742	409	1798				
临汾市	131	12243	184	212				
吕梁市	214	8537	522	743				

零售业企业法人从业人员数

国有与集体联营	其他联营	有限责任公司	国有独资公司	其他有限责任公司	股份有限公司	私营	私营独资
2	**4**	**57157**	**1759**	**55398**	**15723**	**222210**	**25416**
		12778	157	12621	2406	59519	2767
		12921	15	12906	1166	20073	1804
		5730	66	5664	989	5992	1447
		1972	62	1910	1251	19959	957
		4644	1003	3641	811	25517	3348
		1829		1829	504	17209	1937
		2296	446	1850	1718	19462	2136
	2	6382		6382	2068	17343	4185
		2915	4	2911	1348	10937	2467
2		2504	6	2498	1289	15140	2582
	2	3186		3186	2173	11059	1786

港澳台商投资股份有限公司	其他港澳台商投资	外商投资企业	中外合资经营	中外合作经营	外资企业	外商投资股份有限公司	其他外商投资
174		**1850**	**917**	**85**	**844**		**4**
174		1239	718		521		
		325	22		303		
		174	174				
		4					4
		3	3				
		105		85	20		

3-1-25 按地区、登记注册类型分组的

地　区	营业收入（万元）	内资					
			国有	集体	股份合作	联营	
							国有联营
山　西	**24211943**	**23838410**	**658684**	**687788**	**52161**	**18899**	**6838**
太原市	7984049	7704153	87823	129551	15190	751	720
大同市	2161891	2087399	17293	22377	359	9392	
阳泉市	975752	975752	173594	27373	30324	31	21
长治市	1412633	1412529	10463	19252	127		
晋城市	1463552	1463487	38191	37319	3231	639	639
朔州市	1281122	1281122	17789	68199	153	143	
晋中市	2041867	2041867	50154	27005	141	2072	
运城市	2574289	2555312	97025	261755	674	9	
忻州市	1342719	1342719	103420	20933	1005	5741	5459
临汾市	1754955	1754955	34200	57766	837	4	
吕梁市	1219113	1219113	28731	16257	120	120	

3-1-25　续表

地　区	私营合伙	私营有限责任公司	私营股份有限公司	其他	港、澳、台商投资	港澳台商合资经营	港澳台商合作经营	港澳台商独　资
山　西	**127174**	**11547059**	**805209**	**121068**	**311810**	**141141**		**155766**
太原市	4842	4684284	565280	4353	251621	94201		142516
大同市	499	962742	2390	15248	46939	46939		
阳泉市	1138	192652	5935	18815				
长治市	1824	795392	5074	334				
晋城市	7128	756755	3978	2522				
朔州市	6563	951918	40688	8380				
晋中市	84174	769798	88308	4842				
运城市	9088	977918	42393	41864	13250			13250
忻州市	6137	280901	31749	9341				
临汾市	2703	815229	3012	7059				
吕梁市	3079	359471	16401	8310				

零售业企业法人营业收入

	集体联营	国有与集体联营	其他联营	有限责任公司	国有独资公司	其他有限责任公司	股份有限公司	私营	私营独资
	12043	**4**	**14**	**3888979**	**102769**	**3786210**	**5157711**	**13253120**	**773677**
	31			1265456	13984	1251471	751622	5449408	195002
	9392			572338	52	572286	442100	1008292	42661
	10			293779	1876	291903	200644	231193	31469
				144545	974	143571	418202	819605	17315
				160356	19943	140412	382796	838434	70573
	143			64707		64707	78261	1043491	44322
	2072			287053	65929	221123	678340	992261	49981
	5		4	532570		532570	449631	1171784	142384
	282			207734	10	207724	594931	399614	80827
		4		174245		174245	599147	881697	60754
	110		10	186196		186196	562038	417341	38390

	港澳台商投资股份有限公司	其他港澳台商投资	外商投资企业	中外合资经营	中外合作经营	外资企业	外商投资股份有限公司	其他外商投资
	14903		**61723**	**25285**	**885**	**35489**		**65**
	14903		28275	19135		9140		
			27552	6046		21506		
			103	103				
			65					65
			5727		885	4842		

3-1-26 按地区、登记注册类型分组的

地区	资产总计(万元)	内资	国有	集体	股份合作	联营	国有联营
山西	**20319007**	**20028067**	**495186**	**343531**	**30658**	**33348**	**26376**
太原市	8260973	8092051	122918	50083	7719	601	565
大同市	3134901	3041025	27275	31691	1824	2963	
阳泉市	670836	670836	56534	57177	5877	25	20
长治市	840948	839433	21113	22651	238		
晋城市	1120866	1120809	34295	52531	11858	1204	1204
朔州市	606182	606182	15088	19917	170	70	
晋中市	1434813	1429459	38964	12121	68	1057	
运城市	1385423	1364206	29611	29748	1098	54	
忻州市	839406	839406	94090	16888	693	26259	24587
临汾市	1131263	1131263	27930	30033	1077	1009	
吕梁市	893398	893398	27367	20691	36	106	

3-1-26 续表

地区	私营合伙	私营有限责任公司	私营股份有限公司	其他	港、澳、台商投资	港澳台商合资经营	港澳台商合作经营	港澳台商独资
山西	**52130**	**10641006**	**631367**	**166349**	**226892**	**142895**		**61128**
太原市	7121	3393742	451231	18859	134337	70441		41028
大同市	498	2229595	3607	53951	72455	72455		
阳泉市	1032	180234	10334	4095				
长治市	1459	648441	4176	456				
晋城市	2043	735012	8660	2012				
朔州市	8496	458418	20222	13783				
晋中市	12652	802943	37204	8552				
运城市	4480	733163	43484	23797	20100			20100
忻州市	7020	287164	33627	16119				
临汾市	3140	793513	3676	3657				
吕梁市	4190	378782	15145	21067				

零售业企业法人资产总计

集体联营	国有与集体联营	其他联营	有限责任公司	国有独资公司	其他有限责任公司	股份有限公司	私营	私营独资
6941	**9**	**22**	**5553540**	**233224**	**5320315**	**1579801**	**11825656**	**501154**
36			3127611	16018	3111593	880757	3883504	31411
2963			606193	343	605850	53813	2263316	29616
5			263110	682	262429	55335	228682	37082
			69597	215	69382	50083	675295	21219
			176057	17519	158538	44615	798237	52522
70			34967		34967	4486	517700	30565
1057			369054	198402	170652	107752	891892	39093
52		2	334244		334244	93442	852211	71083
1672			154139	10	154129	123182	408036	80224
1000	9		147230	37	147194	66960	853366	53038
86		20	271337		271337	99377	453417	55301

港澳台商投资股份有限公司	其他港澳台商投资	外商投资企业	中外合资经营	中外合作经营	外资企业	外商投资股份有限公司	其他外商投资
22868		**64048**	**45091**	**430**	**18470**		**57**
22868		34584	25101		9483		
		21421	13121		8300		
		1515	1515				
		57					57
		5354	5354				
		1117		430	687		

3-1-27 限额以上批发和零售业企业法人商品购销存情况

单位：万元

项目	单位数(个)	年末从业人员数(人)	商品购进额	商品销售额			期末商品库存额	年末零售营业面积(平方米)
					批发额	零售额		
总计	**3090**	**269604**	**112333934**	**120726512**	**99554605**	**21171908**	**5736479**	**14841940**
一、批发业	**1103**	**105547**	**94315376**	**98709602**	**97753099**	**956503**	**3548599**	**6591253**
1.按登记注册类型分组								
内资企业	1097	104066	94209138	98597650	97641270	956380	3537473	6590532
国有企业	116	17843	9940300	10805284	10423003	382281	455045	959661
集体企业	32	7225	902479	954855	935054	19801	59753	435609
股份合作企业	1	16	3056	3271	3271		2013	
联营企业	1	16	2500	2308	2308		192	300
集体联营企业	1	16	2500	2308	2308		192	300
有限责任公司	302	53776	66225661	69049732	68865607	184125	1474224	2392058
国有独资公司	56	14553	21047580	22321888	22272096	49792	259940	460009
其他有限责任公司	246	39223	45178081	46727844	46593511	134332	1214283	1932049
股份有限公司	19	1522	3079291	3180401	3170115	10286	323415	100237
私营企业	623	23591	14010051	14556422	14203034	353388	1221775	2698565
私营独资企业	8	111	68998	68824	65690	3134	1316	25605
私营合伙企业	2	24	38040	30524	30524		7547	200
私营有限责任公司	595	22312	13333322	13823097	13487105	335992	1150199	2399965
私营股份有限公司	18	1144	569691	633977	619716	14262	62713	272795
其他企业	3	77	45801	45379	38879	6500	1057	4102
港澳台商投资企业	4	1154	90123	94242	94119	123	10833	621
与港澳台商合资经营企业	1	289	60099	60099	60099			1
港澳台商独资企业	1	838	22039	26094	26094		10833	400
港澳台商投资股份有限公司	2	27	7985	8049	7925	123		220
外商投资企业	2	327	16114	17711	17711		293	100
中外合资经营企业	2	327	16114	17711	17711		293	100
2.按批发行业小类分								
农、林、牧产品批发	44	4962	299346	305383	284621	20762	78973	258203
#谷物、豆及薯类批发	36	4140	246897	234560	220886	13674	65526	233473
食品、饮料及烟草制品批发	109	14874	3969017	4890740	4754498	136242	377089	802951
#米、面制品及食用油批发	23	1614	208849	210291	196749	13542	48818	138000
烟草制品批发	12	6963	2653081	3530567	3525351	5216	229037	148799
纺织、服装及家庭用品批发	31	3247	425406	455399	417159	38240	75392	22080
#服装批发	7	1701	85861	104841	104841		41863	3183
文化、体育用品及器材批发	11	1435	628256	704192	686409	17783	110859	11011
医药及医疗器材批发	57	5862	1250796	1347478	1317552	29926	97907	56347
#西药批发	30	3148	776048	805237	787343	17894	66500	34768
中药批发	20	2271	316868	360667	352654	8013	20855	18709

3-1-27 续表 1

单位：万元

项 目	单位数(个)	年末从业人员数(人)	商品购进额	商品销售额			期末商品库存额	年末零售营业面积(平方米)
					批发额	零售额		
矿产品、建材及化工产品批发	703	67979	81994633	85074862	84445380	629482	2581656	5048223
#煤炭及制品批发	436	59055	56054859	58573938	58424959	148979	1859762	4395143
石油及制品批发	29	2229	1297219	1437589	1045715	391875	191542	158977
金属及金属矿批发	149	3749	14419000	14774277	14693425	80852	395445	345122
建材批发	39	982	9505389	9531528	9523752	7776	52391	77161
化肥批发	18	558	462909	472404	472404		67673	34274
机械设备、五金产品及电子产品批发	120	5998	5031046	5113853	5030168	83685	164710	326530
#汽车批发	33	1329	486532	490698	477215	13483	47986	236166
计算机、软件及辅助设备批发	8	170	31554	32167	28703	3464	2141	882
贸易经纪与代理	3	136	316409	401960	401960		14079	4276
其他批发业	25	1054	400467	415736	415352	384	47934	61632
3.按控股情况分								
国有控股	346	65066	76807322	80336663	79826023	510640	2114207	2324362
集体控股	52	8233	1685939	1789258	1743911	45348	88690	496149
私人控股	658	25461	14568057	15149402	14776776	372627	1264808	3009001
港澳台商控股	4	1154	90123	94242	94119	123	10833	621
外商控股								
其 他	43	5633	1163935	1340037	1312272	27765	70062	761120
4.按经营形式分								
独立门店	841	65363	66215418	68730435	68239426	491009	1841049	4206782
连锁总店(总部)	5	2290	2171016	2205269	2201366	3903	218274	12380
连锁门店	5	406	113595	117311	117311		5857	203250
其 他	252	37488	25815347	27656587	27194996	461591	1483420	2168841
5.按单位规模分								
大 型	73	43766	31471733	33339141	32995674	343467	1378914	891529
中 型	436	47148	36556143	38415390	37943306	472084	1807970	3507925
小 型	485	13191	7275453	7851799	7728017	123782	290346	1563746
微 型	109	1442	19012047	19103272	19086102	17170	71369	628053
二、零售业	**1987**	**164057**	**18018558**	**22016910**	**1801506**	**20215404**	**2187880**	**8250687**
1.按登记注册类型分组								
内资企业	1971	160570	17683700	21637003	1781586	19855418	2138601	8109292
国有企业	144	5812	569390	606456	19407	587049	41284	158362
集体企业	86	4325	537190	574983	87648	487335	31621	231883
股份合作企业	2	57	31788	32553	860	31693	5236	8000
联营企业	2	54	8707	10112		10112	417	1929
国有联营企业	1	19	720	720		720	13	129
集体联营企业	1	35	7987	9392		9392	404	1800
有限责任公司	272	33775	2485139	3382066	223140	3158926	481859	1418093
国有独资公司	8	1636	109593	114211	511	113700	14041	29824
其他有限责任公司	264	32139	2375545	3267855	222628	3045226	467819	1388269

3-1-27 续表 2

单位：万元

项目	单位数(个)	年末从业人员数(人)	商品购进额	商品销售额			期末商品库存额	年末零售营业面积(平方米)
					批发额	零售额		
股份有限公司	43	13353	3861380	5954236	717086	5237150	208432	1142353
私营企业	1410	102544	10147631	11033410	732577	10300833	1361507	5121447
私营独资企业	137	4142	225825	236292	23020	213271	22217	215032
私营合伙企业	11	345	90290	89878	75135	14743	2286	16435
私营有限责任公司	1237	83628	9070630	9813858	611951	9201906	1264627	4294161
私营股份有限公司	25	14429	760886	893383	22470	870913	72377	595819
其他企业	12	650	42475	43189	869	42320	8246	27225
港澳台商投资企业	11	2066	283315	319197	19920	299277	40931	62352
与港澳台商合资经营企业	4	1222	122467	128019	8525	119494	33681	18410
港澳台商独资企业	6	680	160848	175723	11395	164328	7227	31548
港澳台商投资股份有限公司	1	164		15455		15455	23	12394
外商投资企业	5	1421	51544	60710		60710	8347	79043
中外合资经营企业	2	610	17288	21069		21069	2801	38000
外资企业	3	811	34256	39641		39641	5547	41043
2.按零售行业小类分								
综合零售	351	59630	2730121	3323769	111706	3212063	447216	2600036
百货零售	167	22879	1187677	1413879	10390	1403489	266871	1176666
超级市场零售	149	33355	1102663	1378093	7301	1370792	167425	1249401
其他综合零售	35	3396	439781	531797	94015	437782	12920	173969
食品、饮料及烟草制品专门零售	131	5853	404100	478650	70596	408055	90614	216797
#粮油零售	26	693	48681	61852	28502	33350	9120	13442
果品、蔬菜零售	19	1028	106861	131306	8155	123151	45677	100469
纺织、服装及日用品专门零售	114	14798	870855	1029264	22230	1007034	140453	845098
#服装零售	93	13214	780630	941956	22219	919736	132275	803645
文化、体育用品及器材专门零售	124	5664	465021	518489	57816	460672	127830	75421
#图书、报刊零售	90	3235	220001	233872	16936	216936	28598	45804
珠宝首饰零售	20	1718	226559	257822	40202	217620	93735	15451
医药及医疗器材专门零售	79	8870	291398	721621	127300	594321	79887	122082
#药品零售	76	8567	280995	711302	127300	584002	78615	119897
汽车、摩托车、燃料及零配件专门零售	765	48832	11463305	13942268	1284109	12658159	1056374	3098825
#汽车零售	558	31487	6630538	6900301	83098	6817203	824220	1459974
机动车燃料零售	190	16821	4742851	6944040	1193702	5750338	228910	1618843
家用电器及电子产品专门零售	238	9300	949282	1003768	58918	944850	183912	406269
#日用家电设备零售	130	6149	616552	647141	17102	630039	151345	283603
计算机、软件及辅助设备零售	58	1210	124118	140449	28729	111720	10276	25821
通信设备零售	17	478	66874	71691	6778	64914	3474	8947

3-1-27 续表 3

单位：万元

项目	单位数(个)	年末从业人员数(人)	商品购进额	商品销售额			期末商品库存额	年末零售营业面积(平方米)
					批发额	零售额		
五金、家具及室内装修材料	99	3423	397345	521769	38410	483359	32226	427636
专门零售								
#五金零售	34	549	76933	80842	6174	74668	4498	30495
家具零售	38	1974	169608	278785	785	278000	14876	345426
货摊、无店铺及其他零售业	86	7687	447132	477312	30420	446892	29368	458523
3.按控股情况分								
国有控股	245	28974	4995916	7610725	873028	6737697	481834	1603683
集体控股	130	9355	901777	986437	99182	887255	84760	429151
私人控股	1509	116508	10958985	12008942	741496	11267445	1465397	5737416
港澳台商控股	8	1619	185532	216627	10699	205928	31970	36404
外商控股	6	1763	136980	149007	9221	139787	9408	103561
其　他	89	5838	839368	1045172	67880	977293	114510	340472
4.按经营形式分								
独立门店	1793	122091	13549782	16497623	1488990	15008633	1790822	6385965
连锁总店	70	18789	2330142	2434522	91383	2343139	210957	974653
连锁门店	48	15217	1434138	2005778	138518	1867260	133287	568861
其　他	76	7960	704496	1078987	82615	996373	52813	321208
5.按单位规模分								
大　型	55	54390	7092505	10034962	809860	9225103	740042	3010298
中　型	644	81072	7477233	8186443	684146	7502297	899262	3108028
小　型	995	26105	3031058	3322675	268825	3053850	506052	1750535
微　型	293	2490	417764	472830	38675	434155	42524	381826
6.按零售业态分								
有店铺零售	1982	163566	17986502	21985170	1801486	20183685	2187097	8248802
食杂店	7	452	50644	52220	8093	44128	42080	21152
便利店	23	2770	333514	415031	54265	360766	13050	120290
折扣店	1	48	1558	1506		1506	234	190
超　市	192	13548	433193	459288	9526	449762	63547	395184
大型超市	39	29369	984433	1242513	632	1241881	131932	1217863
仓储会员店	5	336	439519	434055	361796	72260	8963	118693
百货店	201	22310	1570793	1874176	93284	1780891	302394	1227750
专业店	829	48139	7813835	9830387	908494	8921893	837200	2872196
专卖店	560	30659	5396587	6090213	270173	5820040	658357	1270980
家居建材商店	38	1700	156643	271266	26700	244566	19074	305369
购物中心	42	8699	454287	562526	308	562218	38313	569770
厂家直销中心	45	5536	351498	751990	68216	683774	71953	129365
无店铺零售	5	491	32056	31740	20	31720	783	1885
#网上商店	3	462	29980	29682	20	29662	299	1585

3-1-28 限额以上批发和

项目	年初存货	流动资产合计	#应收帐款	#存货	固定资产合计	累计折旧	#本年折旧
总计	**4180078**	**35391342**	**6896886**	**4867814**	**3652580**	**1568237**	**278066**
一、批发业	**2555296**	**28353217**	**5969252**	**2907959**	**1837736**	**884870**	**157647**
1.按登记注册类型分组							
内资企业	2546059	28298201	5958369	2896180	1830485	881926	156911
国有企业	393077	2632908	232340	488328	355381	198537	27398
集体企业	59982	241449	38197	58046	56137	47205	5617
股份合作企业	2206	2082	69	2013	122	341	69
联营企业		221		138	206	248	23
集体联营企业		221		138	206	248	23
有限责任公司	824741	15430473	3832844	833278	865797	396480	88113
国有独资公司	131925	4089866	1099677	172487	404457	145140	35323
其他有限责任公司	692816	11340607	2733167	660790	461340	251340	52790
股份有限公司	285093	2644526	287431	323036	134513	77052	3213
私营企业	980468	7342678	1567458	1190886	416968	160127	31443
私营独资企业	808	6851	3520	896	967	528	83
私营合伙企业	7425	13030	7606	4315	2169	1005	197
私营有限责任公司	928209	7037493	1469890	1155342	371397	148265	28582
私营股份有限公司	44026	285305	86442	30333	42436	10330	2581
其他企业	493	3865	31	456	1361	1937	1035
港澳台商投资企业	9000	47487	10944	11496	1035	1108	406
与港澳台商合资经营企业		25635	2024		77	97	97
港澳台商独资企业	9000	21298	8458	11496	958	1011	309
港澳台商投资股份有限公司		554	462				
外商投资企业	236	7529	-61	282	6216	1836	331
中外合资经营企业	236	7529	-61	282	6216	1836	331
2.按批发行业小类分							
农、林、牧产品批发	90135	147275	23457	85738	53699	17274	1243
#谷物、豆及薯类批发	64051	102252	14986	66963	28087	14271	759
食品、饮料及烟草制品批发	239799	1071333	89298	338711	307226	161279	27692
#米、面制品及食用油批发	34458	95609	7627	58128	18732	9862	580
烟草制品批发	149762	699413	536	208922	225713	124515	21943
纺织、服装及家庭用品批发	63562	239215	88182	77426	6436	4272	989
#服装批发	23674	137641	58114	41420	4328	2665	573
文化、体育用品及器材批发	73655	459309	95014	73949	20390	8043	1469
医药及医疗器材批发	83616	607960	260341	97658	42750	13206	3401
#西药批发	54342	384775	144005	65734	28848	8975	2152
中药批发	16573	155305	78080	21538	13063	3622	869
矿产品、建材及化工产品批发	1770863	24543724	4799505	2012169	1327475	644562	114854
#煤炭及制品批发	1174430	19695049	3744694	1232409	1093159	502163	98393
石油及制品批发	218194	571430	120743	252805	133190	89885	3034
金属及金属矿批发	247389	2932729	456814	409918	42442	24897	3484
建材批发	63472	1070625	456874	58257	29792	18197	7371
化肥批发	42670	149148	14085	43032	12001	3146	626
机械设备、五金产品及电子产品批发	162795	1042453	598088	165962	52626	23708	6178
#汽车批发	49686	207299	101866	51131	15312	5021	1012
计算机、软件及辅助设备批发	1449	8161	2825	1844	99	1315	32
贸易经纪与代理	33258	141185	357	14089	16745	5696	849
其他批发业	37612	100763	15010	42257	10389	6829	973

零售业企业法人财务状况

单位：万元

资产总计	流动负债合计		负债合计	所有者权益合计					
		应付帐款			#实收资本	#国家资本	#集体资本	#法人资本	#个人资本
46092285	**30925761**	**6886613**	**36855135**	**9237150**	**4885784**	**1028331**	**233131**	**2271406**	**1305596**
35696229	**23491576**	**5403399**	**28921044**	**6775185**	**3232018**	**754388**	**172913**	**1563540**	**714707**
35631469	23455672	5377819	28884709	6746759	3200260	751189	172913	1561250	714707
3243330	1614753	258609	1978029	1265301	240065	212564	439	27062	
360245	240996	65635	254749	105497	50230	251	49803	176	
3897	2223	401	2223	1674	2012				2012
482	418	99	418	64	46		46		
482	418	99	418	64	46		46		
18988345	12330303	3125977	15878078	3110267	1406833	319516	115417	900263	71637
5782380	3450077	676116	4751481	1030899	316756	122223		194532	
13205965	8880226	2449861	11126598	2079368	1090078	197293	115417	705731	71637
3837139	2158193	377869	3032476	804663	294947	204152	3609	49922	37264
9192783	7107159	1548921	7737075	1455707	1204930	14705	3100	583827	603097
10208	7233	1735	7335	2874	3996		10	520	3466
15388	15978	3123	15978	-589	4502				4502
8784700	6824832	1493382	7443930	1340770	1134130	14705	3057	550337	565830
382486	259116	50682	269833	112653	62301		33	32970	29298
5248	1628	309	1661	3587	1198		500		698
48568	25986	20382	26416	22152	21043				
25712	25144	20090	25144	568					
22302	718	171	718	21584	21043				
554	124	122	554						
16193	9919	5198	9919	6274	10716	3200		2290	
16193	9919	5198	9919	6274	10716	3200		2290	
228338	128671	17540	139728	88611	43000	13706	2789	19893	6612
144512	96709	9570	104048	40464	19006	13043	2789	1836	1338
1527598	435307	145563	507625	1019973	96009	18128	11916	26968	38997
134741	92892	15694	105355	29386	20322	10263		7239	2820
988631	104425	50909	104425	884206	14123	2713		11409	
274348	171581	60233	172608	101740	50514		238	20971	8263
168779	65770	12314	65970	102809	42227			18484	2700
500055	434468	142534	434468	65586	26426	14626		8600	3200
688024	565890	249509	580788	107237	79412	8646	30	27454	43282
431543	369409	157575	371478	60064	39397	2941	30	13748	22678
186955	140597	67514	152787	34167	26754	4900		5295	16559
30995916	20588949	4137271	25820488	5175428	2772424	667432	156543	1390394	552628
25098921	16154971	3267847	20892412	4206508	1979313	427552	73699	1199370	273266
963696	469057	226739	863787	99908	65234	9693	3379	26295	25868
3426447	2655555	372801	2703729	722718	568001	203028	74927	95308	194737
1123313	1046771	238820	1047251	76061	102353	22000		49431	30921
170121	136337	20845	140950	29171	18392		4172	6294	7925
1194031	968872	571729	1036974	157056	142178	26491	540	66889	48258
234303	156611	73996	216498	17805	27551	568	401	14685	11897
8520	4883	2803	4883	3637	3530			1045	2485
171230	106584	51272	134369	36861	5066				5066
116689	91254	27750	93995	22694	16990	5360	858	2371	8401

3-1-28 续表 1

项目	年初存货	流动资产合计	#应收帐款	#存货	固定资产合计	累计折旧	#本年折旧
3.按控股情况分							
国有控股	1348738	19313981	4014129	1492692	1137686	598793	99088
集体控股	71487	822253	82402	75586	119427	70010	11686
私人控股	1029901	7605714	1668538	1238806	478339	182648	38833
港澳台商控股	9000	47487	10944	11496	1035	1108	406
外商控股							
其　他	96170	563782	193240	89378	101249	32312	7634
4.按经营形式分							
独立门店	1569331	17018749	3998847	1752633	1240413	548364	110085
连锁总店(总部)	23227	1056264	19781	244526	59680	33718	3816
连锁门店	4147	71201	1273	5654	1800	2452	221
其　他	958592	10207004	1949351	905145	535844	300335	43526
5.按单位规模分							
大　型	573229	10918256	1594779	890464	826174	381793	80296
中　型	1621079	14190483	3248217	1676766	806160	399894	62068
小　型	271285	1881040	649448	273414	158510	82431	12006
微　型	89703	1363438	476808	67314	46892	20751	3277
二、零售业	**1624782**	**7038125**	**927634**	**1959855**	**1814844**	**683367**	**120418**
1.按登记注册类型分组							
内资企业	1569420	6890578	915468	1894575	1735993	661215	112830
国有企业	36117	143139	38993	31182	54701	27309	2683
集体企业	26524	87151	11347	25349	26516	20213	1431
股份合作企业	623	5198	779	506	2957	700	109
联营企业	1444	2832	956	100	345	380	
国有联营企业	26	208	20	100	6	2	
集体联营企业	1418	2624	936		339	378	
有限责任公司	257558	1279262	216205	263085	525758	178207	39005
国有独资公司	5440	88431	3922	5939	97961	12503	3202
其他有限责任公司	252118	1190831	212284	257146	427797	165704	35803
股份有限公司	206010	1120248	125594	448833	253496	132562	11476
私营企业	1033562	4224820	518420	1118971	865644	300876	57957
私营独资企业	20580	49955	9515	20583	16344	3790	595
私营合伙企业	1760	11282	-3932	1730	1625	871	232
私营有限责任公司	951827	3815754	491709	1026928	778271	267998	52614
私营股份有限公司	59395	347829	21129	69731	69404	28217	4516
其他企业	7582	27927	3175	6548	6577	967	171
港澳台商投资企业	49988	128552	12022	57932	70944	17168	6138
与港澳台商合资经营企业	31822	79735	8742	42004	41386	10203	3548
港澳台商独资企业	18152	47042	3280	15915	12493	5673	2587
港澳台商投资股份有限公司	14	1776		12	17065	1293	2
外商投资企业	5374	18995	144	7349	7906	4984	1451
中外合资经营企业	1758	5194	144	2488	5374	2736	1132
外资企业	3616	13802		4861	2532	2249	318
2.按零售行业小类分							
综合零售	224389	1428467	58490	239155	409406	148024	19285
百货零售	74410	670547	19887	66637	168747	50996	7861
超级市场零售	140992	694955	35533	162499	213732	89882	9866
其他综合零售	8987	62965	3070	10019	26927	7147	1558
食品、饮料及烟草制品专门零售	51672	147506	24992	57878	70027	20109	2438
#粮油零售	14251	33220	5455	18298	14398	3327	445
果品、蔬菜零售	4966	11892	4754	3913	33548	2128	507

单位：万元

资产总计	流动负债合计	应付帐款	负债合计	所有者权益合计	#实收资本	#国家资本	#集体资本	#法人资本	#个人资本
23992964	14829708	3489127	19469720	4523243	1637198	730963	16481	827379	57148
1284118	674848	106568	762913	521206	164005	251	148244	5211	10299
9541154	7360164	1626096	8032301	1508853	1261398	14705	3274	606332	636887
48568	25986	20382	26416	22152	21043				
829426	600870	161226	629694	199731	148375	8469	4915	124618	10373
21423805	14317239	3397187	17521938	3901867	2059516	467707	113856	952908	519619
1193850	995179	59043	996685	197165	66416	1727	35	4574	60080
100469	68994	1260	69748	30722	29919	8035	1884	20000	
12978105	8110165	1945909	10332674	2645431	1076167	276919	57138	586059	135009
13949972	7873314	1398267	11193638	2756334	651558	153167	31240	350226	116925
17838160	12622200	3020828	14539474	3298686	1840545	429018	122388	940406	322464
2271243	1686326	580716	1818423	452820	435543	42545	15045	157165	220787
1636854	1309736	403588	1369509	267345	304372	129658	4240	115743	54531
10396056	**7434184**	**1483213**	**7934091**	**2461965**	**1653766**	**273942**	**60217**	**707866**	**590889**
10141742	7259973	1442078	7754054	2387688	1612663	273942	60217	694046	584394
261012	159515	52971	162267	98745	55876	9879	110	45366	521
125504	80300	26849	84409	41096	21756	134	20395	257	970
15765	10731	9364	10758	5008	2096	567	529	1000	
3528	1426	176	1426	2102	599	299			300
565	210		210	355	299	299			
2963	1216	176	1216	1747	300				300
2053450	1510521	399890	1726596	326854	320963	156569	20759	98512	45123
223016	103223	59739	154067	68949	3006	1996		1010	
1830434	1407298	340152	1572529	257905	317957	154573	20759	97502	45123
1518326	1068793	106	1070024	448302	144974	104152	1214	36792	2816
6125330	4400927	948581	4670164	1455166	1054018	2313	17021	509898	524723
72354	41105	15764	44504	27850	21067	200	310	7239	13318
13274	11124	10302	11124	2151	1557			1044	513
5532677	3892951	869800	4152961	1379716	1008163	2113	16457	492210	497320
507025	455748	52714	461576	45449	23231		254	9405	13572
38827	27760	4140	28412	10416	12382	30	190	2222	9940
225318	145909	32018	151116	74202	34709			12470	6296
141949	91750	20152	94648	47301	18119			3970	6296
60753	29957	9686	32266	28487	16091			8000	
22616	24202	2180	24202	-1586	500			500	
28996	28303	9117	28921	75	6394			1350	199
10632	14094	2812	14094	-3462	3696			1350	199
18364	14209	6306	14828	3537	2698				
2429288	1782968	390676	1956524	472763	212147	9559	19277	71569	107431
1205485	728256	200401	855030	350456	85490	4877	8519	39672	29761
1110146	975379	158580	1013482	96664	109847	3155	6369	26225	72448
113656	79334	31695	88013	25644	16810	1527	4389	5672	5223
258993	140474	30015	165799	93194	57626	7579	5100	16833	27394
48597	27465	6674	31725	16872	6649	1219	10	1700	3720
48431	10549	2761	11599	36833	20401	421	3406	1974	14600

3-1-28 续表 2

项　目	年初存货	流动资产合计	#应收帐款	#存货	固定资产合计	累计折旧	#本年折旧
纺织、服装及日用品专门零售	70618	320143	49024	70876	120711	44925	10486
#服装零售	59469	303563	44896	64400	101713	42770	9951
文化、体育用品及器材专门零售	87711	223943	43103	92029	58563	30123	4334
#图书、报刊零售	26634	102975	35492	20037	36902	20476	2209
珠宝首饰零售	55866	106613	2806	66606	19714	9043	1978
医药及医疗器材专门零售	59739	346913	144985	70184	17115	8263	2498
#药品零售	59393	338838	144514	67333	16692	7882	2422
汽车、摩托车、燃料及零配件专门零售	933950	3720135	436988	1237935	598365	287118	46337
#汽车零售	678236	2257725	273074	739066	286929	124381	29769
机动车燃料零售	249237	1440340	157372	492520	309217	161703	16368
家用电器及电子产品专门零售	92651	338587	50872	96589	80843	18121	3674
#日用家电设备零售	65117	225832	21734	68108	67724	11778	1895
计算机、软件及辅助设备零售	8929	47591	14591	8967	3681	2743	1046
通信设备零售	3843	14072	5490	3344	1799	674	145
五金、家具及室内装修材料专门零售	72562	188703	57085	53619	47520	12028	3363
#五金零售	4650	41591	23794	4848	3331	1449	148
家具零售	6883	47715	6436	7308	29573	3614	767
货摊、无店铺及其他零售业	31490	323729	62096	41589	412294	114655	28004
3.按控股情况分							
国有控股	305291	1751485	301608	542326	660431	270759	40530
集体控股	65536	199548	32065	61949	66369	39802	5583
私人控股	1121174	4647828	559838	1212577	947680	328394	63308
港澳台商控股	29241	91049	8057	39501	63087	12559	3757
外商控股	17415	46307	2656	17909	15739	9463	3823
其　他	86126	301908	23411	85594	61538	22390	3417
4.按经营形式分							
独立门店	1352013	4967257	727754	1428182	1280047	478677	89750
连锁总店	132688	715575	37829	153512	164526	64511	8637
连锁门店	97222	374936	24256	97144	94371	42065	1429
其　他	42859	980357	137796	281017	275900	98115	20603
5.按单位规模分							
大　型	489084	2898723	304315	767524	662181	279474	39808
中　型	708349	2832866	341734	808061	875538	299660	61034
小　型	342033	1166190	242944	346651	244917	88034	17861
微　型	85316	140346	38641	37620	32207	16199	1715
6.按零售业态分							
有店铺零售	1624110	7027869	927494	1955955	1813751	682932	120340
食杂店	859	5487	1217	979	3904	381	59
便利店	10817	66947	2712	11299	21920	5794	1259
折扣店	274	1339	68	464	132	40	13
超　市	57625	152240	22999	59095	57884	18775	2697
大型超市	124065	675197	28411	145340	147339	72589	7222
仓储会员店	3537	47815	4607	8963	3428	1447	172
百货店	64349	689662	24189	53667	255831	81994	13334
专业店	681150	3213512	547296	942379	649189	252121	36194
专卖店	548031	1816799	236000	615080	360037	134705	30637
家居建材商店	62469	83484	20980	22862	25136	6704	2098
购物中心	30136	124485	18067	33190	21221	12126	5158
厂家直销中心	40800	150903	20948	62637	267730	96257	21498
无店铺零售	671	10257	140	3901	1093	435	79
#网上商店	315	9667	136	3416	853	394	63

单位：万元

资产总计	流动负债合计		负债合计	所有者权益合计					
		应付帐款			#实收资本				
						#国家资本	#集体资本	#法人资本	#个人资本
558905	381851	120559	428606	130299	92335	642	2655	36706	46233
516975	358615	110730	402490	114485	85792	518	1271	35416	43487
364022	190500	86827	192269	171753	86627	2731	1151	53256	28341
196365	94856	52442	95514	100851	51855	2731	3	47612	1510
150811	87410	29132	88054	62757	30503		1148	4159	24048
395331	254509	129715	257970	137360	131427	102939	40	13795	14654
386823	244925	125296	248345	138479	130077	102939	40	12745	14354
4782264	3600058	438478	3705631	1076632	763295	131130	21189	361326	242280
2788753	2184256	354764	2259504	529250	524040	27434	14784	272323	202129
1965633	1395202	77509	1424098	541535	232584	103691	5905	86825	36163
458322	337507	97393	356374	101948	93213	452	473	29148	63139
326338	253867	67204	268258	58080	52610	300	281	10975	41053
53112	30523	13146	30722	22390	20057	152	192	6598	13115
16271	10785	3314	10922	5349	4596			2750	1846
333507	156248	47873	165227	168280	113489	1791	2636	75239	33326
56970	42429	18224	43020	13950	12746	1671	2463	4907	3705
119579	69760	8043	72350	47229	21585	121	173	9722	11073
815425	590069	141677	705691	109734	103607	17119	7697	49993	28092
2748943	1873644	262065	2019209	729734	387057	266454	2294	113079	5230
319551	217060	59882	246805	72746	43266	374	30506	9576	2809
6693990	4871958	1061524	5163148	1530842	1117283	2313	21961	539306	553639
179959	117849	21124	120747	59212	21420			4180	6296
64140	46488	18558	49415	14725	19344			9350	199
389472	307185	60061	334768	54705	65398	4801	5457	32374	22716
7216210	4951921	1192285	5342662	1873548	1419777	214765	55836	605765	534383
1239572	733023	214396	790510	449062	86506	10803	371	31644	32719
631726	535172	36926	537839	93887	49314	32481	1188	12976	2519
1308548	1214068	39607	1263080	45468	98169	15893	2822	57481	21268
4315333	3110304	479554	3259319	1056014	452670	212099	4279	148969	81618
4218961	3129601	647057	3427847	791113	669630	45453	30766	277240	302255
1621474	1072223	322126	1120102	501372	415959	12821	22809	203673	175923
240289	122057	34476	126823	113466	115507	3569	2363	77984	31093
10383841	7422865	1479660	7922771	2461070	1650507	273942	60217	705137	590359
10851	4816	1441	5360	5491	2012		156	1230	626
109716	76268	29712	83494	26222	14018	5344	2076	2609	3989
1471	1107	387	1107	364	50				50
232788	146482	56036	154514	78274	44231	682	1552	17050	24933
994962	920776	164116	946536	48426	82372	2264	5221	16733	53856
51604	39612	26938	40912	10692	6739	18		6203	518
1339642	818162	190092	984068	355575	117521	6423	12548	53094	45456
4287663	3016994	573220	3112298	1175366	736354	182619	22002	314464	215499
2488043	1755628	328098	1891540	596503	492800	64141	12501	206577	201063
185772	80521	17091	87183	98589	83016		2100	67453	12967
238764	145972	54786	152973	85790	35703		150	11739	18814
442566	416529	37743	462787	-20221	35691	12451	1912	7984	12588
12214	11320	3554	11320	895	3259			2729	530
11383	10771	3504	10771	612	3200			2700	500

3-1-28 续表 3

项　　目	营业收入	主营业务收　入	营业成本	主营业务成　本	营业税金及附加	主营业务税金及附加	其　他业务利润
总　计	**112998384**	**108680799**	**107960984**	**104024682**	**339410**	**331282**	**509339**
一、批发业	**93096623**	**89032920**	**89831562**	**85982046**	**269731**	**263426**	**350053**
1.按登记注册类型分组							
内资企业	92986676	88923735	89731302	85882232	269564	263259	349727
国有企业	10141379	10117146	9212167	9210274	187909	187848	16273
集体企业	958036	950004	789128	784020	4933	4925	3974
股份合作企业	3271	3271	3235	3235	12	12	128
联营企业	1196	1196	1062	1062	2	2	
集体联营企业	1196	1196	1062	1062	2	2	
有限责任公司	65229353	61245843	63833551	60026984	51219	45293	301927
国有独资公司	21052057	20868873	20623924	20514877	11493	9582	245099
其他有限责任公司	44177296	40376970	43209627	39512107	39726	35711	56828
股份有限公司	3116686	3108891	3058986	3058213	2227	1974	96
私营企业	13491656	13452300	12790395	12755666	23233	23176	27328
私营独资企业	66350	66350	60091	60091	780	780	
私营合伙企业	26089	26089	27237	27237	38	38	
私营有限责任公司	12745540	12707884	12091166	12056437	20794	20737	25673
私营股份有限公司	653677	651978	611901	611901	1621	1621	1655
其他企业	45099	45083	42780	42780	29	29	
港澳台商投资企业	94057	94048	86478	86478	119	119	9
与港澳台商合资经营企业	60476	60476	57769	57769			
港澳台商独资企业	26094	26094	21358	21358	119	119	
港澳台商投资股份有限公司	7487	7478	7350	7350			9
外商投资企业	15890	15137	13782	13336	49	49	317
中外合资经营企业	15890	15137	13782	13336	49	49	317
2.按批发行业小类分							
农、林、牧产品批发	309023	304949	271904	269471	259	214	384
#谷物、豆及薯类批发	232938	232684	210877	210875	141	141	10
食品、饮料及烟草制品批发	4221206	4218177	3348189	3345592	185335	185322	7826
#米、面制品及食用油批发	210792	210718	201695	200790	560	560	-2905
烟草制品批发	3050753	3049316	2286425	2286398	182993	182984	1231
纺织、服装及家庭用品批发	428303	427502	386288	385682	1154	1153	2554
#服装批发	104400	104400	79377	79377	556	556	790
文化、体育用品及器材批发	632872	631857	599548	599046	823	811	111
医药及医疗器材批发	1232128	1228228	1126136	1125376	2216	2202	2455
#西药批发	736828	734598	681724	681146	1105	1105	1527
中药批发	335971	335191	292864	292682	869	855	925
矿产品、建材及化工产品批发	81046028	77000251	79000920	75160258	75313	69149	334544
#煤炭及制品批发	56080805	52143830	54310588	50577845	60799	54722	328644
石油及制品批发	1315976	1314112	1258150	1257780	1894	1894	2456
金属及金属矿批发	13598941	13500426	13439692	13336222	10379	10376	1387
建材批发	9323157	9317184	9295527	9292195	1172	1093	929
化肥批发	465950	464602	456525	455929	352	349	748
机械设备、五金产品及电子产品批发	4528750	4524480	4430640	4428700	3942	3888	1834
#汽车批发	495019	494801	478555	478553	1668	1666	578
计算机、软件及辅助设备批发	28011	28011	26748	26721	17	17	23
贸易经纪与代理	344932	344699	336401	336401	322	322	92
其他批发业	353380	352777	331537	331521	366	365	253

单位：万元

销售费用	管理费用	财务费用		营业利润	利润总额	应交所得税	应付职工薪酬(本年贷方累计发生额)	应交增值税
			#利息支出					
2085691	**1371336**	**544284**	**404936**	**777783**	**739878**	**238851**	**1001981**	**1248738**
1254641	**862109**	**389635**	**313984**	**601216**	**649228**	**208418**	**557140**	**964348**
1248605	859242	389521	313899	600659	648639	208277	552541	950749
109754	223158	-4733	11684	424366	435284	110133	178840	223641
105234	37822	4454	3994	17848	10302	2627	13741	20016
414	27			-288	-290		38	35
69	58			5	5	1	48	
69	58			5	5	1	48	
536527	431941	218456	207529	220098	244817	78337	266302	289860
138339	129750	96949	95650	52213	61893	23268	89492	84256
398188	302191	121507	111879	167885	182924	55069	176810	205605
37885	8367	37334	2965	-11136	-2066	261	10973	12563
457569	156971	133989	87716	-50451	-39630	16871	82332	404370
4683	315	234	49	321	324	7	232	98
2599	292	437	436	-4514	-4379		67	1
434443	142228	128227	82277	-51137	-39582	10610	79577	390616
15845	14137	5091	4954	4878	4007	6254	2456	13655
1153	899	21	11	218	218	48	268	263
5191	1228	-199	-199	1287	1313	135	3659	13549
2240	53	-199	-199	612	637		1060	9097
2950	1127			540	540	135	2544	4436
	48			135	137		56	16
846	1640	314	284	-730	-725	6	940	51
846	1640	314	284	-730	-725	6	940	51
7443	9786	3792	2307	15013	8750	166	4379	210
5381	6681	2326	1385	6733	1837	136	2980	8
98435	191357	1977	3964	397522	403679	105575	161957	170665
5119	6920	1604	941	-4930	-963	25	4388	429
41347	155931	-6779	106	390836	390991	103621	132924	162865
24197	9991	957	991	3557	5030	2009	9674	18566
8732	7626	590	601	5894	5863	1772	3916	7487
10290	11066	1253	1228	9909	8952	1882	5634	2870
56956	25390	8423	7243	12740	11201	3250	27730	15106
27142	14017	6091	5291	6357	6479	2027	12176	6224
26672	8670	2030	1749	5242	3645	969	11517	6633
993684	566029	358433	290804	165653	212767	91114	321524	734575
846914	505319	291042	247996	148505	178422	79516	272950	393954
34300	2834	14812	7723	5283	9989	1178	13996	11545
90722	30910	34452	19188	17510	21701	7533	21551	321740
6346	13774	9723	8888	-2087	4	1791	5344	3166
6206	3867	2572	1586	-2717	3863	584	729	445
49506	38768	12027	6580	-6231	-4411	2171	22921	16213
14871	5386	3609	1894	-9537	-8867	14	4333	401
506	306	109	92	326	57	231	419	84
2595	2426	1616	18	1572	1605	1491	111	1262
11536	7297	1157	849	1481	1656	762	3210	4883

3-1-28 续表 4

项　目	营业收入	主营业务收入	营业成本	主营业务成本	营业税金及附加	主营业务税金及附加	其他业务利润
3.按控股情况分							
国有控股	75919003	71909408	73705343	69896982	234808	228657	307834
集体控股	1739989	1730920	1528206	1522791	6112	6078	4167
私人控股	14060784	14020063	13330691	13295961	25667	25610	35692
港澳台商控股	94057	94048	86478	86478	119	119	9
外商控股							
其　他	1282790	1278481	1180845	1179835	3025	2963	2351
4.按经营形式分							
独立门店	64822212	60944543	62811089	59065151	148787	143887	297560
连锁总店(总部)	1913055	1902275	1702182	1691874	37459	37459	471
连锁门店	110385	110074	104708	104686	92	92	289
其　他	26250971	26076027	25213582	25120335	83393	81988	51733
5.按单位规模分							
大　型	30436278	30221887	28595455	28561416	214996	209730	295326
中　型	36440996	32690691	35265801	31542420	43497	42708	41508
小　型	7062029	7052925	6864331	6863165	8738	8588	11755
微　型	19157319	19067417	19105975	19015045	2502	2402	1465
二、零售业	**19901761**	**19647879**	**18129423**	**18042636**	**69678**	**67856**	**159286**
1.按登记注册类型分组							
内资企业	19540651	19290327	17829114	17742762	67335	65623	157822
国有企业	543783	540703	488492	486892	2428	2399	4219
集体企业	543991	537612	480314	479710	2677	2660	1455
股份合作企业	33282	33162	23419	23419	103	88	
联营企业	10112	10112	9650	9650	12	12	52
国有联营企业	720	720	650	650	2	2	
集体联营企业	9392	9392	9000	9000	10	10	52
有限责任公司	3094963	2998597	2743901	2735828	18308	18125	36170
国有独资公司	100697	100432	87544	87481	459	453	272
其他有限责任公司	2994266	2898165	2656357	2648348	17849	17671	35897
股份有限公司	5119706	5093960	4833143	4794411	4291	4285	11406
私营企业	10151623	10033096	9210640	9173358	38774	37429	104497
私营独资企业	230394	230151	204438	199387	2063	1665	835
私营合伙企业	90511	90511	87919	87919	266	266	223
私营有限责任公司	9105209	9030938	8288703	8259635	31930	30982	64449
私营股份有限公司	725510	681496	629581	626417	4516	4516	38990
其他企业	43190	43086	39554	39493	743	624	24
港澳台商投资企业	308917	305359	257530	257095	2073	1963	1375
与港澳台商合资经营企业	139255	137787	114603	114348	799	799	1214
港澳台商独资企业	155486	154358	131271	131091	1074	964	154
港澳台商投资股份有限公司	14177	13215	11656	11656	201	201	7
外商投资企业	52193	52193	42779	42779	270	270	89
中外合资经营企业	17204	17204	14396	14396	118	118	
外资企业	34989	34989	28384	28384	152	152	89
2.按零售行业小类分							
综合零售	2897646	2799021	2469897	2451001	21443	20697	91519
百货零售	1225796	1191958	1043911	1031479	10052	9757	29752
超级市场零售	1155672	1093423	962360	956763	6360	5990	59624
其他综合零售	516177	513640	463626	462759	5031	4950	2143
食品、饮料及烟草制品专门零售	470904	469761	406456	405716	3329	3119	2591
#粮油零售	60788	60663	55475	55475	96	96	197
果品、蔬菜零售	131422	131237	110902	110864	1240	1221	631

单位：万元

销售费用	管理费用	财务费用	#利息支出	营业利润	利润总额	应交所得税	应付职工薪酬(本年贷方累计发生额)	应交增值税
596049	608989	211693	196885	626837	667790	184916	417707	492496
113556	58529	17991	13614	42864	35666	3491	20568	23628
479910	168727	143209	90292	-67505	-53272	17503	88579	411511
5191	1228	-199	-199	1287	1313	135	3659	13549
59935	24637	16942	13392	-2267	-2270	2373	26627	23165
730675	567821	269521	222325	370194	410084	131172	357696	410835
68230	35617	7511	3	63561	65670	19762	23803	35318
1949	3350	1070	980	-803	-762	67	1345	698
453787	255322	111534	90677	168264	174236	57417	174296	517497
492987	450530	150189	153232	560521	576408	158526	337075	340328
625554	321846	190322	121863	65145	89380	43474	170523	589537
116958	67549	45797	35057	-33416	-22041	2921	44919	28374
19142	22184	3328	3832	8966	5481	3497	4622	6110
831049	**509227**	**154648**	**90952**	**176568**	**90650**	**30434**	**444841**	**284390**
799811	494177	151211	88909	167646	81846	26254	431267	278122
30629	17238	690	286	5728	5615	1593	15345	5904
12470	17659	1480	598	24933	4154	471	8883	3951
36	619	-9	21	9114	9116		71	
	344	53		52	104		121	
	8			60	60		42	
	336	53		-8	44		79	
134104	101440	30534	21825	50454	-7829	8020	86868	46784
4139	5009	1935	242	1761	2157	35	2837	495
129964	96430	28599	21583	48693	-9986	7986	84031	46289
164741	40955	5260	2106	48048	45355	3228	69847	90756
456040	314595	112286	64057	30420	26507	12933	248417	130690
7708	9330	1704	992	5551	3976	185	9636	1549
1079	725	15	2	508	311	85	703	420
363337	289816	107609	61872	34537	27986	12291	209789	115159
83916	14725	2959	1192	-10176	-5765	372	28289	13563
1792	1327	916	15	-1102	-1177	9	1716	37
22794	12069	2999	1677	11492	11351	4054	9186	4796
11220	6453	2697	1266	3525	3622	1763	6631	1463
9932	4241	214	410	8754	8510	2291	2038	3092
1642	1376	89		-788	-781		518	242
8444	2980	439	367	-2571	-2546	126	4388	1471
2971	2168	319	325	-2767	-2755		2421	219
5473	812	120	42	197	208	126	1967	1252
214926	118466	42462	21412	43958	2031	8647	105837	62302
74976	63818	23634	10291	19053	18177	7188	42889	42366
133549	47431	16939	9945	-7370	-17325	1069	57991	18464
6401	7217	1888	1176	32274	1179	391	4957	1473
22864	15449	3275	2526	20456	21243	792	14976	6239
2279	1892	665	412	670	1783	12	1219	71
3566	1912	698	434	13593	13465	18	1681	315

3-1-28 续表 5

项　　目	营业收入	主营业务收入	营业成本	主营业务成本	营业税金及附加	主营业务税金及附加	其他业务利润
纺织、服装及日用品专门零售	917502	901649	757539	757237	7261	7010	12604
#服装零售	830292	815255	677414	677203	7017	6795	12335
文化、体育用品及器材专门零售	451497	447866	378221	375284	5582	5544	2869
#图书、报刊零售	195383	192010	151675	149671	509	488	2244
珠宝首饰零售	229433	229218	203703	202772	5034	5017	335
医药及医疗器材专门零售	652905	651682	585389	585164	1480	1479	1146
#药品零售	644183	642962	577673	577447	1467	1465	1146
汽车、摩托车、燃料及零配件专门零售	12498211	12394316	11766081	11716985	14236	14105	34640
#汽车零售	6341656	6327874	5998665	5990004	8774	8694	22958
机动车燃料零售	6060842	6034029	5737616	5697245	5346	5304	11499
家用电器及电子产品专门零售	1007007	996714	909695	902343	3218	2933	7609
#日用家电设备零售	654001	646342	588710	584071	1809	1617	4805
计算机、软件及辅助设备零售	132797	132107	120325	119170	494	472	285
通信设备零售	74746	73434	69348	67859	522	452	1835
五金、家具及室内装修材料专门零售	509438	501101	400469	398420	9997	9853	1468
#五金零售	83191	83086	77649	77649	575	572	105
家具零售	250630	245009	189621	189606	6106	6106	1209
货摊、无店铺及其他零售业	496652	485769	455675	450487	3133	3117	4839
3.按控股情况分							
国有控股	6611628	6567924	6185300	6140192	10104	9959	24825
集体控股	903775	894878	811726	810053	4050	3953	4940
私人控股	11063862	10933660	10032381	9993516	43940	42474	118656
港澳台商控股	217897	215443	178554	178300	1306	1306	1221
外商控股	129765	128661	109933	109753	1015	905	154
其　他	974833	907313	811528	810822	9264	9260	9491
4.按经营形式分							
独立门店	15156288	14969582	13808209	13755041	59867	58172	105806
连锁总店	2165827	2153599	1948452	1942749	4506	4422	12658
连锁门店	1576231	1527137	1437118	1413155	2988	2986	39511
其　他	1003415	997561	935644	931691	2317	2276	1310
5.按单位规模分							
大　型	8676224	8578884	8005386	7963382	21156	20851	77390
中　型	7685972	7609149	6987418	6956974	28080	27596	60563
小　型	3123420	3048899	2769310	2758240	17738	16770	19626
微　型	416145	410946	367309	364040	2704	2639	1707
6.按零售业态分							
有店铺零售	19865674	19611895	18101148	18014361	69510	67688	159278
食杂店	52352	52352	40978	40978	55	54	107
便利店	384349	380916	331233	329796	4510	4439	1871
折扣店	1367	1367	1233	1233			
超　市	443245	438424	378929	377277	3334	3113	3400
大型超市	1044977	980382	870219	864571	5097	4939	61110
仓储会员店	434055	370791	371603	371543	55	55	
百货店	1612432	1571144	1349927	1337976	11214	10887	32432
专业店	8823222	8782197	8172504	8129284	20408	19886	35642
专卖店	5584911	5561676	5232944	5212264	11562	11389	15219
家居建材商店	250722	248473	204344	202528	7374	7253	1209
购物中心	512103	503425	442311	442216	4451	4242	7294
厂家直销中心	721940	720747	704923	704697	1451	1431	995
无店铺零售	36087	35984	28275	28275	169	169	8
#网上商店	34080	33977	26514	26514	168	168	

单位：万元

销售费用	管理费用	财务费用		营业利润	利润总额	应交所得税	应付职工薪酬（本年贷方累计发生额）	应交增值税
			#利息支出					
69207	52441	7880	5535	25797	28283	1040	37238	22619
66169	49513	7205	4936	25490	27865	767	33473	21931
43060	16601	4006	392	6377	4427	2694	18106	9734
28394	9258	46	91	6631	5553	1524	11567	3512
12928	6407	3893	250	-1450	-1594	1048	5265	4009
36414	19879	2300	1844	7936	7045	2337	23360	11783
35279	19572	2084	1628	8603	7697	2336	22925	11695
340814	198047	74034	45699	24318	27254	9914	179911	154817
155844	136516	60780	36581	-15171	-13211	5839	99499	57755
184291	60268	13059	8936	39120	40650	4065	79261	96735
53974	28310	4806	2759	5079	4266	1532	20521	8008
38309	18651	3148	2114	448	-485	866	13512	3566
3333	3734	738	317	4277	4421	283	2823	999
3660	1504	259	77	349	264	53	1374	1246
27700	23283	3869	1856	38509	17176	323	21119	3239
1949	2778	409	297	-176	61	83	1320	607
12287	10612	2772	1457	23628	3331	65	5052	2002
22090	36750	12017	8928	4138	-21074	3156	23774	5649
249389	90976	15457	10467	74928	43987	11035	123888	128104
27318	30998	4841	2407	22030	4395	688	21217	7318
494818	342177	123479	71652	41652	33892	13181	269283	139120
17265	9525	3150	1607	8137	7973	3386	8759	2072
13314	5503	257	437	-197	-149	667	4535	2546
28946	30047	7465	4384	30017	552	1476	17160	5231
571430	408671	129186	75537	130799	87854	20376	333204	244756
124939	45274	13128	6503	33612	16309	4070	52318	19518
101331	17448	2356	817	-8143	-4302	481	33794	14912
33349	37834	9978	8096	20299	-9210	5507	25526	5203
384480	146359	48032	30082	86775	44862	14561	166376	147274
321296	251701	83991	48922	26743	28963	10618	191148	104385
104292	92216	21116	11025	60512	14518	4838	66886	27832
20982	18951	1510	924	2537	2308	417	20432	4900
829854	500417	154403	90686	179167	92847	30426	443931	284346
722	745	121	103	9732	9829	14	682	8
9684	7416	1711	1430	29838	-1005	423	5441	1637
153	72	10		-100	-102		12	
34224	18632	3559	2175	4940	4846	895	21312	3567
131519	33662	14046	9662	-6340	-17872	609	51507	19645
347	1541	633	466	-3387	-3377	2	1160	201
70865	83950	28767	12372	72272	51993	7422	44657	43072
321004	171473	45174	30314	77663	80135	11822	160017	150390
174336	123283	49330	25616	-6134	-4190	6568	97304	43932
18290	13990	2528	1189	4191	3034	168	17334	607
45941	29420	2273	1161	-9968	-5936	728	23005	18211
22771	16234	6252	6199	6460	-24508	1777	21501	3077
1195	8810	246	266	-2600	-2197	8	910	44
1008	8776	195	216	-2581	-2178	8	881	43

批发和零售业统计口径及主要指标解释

一、统计口径范围

本资料来源于全国第三次经济普查中在山西省境内所有注册从事批发零售活动的法人企业基本信息和财务状况。

二、主要指标解释

批发业 指向其他批发或零售单位（含个体经营者）及其他企事业单位、机关团体等批量销售生活用品、生产资料的活动，以及从事进出口贸易和贸易经纪与代理的活动。

零售业 指百货商店、超级市场、专门零售商店、品牌专卖店、售货摊等主要面向最终消费者（如居民等）的销售活动，以互联网、邮政、电话、售货机等方式的销售活动，还包括在同一地点，后面加工生产，前面销售的店铺（如面包房）。

批发和零售业法人企业 指具备如下条件的批发零售贸易企业：(1)依法成立，有自己的名称、组织机构和场所，能够承担民事责任；(2)独立拥有和使用资产，承担负债，有权与其他单位签订合同；(3)独立核算盈亏，并能够编制包括资产负债表在内的全部会计帐户。

限额以上批发企业 年主营业务收入 2000 万元及以上为限额以上批发企业。

限额以上零售企业 年主营业务收入 500 万元及以上为限额以上零售企业。

批发和零售业零售额 指专门从事商品专卖业务的、各种经济类型的批发和零售业企业、产业活动单位和个体户，直接售给居民和社会集团的消费品零售额。

零售业态 指零售企业（单位）为满足不同的消费需求进行相应的要素组合而形成的不同经营形态；分类原则是，零售业态按零售店铺的结构特点，根据其经营方式、商品结构、服务功能，以及选址、商圈、规模、店堂设施、目标顾客和有无固定营业场所进行分类。

零售业态从总体上可以分为有店铺零售业态和无店铺零售业态两类。按照零售业态分类原则分为食杂店、便利店、折扣店、超市、大型超市、仓储会员店、百货店、专业店、专卖店、家居建材商店、购物中心、厂家直销中心、电视购物、邮购、网上商店、自动售货亭、电话购物等 17 种零售业态。

商品购进额 指从本企业以外的单位和个人购进（包括从国外直接进口）作为转卖或加工后转卖的商品金额（含增值税）。本指标反映批发和零售业从国内外市场上购进商品的总价。

商品销售额 指对本单位以外的单位和个人出售的商品金额（包括售给本单位消费用的商品，含增值税），本指标反映批发和零售业在国内市场上销售商品以及出口商品的总量。

固定资产合计 指企业为生产商品、提供劳务、出租或经营管理而持有的，使用寿命超过一个会计年度的有形资产。包括使用期限超过一年的房屋、建筑物、机器、机械、运输工具以及其他与生产、经营有关的设备、器具、工具等。

资产合计 指企业过去的交易或者事项形成的、由企业拥有或者控制的、预期会给企业带来经济利益的资源。资产一般按流动性分为流动资产和非流动资产。

负债合计 指企业过去的交易或者事项形成的，预期会导致经济利益流出企业的现时义务。负债一般按偿还期长短分为流动负债和非流动负债。

所有者权益合计 指企业资产扣除负债后由所有者享有的剩余权益。公司的所有者权益又称股东权益。包括实收资本、资本公积、盈余公积、未分配利润等。

主营业务收入 指企业确认的销售商品、提供劳务等主营业务的收入。

销售费用 指企业从事施工生产活动过程中发生的各项费用，包括应由企业负担的运输费、装卸费、包装费、保险费、维修费、展览费、差旅费、**广告费**和其他经费。

营业利润 指企业从事生产经营活动所取得的利润。

利润总额 指企业在一定会计期间的经营成果，是生产经营过程中各种收入扣除各种耗费后的盈余，反映企业在报告期内实现的亏盈总额。

应付职工薪酬 指企业为获得职工提供的服务而给予各种形式的报酬以及其他相关支出。包括职工工资、奖金、津贴和补贴，职工福利费，医疗保险费、养老保险费、失业保险费、工伤保险费和生育保险费等社会保险费，住房公积金，工会经费和职工教育经费，非货币性福利，因解除与职工的劳动关系给予的补偿，其他与获得职工提供的服务相关的支出。

第2篇

住宿和餐饮业经营及财务情况

资料整理和校对：　张艳君　邓　娜

3-2-1 住宿业企业法人基本情况

项 目	单位数 (个)	年末从业人数 (人)
总 计	**1472**	**69443**
按国民经济行业分组		
旅游饭店	375	38774
一般旅馆	885	25169
其他住宿业	212	5500
按登记注册类型分组		
内资企业	1467	68807
国有企业	164	12344
集体企业	91	3025
股份合作企业	4	120
联营企业	3	47
国有联营企业		
集体联营企业	3	47
国有与集体联营企业		
其他联营企业		
有限责任公司	148	12256
国有独资公司	4	140
其他有限责任公司	144	12116
股份有限公司	30	2306
私营企业	999	37937
私营独资企业	309	5626
私营合伙企业	28	568
私营有限责任公司	632	30636
私营股份有限公司	30	1107
其他企业	28	772
港、澳、台商投资企业	3	566
合资经营企业	2	524
合作经营企业		
独资经营企业	1	42
投资股份有限公司		
其他港澳台商投资企业		
外商投资企业	2	70
中外合资经营企业		
中外合作经营企业		
外资企业	1	15
外商投资股份有限公司		
其他外商投资企业	1	55

3-2-2　住宿业企业法人财务状况

单位：万元

项　目	营业收入	资产总计
总　计	**617740**	**1952666**
按国民经济行业分组		
旅游饭店	373511	1212522
一般旅馆	197166	638399
其他住宿业	47064	101744
按登记注册类型分组		
内资企业	610360	1929501
国有企业	106462	339762
集体企业	23744	76462
股份合作企业	286	977
联营企业	466	247
国有联营企业		
集体联营企业	466	247
国有与集体联营企业		
其他联营企业		
有限责任公司	122790	320523
国有独资公司	2751	4611
其他有限责任公司	120039	315912
股份有限公司	14405	39796
私营企业	333959	1134470
私营独资企业	43141	111482
私营合伙企业	3484	14743
私营有限责任公司	276175	988530
私营股份有限公司	11159	19716
其他企业	8247	17265
港、澳、台商投资企业	7059	15510
合资经营企业	6863	12639
合作经营企业		
独资经营企业	196	2871
投资股份有限公司		
其他港澳台商投资企业		
外商投资企业	321	7655
中外合资经营企业		
中外合作经营企业		
外资企业		7074
外商投资股份有限公司		
其他外商投资企业	321	581

3-2-3 餐饮业企业法人基本情况

项 目	单位数 (个)	年末从业人数 (人)
总 计	**1865**	**99709**
按国民经济行业分组		
正餐服务	1605	87250
快餐服务	107	9110
饮料及冷饮服务	37	644
茶馆服务	13	116
咖啡馆服务	14	250
酒吧服务	3	165
其他饮料及冷饮服务	7	113
其他餐饮业	116	2705
小吃服务	18	202
餐饮配送服务	22	643
其他未列明餐饮业	76	1860
按登记注册类型分组		
内资企业	1856	92943
国有企业	51	3353
集体企业	38	876
股份合作企业	7	247
联营企业	1	14
国有联营企业		
集体联营企业	1	14
国有与集体联营企业		
其他联营企业		
有限责任公司	238	17126
国有独资公司	3	1416
其他有限责任公司	235	15710
股份有限公司	31	1558
私营企业	1451	68495
私营独资企业	407	11026
私营合伙企业	32	689
私营有限责任公司	980	54983
私营股份有限公司	32	1797
其他企业	39	1274
港、澳、台商投资企业	3	123
合资经营企业	1	6
合作经营企业		
独资经营企业	2	117
投资股份有限公司		
其他港澳台商投资企业		
外商投资企业	6	6643
中外合资经营企业	2	88
中外合作经营企业	1	160
外资企业	2	6392
外商投资股份有限公司	1	3
其他外商投资企业		

3-2-4　餐饮业企业法人财务状况

单位：万元

项　目	营业收入	资产总计
总　计	**976069**	**2040518**
按国民经济行业分组		
正餐服务	844954	1935594
快餐服务	106670	37882
饮料及冷饮服务	3135	4527
茶馆服务	498	848
咖啡馆服务	1702	1533
酒吧服务	310	109
其他饮料及冷饮服务	625	2037
其他餐饮业	21310	62515
小吃服务	1843	2053
餐饮配送服务	4382	7063
其他未列明餐饮业	15085	53399
按登记注册类型分组		
内资企业	890512	2015136
国有企业	22912	31871
集体企业	6403	14108
股份合作企业	3097	4002
联营企业	137	400
国有联营企业		
集体联营企业	137	400
国有与集体联营企业		
其他联营企业		
有限责任公司	205580	583394
国有独资公司	23891	113299
其他有限责任公司	181689	470095
股份有限公司	8510	20844
私营企业	635491	1349273
私营独资企业	90599	116862
私营合伙企业	4630	4932
私营有限责任公司	516731	1168325
私营股份有限公司	23531	59153
其他企业	8382	11245
港、澳、台商投资企业	1571	1248
合资经营企业	13	77
合作经营企业		
独资经营企业	1558	1171
投资股份有限公司		
其他港澳台商投资企业		
外商投资企业	83986	24135
中外合资经营企业	3995	203
中外合作经营企业	1597	778
外资企业	78394	23143
外商投资股份有限公司		10
其他外商投资企业		

3-2-5 按行业、单位规模分组的

行业	单位数（个）	大型	中型	小型
住宿和餐饮业	**3337**	**8**	**136**	**1635**
住宿业	**1472**	**2**	**66**	**665**
旅游饭店	375	2	55	224
旅游饭店	375	2	55	224
一般旅馆	885		9	355
一般旅馆	885		9	355
其他住宿业	212		2	86
其他住宿业	212		2	86
餐饮业	**1865**	**6**	**70**	**970**
正餐服务	1605	5	65	887
正餐服务	1605	5	65	887
快餐服务	107	1	5	33
快餐服务	107	1	5	33
饮料及冷饮服务	37			9
茶馆服务	13			2
咖啡馆服务	14			4
酒吧服务	3			1
其他饮料及冷饮服务	7			2
其他餐饮业	116			41
小吃服务	18			3
餐饮配送服务	22			9
其他未列明餐饮业	76			29

3-2-5 续表

行业	营业收入（万元）	大型	中型	小型
住宿和餐饮业	**1593809**	**161930**	**526724**	**841359**
住宿业	**617740**	**23078**	**224948**	**341206**
旅游饭店	373511	23078	188501	158557
旅游饭店	373511	23078	188501	158557
一般旅馆	197166		30227	146161
一般旅馆	197166		30227	146161
其他住宿业	47064		6219	36487
其他住宿业	47064		6219	36487
餐饮业	**976069**	**138852**	**301776**	**500154**
正餐服务	844954	69371	278395	467647
正餐服务	844954	69371	278395	467647
快餐服务	106670	69481	23381	11371
快餐服务	106670	69481	23381	11371
饮料及冷饮服务	3135			2376
茶馆服务	498			349
咖啡馆服务	1702			1232
酒吧服务	310			275
其他饮料及冷饮服务	625			520
其他餐饮业	21310			18760
小吃服务	1843			1644
餐饮配送服务	4382			3867
其他未列明餐饮业	15085			13249

住宿餐饮业企业法人基本情况

微型	年末从业人员数(人)				
		大型	中型	小型	微型
1558	**169152**	**12507**	**39305**	**95190**	**22150**
739	**69443**	**1321**	**18431**	**39406**	**10285**
94	38774	1321	15695	19244	2514
94	38774	1321	15695	19244	2514
521	25169		2263	16633	6273
521	25169		2263	16633	6273
124	5500		473	3529	1498
124	5500		473	3529	1498
819	**99709**	**11186**	**20874**	**55784**	**11865**
648	87250	5154	19980	52289	9827
648	87250	5154	19980	52289	9827
68	9110	6032	894	1325	859
68	9110	6032	894	1325	859
28	644			288	356
11	116			50	66
10	250			142	108
2	165			25	140
5	113			71	42
75	2705			1882	823
15	202			67	135
13	643			455	188
47	1860			1360	500

微型	资产总计(万元)				
		大型	中型	小型	微型
63795	**3993184**	**219485**	**1391617**	**1819381**	**562702**
28508	**1952666**	**48571**	**632547**	**968562**	**302986**
3374	1212522	48571	535036	483271	145645
3374	1212522	48571	535036	483271	145645
20777	638399		90510	420721	127168
20777	638399		90510	420721	127168
4357	101744		7001	64571	30172
4357	101744		7001	64571	30172
35287	**2040518**	**170914**	**759070**	**850818**	**259716**
29541	1935594	147796	754660	818304	214834
29541	1935594	147796	754660	818304	214834
2437	37882	23118	4411	5728	4626
2437	37882	23118	4411	5728	4626
759	4527			3124	1403
149	848			517	331
470	1533			699	834
35	109			9	100
106	2037			1899	138
2549	62515			23662	38853
199	2053			1374	679
515	7063			6000	1063
1836	53399			16288	37111

3-2-6 按行业、控股类型分组的

	单位数(个)	国有控股	集体控股	私人控股	港澳台商控股
住宿和餐饮业	**3337**	**273**	**174**	**2762**	**5**
住宿业	**1472**	**197**	**113**	**1116**	**2**
旅游饭店	375	78	23	255	2
旅游饭店	375	78	23	255	2
一般旅馆	885	102	77	685	
一般旅馆	885	102	77	685	
其他住宿业	212	17	13	176	
其他住宿业	212	17	13	176	
餐饮业	**1865**	**76**	**61**	**1646**	**3**
正餐服务	1605	64	53	1422	3
正餐服务	1605	64	53	1422	3
快餐服务	107			104	
快餐服务	107			104	
饮料及冷饮服务	37	1		33	
茶馆服务	13			13	
咖啡馆服务	14			12	
酒吧服务	3			3	
其他饮料及冷饮服务	7	1		5	
其他餐饮业	116	11	8	87	
小吃服务	18	2		12	
餐饮配送服务	22	1		19	
其他未列明餐饮业	76	8	8	56	

3-2-6 续表

	营业收入(万元)	国有控股	集体控股	私人控股	港澳台商控股
住宿和餐饮业	**1593809**	**246287**	**69375**	**1109781**	**8125**
住宿业	**617740**	**150807**	**39231**	**384546**	**4969**
旅游饭店	373511	114162	18766	200199	4969
旅游饭店	373511	114162	18766	200199	4969
一般旅馆	197166	30636	19596	145007	
一般旅馆	197166	30636	19596	145007	
其他住宿业	47064	6009	869	39340	
其他住宿业	47064	6009	869	39340	
餐饮业	**976069**	**95480**	**30144**	**725235**	**3156**
正餐服务	844954	92751	29190	680657	3156
正餐服务	844954	92751	29190	680657	3156
快餐服务	106670			28270	
快餐服务	106670			28270	
饮料及冷饮服务	3135			2594	
茶馆服务	498			498	
咖啡馆服务	1702			1545	
酒吧服务	310			310	
其他饮料及冷饮服务	625			241	
其他餐饮业	21310	2729	954	13714	
小吃服务	1843	40		375	
餐饮配送服务	4382	190		3666	
其他未列明餐饮业	15085	2499	954	9674	

住宿餐饮业企业法人基本情况

外商控股	其他	年末从业人员数(人)	国有控股	集体控股	私人控股	港澳台商控股	外商控股	其他
7	**116**	**169152**	**25143**	**7539**	**121905**	**647**	**6502**	**7416**
1	**43**	**69443**	**16037**	**5210**	**43973**	**370**	**15**	**3838**
1	16	38774	11220	2275	21740	370	15	3154
1	16	38774	11220	2275	21740	370	15	3154
	21	25169	4272	2770	17626			501
	21	25169	4272	2770	17626			501
	6	5500	545	165	4607			183
	6	5500	545	165	4607			183
6	**73**	**99709**	**9106**	**2329**	**77932**	**277**	**6487**	**3578**
3	60	87250	8643	2153	73041	277	91	3045
3	60	87250	8643	2153	73041	277	91	3045
2	1	9110			2715		6392	3
2	1	9110			2715		6392	3
1	2	644	2		563		4	75
		116			116			
1	1	250			230		4	16
		165			165			
	1	113	2		52			59
	10	2705	461	176	1613			455
	4	202	10		103			89
	2	643	50		439			154
	4	1860	401	176	1071			212

外商控股	其他	资产总计(万元)	国有控股	集体控股	私人控股	港澳台商控股	外商控股	其他
82509	**77732**	**3993184**	**802460**	**173681**	**2817088**	**13733**	**30720**	**155503**
	38187	**1952666**	**447997**	**109648**	**1270938**	**11783**	**7074**	**105226**
	35415	1212522	373959	67699	655185	11783	7074	96822
	35415	1212522	373959	67699	655185	11783	7074	96822
	1926	638399	67564	40291	524599			5946
	1926	638399	67564	40291	524599			5946
	846	101744	6474	1658	91154			2458
	846	101744	6474	1658	91154			2458
82509	**39545**	**2040518**	**354464**	**64033**	**1546150**	**1949**	**23645**	**50277**
3995	35206	1935594	353365	58827	1474709	1949	213	46531
3995	35206	1935594	353365	58827	1474709	1949	213	46531
78394	6	37882			14737		23143	2
78394	6	37882			14737		23143	2
121	420	4527	2		2307		289	1929
		848			848			
121	36	1533			1207		289	37
		109			109			
	384	2037	2		143			1892
	3913	62515	1096	5207	54397			1815
	1428	2053	202		1516			335
	526	7063	145		5818			1100
	1959	53399	750	5207	47063			380

3-2-7 按行业、登记注册类型分组的

行 业	单位数（个）	内资	国有	集体	股份合作	联营	国有联营
住宿和餐饮业	**3337**	**3323**	**215**	**129**	**11**	**4**	
住宿业	**1472**	**1467**	**164**	**91**	**4**	**3**	
旅游饭店	375	371	58	15	1	1	
旅游饭店	375	371	58	15	1	1	
一般旅馆	885	884	93	65	1	1	
一般旅馆	885	884	93	65	1	1	
其他住宿业	212	212	13	11	2	1	
其他住宿业	212	212	13	11	2	1	
餐饮业	**1865**	**1856**	**51**	**38**	**7**	**1**	
正餐服务	1605	1598	40	33	7	1	
正餐服务	1605	1598	40	33	7	1	
快餐服务	107	105					
快餐服务	107	105					
饮料及冷饮服务	37	37	1				
茶馆服务	13	13					
咖啡馆服务	14	14					
酒吧服务	3	3					
其他饮料及冷饮服务	7	7	1				
其他餐饮业	116	116	10	5			
小吃服务	18	18	2				
餐饮配送服务	22	22	1				
其他未列明餐饮业	76	76	7	5			

住宿餐饮业企业法人单位数

集体联营	国有与集体联营	其他联营	有限责任公司	国有独资公司	其他有限责任公司	股份有限公司	私营	私营独资
4			**386**	**7**	**379**	**61**	**2450**	**716**
3			**148**	**4**	**144**	**30**	**999**	**309**
1			53	2	51	13	224	46
1			53	2	51	13	224	46
1			69	2	67	12	628	212
1			69	2	67	12	628	212
1			26		26	5	147	51
1			26		26	5	147	51
1			**238**	**3**	**235**	**31**	**1451**	**407**
1			204	3	201	25	1258	325
1			204	3	201	25	1258	325
			8		8	2	93	37
			8		8	2	93	37
			7		7	3	26	11
			1		1	1	11	7
			4		4	2	8	1
			1		1		2	1
			1		1		5	2
			19		19	1	74	34
			2		2		12	9
			4		4		16	7
			13		13	1	46	18

3-2-7 续表

行业	私营合伙	私营有限责任公司	私营股份有限公司	其他	港、澳、台商投资	港澳台商合资经营	港澳台商合作经营
住宿和餐饮业	**60**	**1612**	**62**	**67**	**6**	**3**	
住宿业	**28**	**632**	**30**	**28**	**3**	**2**	
旅游饭店	3	171	4	6	3	2	
旅游饭店	3	171	4	6	3	2	
一般旅馆	17	379	20	15			
一般旅馆	17	379	20	15			
其他住宿业	8	82	6	7			
其他住宿业	8	82	6	7			
餐饮业	**32**	**980**	**32**	**39**	**3**	**1**	
正餐服务	26	882	25	30	3	1	
正餐服务	26	882	25	30	3	1	
快餐服务	3	50	3	2			
快餐服务	3	50	3	2			
饮料及冷饮服务	1	13	1				
茶馆服务	1	3					
咖啡馆服务		7					
酒吧服务		1					
其他饮料及冷饮服务		2	1				
其他餐饮业	2	35	3	7			
小吃服务	1	2		2			
餐饮配送服务		7	2	1			
其他未列明餐饮业	1	26	1	4			

港澳台商独　资	港澳台商投资股份有限公司	其他港澳台商投资	外商投资企　业	中外合资经　营	中外合作经　营	外资企业	外商投资股份有限公　司	其他外商投　资
3			**8**	**2**	**1**	**3**	**1**	**1**
1			**2**			**1**		**1**
1			1			1		
1			1			1		
			1					1
			1					1
2			**6**	**2**	**1**	**2**	**1**	
2			4	2	1		1	
2			4	2	1		1	
			2			2		
			2			2		

3-2-8 按行业、登记注册类型分组的

行业	年末从业人员数(人)	内资	国有	集体	股份合作	联营	国有联营
住宿和餐饮业	**169152**	**161750**	**15697**	**3901**	**367**	**61**	
住宿业	**69443**	**68807**	**12344**	**3025**	**120**	**47**	
旅游饭店	38774	38193	7941	1385	30	18	
旅游饭店	38774	38193	7941	1385	30	18	
一般旅馆	25169	25114	3937	1498	66	21	
一般旅馆	25169	25114	3937	1498	66	21	
其他住宿业	5500	5500	466	142	24	8	
其他住宿业	5500	5500	466	142	24	8	
餐饮业	**99709**	**92943**	**3353**	**876**	**247**	**14**	
正餐服务	87250	86876	2892	809	247	14	
正餐服务	87250	86876	2892	809	247	14	
快餐服务	9110	2718					
快餐服务	9110	2718					
饮料及冷饮服务	644	644	2				
茶馆服务	116	116					
咖啡馆服务	250	250					
酒吧服务	165	165					
其他饮料及冷饮服务	113	113	2				
其他餐饮业	2705	2705	459	67			
小吃服务	202	202	10				
餐饮配送服务	643	643	50				
其他未列明餐饮业	1860	1860	399	67			

住宿餐饮业企业法人从业人员数

集体联营	国有与集体联营	其他联营	有限责任公司	国有独资公司	其他有限责任公司	股份有限公司	私营	私营独资
61			**29382**	**1556**	**27826**	**3864**	**106432**	**16652**
47			**12256**	**140**	**12116**	**2306**	**37937**	**5626**
18			8208	113	8095	1532	18586	1769
18			8208	113	8095	1532	18586	1769
21			3050	27	3023	614	15759	2794
21			3050	27	3023	614	15759	2794
8			998		998	160	3592	1063
8			998		998	160	3592	1063
14			**17126**	**1416**	**15710**	**1558**	**68495**	**11026**
14			15933	1416	14517	1451	64400	9817
14			15933	1416	14517	1451	64400	9817
			352		352	41	2305	571
			352		352	41	2305	571
			150		150	49	443	104
			8		8	9	99	44
			33		33	40	177	20
			50		50		115	25
			59		59		52	15
			691		691	17	1347	534
			51		51		103	65
			204		204		359	126
			436		436	17	885	343

3-2-8 续表

行业	私营合伙	私营有限责任公司	私营股份有限公司	其他	港、澳、台商投资	港澳台商合资经营	港澳台商合作经营
住宿和餐饮业	**1257**	**85619**	**2904**	**2046**	**689**	**530**	
住宿业	**568**	**30636**	**1107**	**772**	**566**	**524**	
旅游饭店	180	16200	437	493	566	524	
旅游饭店	180	16200	437	493	566	524	
一般旅馆	236	12178	551	169			
一般旅馆	236	12178	551	169			
其他住宿业	152	2258	119	110			
其他住宿业	152	2258	119	110			
餐饮业	**689**	**54983**	**1797**	**1274**	**123**	**6**	
正餐服务	630	52322	1631	1130	123	6	
正餐服务	630	52322	1631	1130	123	6	
快餐服务	18	1667	49	20			
快餐服务	18	1667	49	20			
饮料及冷饮服务	20	307	12				
茶馆服务	20	35					
咖啡馆服务		157					
酒吧服务		90					
其他饮料及冷饮服务		25	12				
其他餐饮业	21	687	105	124			
小吃服务	20	18		38			
餐饮配送服务		198	35	30			
其他未列明餐饮业	1	471	70	56			

港澳台商独资	港澳台商投资股份有限公司	其他港澳台商投资	外商投资企业	中外合资经营	中外合作经营	外资企业	外商投资股份有限公司	其他外商投资
159			**6713**	**88**	**160**	**6407**	**3**	**55**
42			**70**			**15**		**55**
42			15			15		
42			15			15		
			55					55
			55					55
117			**6643**	**88**	**160**	**6392**	**3**	
117			251	88	160		3	
117			251	88	160		3	
			6392			6392		
			6392			6392		

3-2-9 按行业、登记注册类型分组的

行业	营业收入(万元)	内资	国有	集体	股份合作	联营	国有联营	集体联营
住宿和餐饮业	**1593809**		**1500872**	**129374**	**30147**		**3383**	**603**
住宿业	**617740**		**610360**	**106462**	**23744**		**286**	**466**
旅游饭店	373511		366452	72531	12174			439
旅游饭店	373511		366452	72531	12174			439
一般旅馆	197166		196845	28387	10757		136	
一般旅馆	197166		196845	28387	10757		136	
其他住宿业	47064		47064	5545	814		150	28
其他住宿业	47064		47064	5545	814		150	28
餐饮业	**976069**		**890512**	**22912**	**6403**		**3097**	**137**
正餐服务	844954		837791	20183	6313		3097	137
正餐服务	844954		837791	20183	6313		3097	137
快餐服务	106670		28276					
快餐服务	106670		28276					
饮料及冷饮服务	3135		3135					
茶馆服务	498		498					
咖啡馆服务	1702		1702					
酒吧服务	310		310					
其他饮料及冷饮服务	625		625					
其他餐饮业	21310		21310	2729	90			
小吃服务	1843		1843	40				
餐饮配送服务	4382		4382	190				

住宿餐饮业企业法人营业收入

国有与集体联营	其他联营	有限责任公司	国有独资公司	其他有限责任公司	股份有限公司	私营	私营独资	私营合伙	私营有限责任公司
	603				**328371**	**26643**	**301728**	**22916**	**969450**
	466				**122790**	**2751**	**120039**	**14405**	**333959**
	439				93530	2255	91275	10916	169977
	439				93530	2255	91275	10916	169977
					22434	496	21938	2309	131780
					22434	496	21938	2309	131780
	28				6826		6826	1181	32202
	28				6826		6826	1181	32202
	137				**205580**	**23891**	**181689**	**8510**	**635491**
	137				189479	23891	165588	8154	602441
	137				189479	23891	165588	8154	602441
					9118		9118	81	19009
					9118		9118	81	19009
					698		698	203	2234
					1		1	18	479
					313		313	185	1204
									310
					384		384		241
					6285		6285	73	11808
					1428		1428		375
					1425		1425		2713

3-2-9 续表

行业	私营股份有限公司	其他	港、澳、台商投资	港澳台商合资经营	港澳台商合作经营	港澳台商独资	港澳台商投资股份有限公司
住宿和餐饮业	**133740**	**8114**	**792905**	**34690**	**16628**	**8630**	**6875**
住宿业	**43141**	**3484**	**276175**	**11159**	**8247**	**7059**	**6863**
旅游饭店	15071	1232	147442	6231	6885	7059	6863
旅游饭店	15071	1232	147442	6231	6885	7059	6863
一般旅馆	18256	1364	108200	3960	1043		
一般旅馆	18256	1364	108200	3960	1043		
其他住宿业	9814	887	20533	968	319		
其他住宿业	9814	887	20533	968	319		
餐饮业	**90599**	**4630**	**516731**	**23531**	**8382**	**1571**	**13**
正餐服务	82051	4164	493788	22438	7988	1571	13
正餐服务	82051	4164	493788	22438	7988	1571	13
快餐服务	3059	68	15324	558	68		
快餐服务	3059	68	15324	558	68		
饮料及冷饮服务	573	238	1411	12			
茶馆服务	127	238	114				
咖啡馆服务	28		1176				
酒吧服务	275		35				
其他饮料及冷饮服务	144		86	12			
其他餐饮业	4917	160	6209	523	326		
小吃服务	182	160	33				
餐饮配送服务	402		2182	130	54		

其他港澳台商投资	外商投资企业	中外合资经营	中外合作经营	外资企业	外商投资股份有限公司	其他外商投资	外资企业	外商投资股份有限公司	其他外商投资
	1755			**84307**	**3995**	**1597**	**78394**		**321**
	196			**321**					**321**
	196								
	196								
				321					321
				321					321
	1558			**83986**	**3995**	**1597**	**78394**		
	1558			5592	3995	1597			
	1558			5592	3995	1597			
				78394			78394		
				78394			78394		

3-2-10 按行业、登记注册类型分组的

行业	资产总计(万元)						
		内资					
			国有	集体	股份合作	联营	
							国有联营
住宿和餐饮业	**3993184**	**3944636**	**371633**	**90570**	**4980**	**647**	
住宿业	**1952666**	**1929501**	**339762**	**76462**	**977**	**247**	
旅游饭店	1212522	1189938	278324	50951		234	
旅游饭店	1212522	1189938	278324	50951		234	
一般旅馆	638399	637818	57915	23922	397	3	
一般旅馆	638399	637818	57915	23922	397	3	
其他住宿业	101744	101744	3522	1588	580	10	
其他住宿业	101744	101744	3522	1588	580	10	
餐饮业	**2040518**	**2015136**	**31871**	**14108**	**4002**	**400**	
正餐服务	1935594	1933355	30793	13955	4002	400	
正餐服务	1935594	1933355	30793	13955	4002	400	
快餐服务	37882	14739					
快餐服务	37882	14739					
饮料及冷饮服务	4527	4527	2				
茶馆服务	848	848					
咖啡馆服务	1533	1533					
酒吧服务	109	109					
其他饮料及冷饮服务	2037	2037	2				
其他餐饮业	62515	62515	1076	153			
小吃服务	2053	2053	202				
餐饮配送服务	7063	7063	145				
其他未列明餐饮业	53399	53399	730	153			

住宿餐饮业企业法人资产总计

集体联营	国有与集体联营	其他联营	有限责任公司	国有独资公司	其他有限责任公司	股份有限公司	私营	私营独资
647			**903916**	**117910**	**786007**	**60639**	**2483742**	**228344**
247			**320523**	**4611**	**315912**	**39796**	**1134470**	**111482**
234			243834	4372	239462	27932	576779	57113
234			243834	4372	239462	27932	576779	57113
3			62660	239	62422	8332	479710	34305
3			62660	239	62422	8332	479710	34305
10			14029		14029	3531	77981	20064
10			14029		14029	3531	77981	20064
400			**583394**	**113299**	**470095**	**20844**	**1349273**	**116862**
400			541118	113299	427819	20568	1311812	107655
400			541118	113299	427819	20568	1311812	107655
			1428		1428	120	13135	2100
			1428		1428	120	13135	2100
			2450		2450	152	1923	261
			113		113	10	725	201
			395		395	142	996	19
			50		50		59	9
			1892		1892		143	32
			38398		38398	3	22402	6846
			325		325		1516	515
			1796		1796		5022	289
			36277		36277	3	15864	6042

3-2-10 续表

行 业	私营合伙	私营有限责任公司	私营股份有限公司	其他	港、澳、台商投资	港澳台商合资经营	港澳台商合作经营
住宿和餐饮业	**19675**	**2156855**	**78869**	**28510**	**16757**	**12715**	
住宿业	**14743**	**988530**	**19716**	**17265**	**15510**	**12639**	
旅游饭店	687	508067	10911	11885	15510	12639	
旅游饭店	687	508067	10911	11885	15510	12639	
一般旅馆	2255	435897	7253	4878			
一般旅馆	2255	435897	7253	4878			
其他住宿业	11800	44565	1552	503			
其他住宿业	11800	44565	1552	503			
餐饮业	**4932**	**1168325**	**59153**	**11245**	**1248**	**77**	
正餐服务	4024	1141732	58402	10707	1248	77	
正餐服务	4024	1141732	58402	10707	1248	77	
快餐服务	58	10523	453	56			
快餐服务	58	10523	453	56			
饮料及冷饮服务	15	1602	45				
茶馆服务	15	509					
咖啡馆服务		977					
酒吧服务		50					
其他饮料及冷饮服务		66	45				
其他餐饮业	835	14468	253	482			
小吃服务	800	201		10			
餐饮配送服务		4574	160	100			
其他未列明餐饮业	35	9694	93	372			

港澳台商独资	港澳台商投资股份有限公司	其他港澳台商投资	外商投资企业	中外合资经营	中外合作经营	外资企业	外商投资股份有限公司	其他外商投资
4042			**31790**	**203**	**778**	**30217**	**10**	**581**
2871			**7655**			**7074**		**581**
2871			7074			7074		
2871			7074			7074		
			581					581
			581					581
1171			**24135**	**203**	**778**	**23143**	**10**	
1171			991	203	778		10	
1171			991	203	778		10	
			23143			23143		
			23143			23143		

3-2-11 按行业、从业人员组距分组的

行业	单位数（个）	7人及以下	8-19人	20-49人
住宿和餐饮业	**3337**	**635**	**852**	**917**
住宿业	**1472**	**324**	**410**	**349**
旅游饭店	375	25	63	77
旅游饭店	375	25	63	77
一般旅馆	885	244	269	224
一般旅馆	885	244	269	224
其他住宿业	212	55	78	48
其他住宿业	212	55	78	48
餐饮业	**1865**	**311**	**442**	**568**
正餐服务	1605	235	356	501
正餐服务	1605	235	356	501
快餐服务	107	25	42	27
快餐服务	107	25	42	27
饮料及冷饮服务	37	13	13	7
茶馆服务	13	8	2	3
咖啡馆服务	14	2	9	2
酒吧服务	3			1
其他饮料及冷饮服务	7	3	2	1
其他餐饮业	116	38	31	33
小吃服务	18	7	6	5
餐饮配送服务	22	4	6	7
其他未列明餐饮业	76	27	19	21

3-2-11 续表

行业	年末从业人员数（人）	7人及以下	8-19人	20-49人
住宿和餐饮业	**169152**	**2526**	**10568**	**27549**
住宿业	**69443**	**1309**	**5138**	**10318**
旅游饭店	38774	95	820	2447
旅游饭店	38774	95	820	2447
一般旅馆	25169	960	3305	6472
一般旅馆	25169	960	3305	6472
其他住宿业	5500	254	1013	1399
其他住宿业	5500	254	1013	1399
餐饮业	**99709**	**1217**	**5430**	**17231**
正餐服务	87250	922	4362	15389
正餐服务	87250	922	4362	15389
快餐服务	9110	117	539	686
快餐服务	9110	117	539	686
饮料及冷饮服务	644	48	152	165
茶馆服务	116	29	17	70
咖啡馆服务	250	9	111	50
酒吧服务	165			25
其他饮料及冷饮服务	113	10	24	20
其他餐饮业	2705	130	377	991
小吃服务	202	15	54	133
餐饮配送服务	643	14	77	208
其他未列明餐饮业	1860	101	246	650

住宿餐饮业企业法人单位数及从业人员数

50-99人	100-299人	300-499人	500-999人	1000-4999人	5000-9999人	10000人及以上
527	**340**	**51**	**12**	**2**	**1**	
202	**158**	**26**	**3**			
75	108	25	2			
75	108	25	2			
106	40	1	1			
106	40	1	1			
21	10					
21	10					
325	**182**	**25**	**9**	**2**	**1**	
308	170	24	9	2		
308	170	24	9	2		
3	8	1			1	
3	8	1			1	
4						
1						
2						
1						
10	4					
4	1					
6	3					

50-99人	100-299人	300-499人	500-999人	1000-4999人	5000-9999人	10000人及时以上
36233	**55331**	**19180**	**8450**	**3283**	**6032**	
14075	**26993**	**9694**	**1916**			
5479	19223	9337	1373			
5479	19223	9337	1373			
7231	6301	357	543			
7231	6301	357	543			
1365	1469					
1365	1469					
22158	**28338**	**9486**	**6534**	**3283**	**6032**	
21098	26536	9126	6534	3283		
21098	26536	9126	6534	3283		
190	1186	360			6032	
190	1186	360			6032	
279						
80						
140						
59						
591	616					
220	124					
371	492					

3-2-12 按行业、营业收入组距分组的

行业	单位数(个)	100万元及以下	100万元-200万元	200万元-500万元
住宿和餐饮业	**3337**	**1490**	**537**	**603**
住宿业	**1472**	**705**	**223**	**246**
旅游饭店	375	90	39	70
旅游饭店	375	90	39	70
一般旅馆	885	497	148	141
一般旅馆	885	497	148	141
其他住宿业	212	118	36	35
其他住宿业	212	118	36	35
餐饮业	**1865**	**785**	**314**	**357**
正餐服务	1605	619	278	326
正餐服务	1605	619	278	326
快餐服务	107	65	15	14
快餐服务	107	65	15	14
饮料及冷饮服务	37	26	5	6
茶馆服务	13	11	1	1
咖啡馆服务	14	8	3	3
酒吧服务	3	2		1
其他饮料及冷饮服务	7	5	1	1
其他餐饮业	116	75	16	11
小吃服务	18	15	2	
餐饮配送服务	22	14	5	1
其他未列明餐饮业	76	46	9	10

3-2-12 续表

行业	年末从业人员数(人)	100万元及以下	100万元-200万元	200万元-500万元
住宿和餐饮业	**169152**	**22191**	**14322**	**27697**
住宿业	**69443**	**10066**	**5730**	**11469**
旅游饭店	38774	2480	1503	4135
旅游饭店	38774	2480	1503	4135
一般旅馆	25169	6164	3417	5897
一般旅馆	25169	6164	3417	5897
其他住宿业	5500	1422	810	1437
其他住宿业	5500	1422	810	1437
餐饮业	**99709**	**12125**	**8592**	**16228**
正餐服务	87250	10091	7761	15284
正餐服务	87250	10091	7761	15284
快餐服务	9110	840	267	313
快餐服务	9110	840	267	313
饮料及冷饮服务	644	344	84	216
茶馆服务	116	66	30	20
咖啡馆服务	250	96	42	112
酒吧服务	165	140		25
其他饮料及冷饮服务	113	42	12	59
其他餐饮业	2705	850	480	415
小吃服务	202	135	46	
餐饮配送服务	643	218	181	124
其他未列明餐饮业	1860	497	253	291

住宿餐饮业企业法人单位数及从业人员数

500万元-1000万元	1000万元-2000万元	2000万元-5000万元	5000万元-1亿元	1亿元以上
335	**206**	**133**	**23**	**10**
134	**89**	**69**	**4**	**2**
60	57	53	4	2
60	57	53	4	2
59	28	12		
59	28	12		
15	4	4		
15	4	4		
201	**117**	**64**	**19**	**8**
190	107	61	17	7
190	107	61	17	7
3	4	3	2	1
3	4	3	2	1
8	6			
	1			
1	1			
7	4			

500万元-1000万元	1000万元-2000万元	2000万元-5000万元	5000万元-1亿元	1亿元以上
25136	**26644**	**30388**	**9961**	**12813**
10441	**11595**	**17173**	**1648**	**1321**
5189	8335	14163	1648	1321
5189	8335	14163	1648	1321
4274	2967	2450		
4274	2967	2450		
978	293	560		
978	293	560		
14695	**15049**	**13215**	**8313**	**11492**
14129	13891	12818	7816	5460
14129	13891	12818	7816	5460
112	652	397	497	6032
112	652	397	497	6032
454	506			
	21			
50	70			
404	415			

3-2-13 按行业、资产总额组距分组的住宿

行业	单位数(个)	50万元及以下	50万元-100万元
住宿和餐饮业	**3337**	**974**	**422**
住宿业	**1472**	**390**	**166**
旅游饭店	375	49	18
旅游饭店	375	49	18
一般旅馆	885	273	118
一般旅馆	885	273	118
其他住宿业	212	68	30
其他住宿业	212	68	30
餐饮业	**1865**	**584**	**256**
正餐服务	1605	452	212
正餐服务	1605	452	212
快餐服务	107	53	19
快餐服务	107	53	19
饮料及冷饮服务	37	25	2
茶馆服务	13	10	
咖啡馆服务	14	6	2
酒吧服务	3	3	
其他饮料及冷饮服务	7	6	
其他餐饮业	116	54	23
小吃服务	18	9	4
餐饮配送服务	22	11	3
其他未列明餐饮业	76	34	16

3-2-13 续表

行业	年末从业人员数(个)	50万元及以下	50万元-100万元
住宿和餐饮业	**169152**	**15443**	**9490**
住宿业	**69443**	**5172**	**2926**
旅游饭店	38774	1555	516
旅游饭店	38774	1555	516
一般旅馆	25169	2833	1864
一般旅馆	25169	2833	1864
其他住宿业	5500	784	546
其他住宿业	5500	784	546
餐饮业	**99709**	**10271**	**6564**
正餐服务	87250	8156	5596
正餐服务	87250	8156	5596
快餐服务	9110	1012	360
快餐服务	9110	1012	360
饮料及冷饮服务	644	381	20
茶馆服务	116	71	
咖啡馆服务	250	91	20
酒吧服务	165	165	
其他饮料及冷饮服务	113	54	
其他餐饮业	2705	722	588
小吃服务	202	105	20
餐饮配送服务	643	131	96
其他未列明餐饮业	1860	486	472

餐饮业企业法人单位数及从业人员数

100万元-500万元	500万元-1000万元	1000万元-5000万元	5000万元-1亿元	1亿元以上
989	**339**	**430**	**106**	**77**
433	**155**	**231**	**60**	**37**
85	44	107	43	29
85	44	107	43	29
271	94	108	14	7
271	94	108	14	7
77	17	16	3	1
77	17	16	3	1
556	**184**	**199**	**46**	**40**
496	169	192	46	38
496	169	192	46	38
27	6	1		1
27	6	1		1
8	1	1		
2	1			
6				
		1		
25	8	5		1
4	1			
5	2	1		
16	5	4		1

100万元-500万元	500万元-1000万元	1000万元-5000万元	5000万元-1亿元	1亿元以上
34070	**18318**	**44658**	**18460**	**28713**
12505	**7034**	**21700**	**10205**	**9901**
3468	3070	12940	8262	8963
3468	3070	12940	8262	8963
7066	3314	7809	1480	803
7066	3314	7809	1480	803
1971	650	951	463	135
1971	650	951	463	135
21565	**11284**	**22958**	**8255**	**18812**
19615	10323	22534	8255	12771
19615	10323	22534	8255	12771
993	606	107		6032
993	606	107		6032
154	30	59		
15	30			
139				
		59		
803	325	258		9
57	20			
172	174	70		
574	131	188		9

3-2-14 按行业、从业人员组距、资产总额组距

行 业	营业收入 (万元)	从业		
		7人及以下	8-19人	20-49人
住宿和餐饮业	**1593809**	**24399**	**87697**	**229477**
住宿业	**617740**	**9504**	**41824**	**95716**
旅游饭店	373511	519	7259	24108
旅游饭店	373511	519	7259	24108
一般旅馆	197166	7924	24970	55781
一般旅馆	197166	7924	24970	55781
其他住宿业	47064	1061	9595	15827
其他住宿业	47064	1061	9595	15827
餐饮业	**976069**	**14895**	**45872**	**133761**
正餐服务	844954	12352	38919	121620
正餐服务	844954	12352	38919	121620
快餐服务	106670	779	4073	3812
快餐服务	106670	779	4073	3812
饮料及冷饮服务	3135	280	1074	902
茶馆服务	498	119	19	360
咖啡馆服务	1702	133	907	202
酒吧服务	310			275
其他饮料及冷饮服务	625	29	148	65
其他餐饮业	21310	1483	1807	7427
小吃服务	1843	67	87	1689
餐饮配送服务	4382	140	249	629
其他未列明餐饮业	15085	1276	1472	5108

3-2-14 续表

行 业	从业人员分组		资产	
	5000-9999人	10000人以上	50万元及以下	50万元-100万元
住宿和餐饮业	**69481**		**79601**	**61112**
住宿业			**27198**	**18624**
旅游饭店			7622	2674
旅游饭店			7622	2674
一般旅馆			15203	12731
一般旅馆			15203	12731
其他住宿业			4374	3219
其他住宿业			4374	3219
餐饮业	**69481**		**52402**	**42488**
正餐服务			37076	34602
正餐服务			37076	34602
快餐服务	69481		12082	3080
快餐服务	69481		12082	3080
饮料及冷饮服务			1282	20
茶馆服务			326	
咖啡馆服务			405	20
酒吧服务			310	
其他饮料及冷饮服务			241	
其他餐饮业			1961	4786
小吃服务			126	20
餐饮配送服务			554	274
其他未列明餐饮业			1281	4492

分组的住宿餐饮业企业法人营业收入

人员分组

50-99人	100-299人	300-499人	500-999人	1000-4999人
307016	**538256**	**222832**	**93727**	**20925**
108355	**243493**	**96216**	**22633**	
49791	179396	93670	18769	
49791	179396	93670	18769	
50313	51768	2546	3864	
50313	51768	2546	3864	
8252	12329			
8252	12329			
198661	**294763**	**126616**	**71094**	**20925**
191005	271335	117704	71094	20925
191005	271335	117704	71094	20925
755	18858	8913		
755	18858	8913		
879				
460				
35				
384				
6023	4570			
2892	472			
3131	4098			

总额分组

100万元-500万元	500万元-1000万元	1000万元-5000万元	5000万元-1亿元	1亿元以上
282256	**181402**	**439326**	**219476**	**330636**
95201	**65257**	**187568**	**122756**	**101136**
27386	29481	116392	101298	88658
27386	29481	116392	101298	88658
47315	29619	64583	17089	10625
47315	29619	64583	17089	10625
20501	6157	6592	4369	1853
20501	6157	6592	4369	1853
187054	**116145**	**251758**	**96720**	**229500**
170513	101027	244996	96720	160019
170513	101027	244996	96720	160019
6128	12664	3234		69481
6128	12664	3234		69481
1337	111	384		
61	111			
1277				
		384		
9076	2343	3144		
1537	160			
529	1272	1752		
7010	911	1392		

3-2-15 按行业、地区分组的

行　业	太原市	大同市	阳泉市	长治市
住宿和餐饮业	**912**	**340**	**146**	**266**
住宿业	**350**	**130**	**53**	**129**
旅游饭店	89	31	7	13
一般旅馆	199	88	31	114
其他住宿业	62	11	15	2
餐饮业	**562**	**210**	**93**	**137**
正餐服务	475	184	85	130
快餐服务	38	23	2	1
饮料及冷饮服务	18	1	3	2
茶馆服务	4	1	3	2
咖啡馆服务	12			
酒吧服务	2			
其他饮料及冷饮服务				
其他餐饮业	31	2	3	4
小吃服务	6	1		1
餐饮配送服务	6	1	1	1
其他未列明餐饮业	19		2	2

3-2-16 按行业、地区分组的

行　业	太原市	大同市	阳泉市	长治市
住宿和餐饮业	**56244**	**19227**	**6183**	**11702**
住宿业	**18193**	**5734**	**1448**	**6097**
旅游饭店	10669	4108	802	2332
一般旅馆	5751	1085	450	3735
其他住宿业	1773	541	196	30
餐饮业	**38051**	**13493**	**4735**	**5605**
正餐服务	30193	13128	4567	5308
快餐服务	7054	301	19	191
饮料及冷饮服务	372	4	17	32
茶馆服务	14	4	17	32
咖啡馆服务	218			
酒吧服务	140			
其他饮料及冷饮服务				
其他餐饮业	432	60	132	74
小吃服务	27	10		36
餐饮配送服务	134	50	50	5
其他未列明餐饮业	271		82	33

住宿餐饮业企业法人单位数

单位：个

晋城市	朔州市	晋中市	运城市	忻州市	临汾市	吕梁市
239	**164**	**310**	**254**	**230**	**313**	**163**
96	**66**	**151**	**138**	**136**	**159**	**64**
23	10	37	42	59	55	9
63	39	99	78	58	81	35
10	17	15	18	19	23	20
143	**98**	**159**	**116**	**94**	**154**	**99**
119	82	134	90	87	130	89
11	5	5	9	4	6	3
3	1		4		4	1
2			1			
			1		1	
			1			
1	1		1		3	1
10	10	20	13	3	14	6
3		2	5			
1		3	1		5	3
6	10	15	7	3	9	3

住宿餐饮业企业法人从业人员数

单位：人

晋城市	朔州市	晋中市	运城市	忻州市	临汾市	吕梁市
12634	**9117**	**12896**	**9213**	**10583**	**11603**	**9750**
4862	**3632**	**6578**	**5716**	**6876**	**7458**	**2849**
2933	1461	2684	3061	5060	5130	534
1747	1786	3707	2194	1557	1527	1630
182	385	187	461	259	801	685
7772	**5485**	**6318**	**3497**	**3707**	**4145**	**6901**
6755	5216	5508	2951	3502	3426	6696
677	128	77	170	131	329	33
99	5		52		51	12
40			9			
			15		17	
			25			
59	5		3		34	12
241	136	733	324	74	339	160
37		23	69			
124		107	14		125	34
80	136	603	241	74	214	126

3-2-17 按行业、地区分组的

地 区	太原市	大同市	阳泉市	长治市
住宿和餐饮业	**645170**	**188754**	**39030**	**95355**
住宿业	**203079**	**64531**	**4409**	**56945**
旅游饭店	125997	51293	813	25674
一般旅馆	57728	9479	1981	31261
其他住宿业	19354	3760	1616	10
餐饮业	**442091**	**124222**	**34621**	**38410**
正餐服务	346326	122570	33878	36209
快餐服务	89945	829	48	1009
饮料及冷饮服务	1146	24	90	111
茶馆服务	6	24	90	111
咖啡馆服务	1105			
酒吧服务	35			
其他饮料及冷饮服务				
其他餐饮业	4674	800	605	1081
小吃服务	48			
餐饮配送服务	387	800	190	30
其他未列明餐饮业	4239		415	1051

3-2-18 按行业、地区分组的住

行 业	太原市	大同市	阳泉市	长治市
住宿和餐饮业	**1140287**	**423208**	**111750**	**346118**
住宿业	**539495**	**134196**	**33999**	**188852**
旅游饭店	342716	100606	21443	90978
一般旅馆	166765	26358	7729	97774
其他住宿业	30014	7233	4828	100
餐饮业	**600792**	**289011**	**77751**	**157266**
正餐服务	567709	287434	77233	156436
快餐服务	28686	860	80	176
饮料及冷饮服务	1450	15	173	502
茶馆服务	123	15	173	502
咖啡馆服务	1227			
酒吧服务	100			
其他饮料及冷饮服务				
其他餐饮业	2947	703	264	152
小吃服务	370	3		
餐饮配送服务	670	700	145	50
其他未列明餐饮业	1906		120	102

住宿餐饮业企业法人营业收入

单位：万元

晋城市	朔州市	晋中市	运城市	忻州市	临汾市	吕梁市
94340	**105953**	**94925**	**85590**	**84586**	**81827**	**78279**
36187	**35552**	**50315**	**50218**	**52107**	**49934**	**14462**
25484	16266	24101	26568	39553	35297	2464
9943	17512	25101	15425	10666	9280	8791
760	1773	1113	8226	1888	5357	3208
58153	**70401**	**44610**	**35371**	**32480**	**31893**	**63817**
48568	68930	37417	30625	31195	26457	62778
7905	824	797	911	1284	2863	256
633	21		601		498	12
249			18			
			300		297	
			275			
384	21		8		201	12
1048	627	6396	3234		2075	770
171		163	1461			
472		1842	128		391	142
405	627	4391	1645		1684	628

宿餐饮业企业法人资产总计

单位：万元

晋城市	朔州市	晋中市	运城市	忻州市	临汾市	吕梁市
299502	**312156**	**356128**	**190432**	**262596**	**285017**	**265991**
110802	**105445**	**199847**	**150349**	**209795**	**217014**	**62872**
86433	52599	95969	106603	179973	122109	13094
19676	50172	101553	39537	27140	72697	28998
4694	2674	2325	4209	2682	22207	20780
188699	**206711**	**156281**	**40083**	**52801**	**68003**	**203120**
148408	201606	149944	35919	51952	59636	199316
2079	1490	643	1135	809	1893	32
1917	35		224		166	45
25			10			
			180		126	
			9			
1892	35		25		40	45
36296	3579	5694	2805	40	6308	3727
433		802	445			
1000		3994	46		373	86
34863	3579	898	2315	40	5936	3641

3-2-19 按登记注册类型、地区

登记注册类型	太原市	大同市	阳泉市	长治市
按登记注册类型分组	**350**	**130**	**53**	**129**
内资企业	**348**	**130**	**53**	**129**
国有企业	55	6	5	14
集体企业	26	4	7	9
股份合作企业	2			
联营企业				
国有联营企业				
集体联营企业				
国有与集体联营企业				
其他联营企业				
有限责任公司	40	21	9	9
国有独资公司	1			1
其他有限责任公司	39	21	9	8
股份有限公司	5		3	
私营企业	216	99	26	96
私营独资企业	34	55	16	12
私营合伙企业	5	1	3	
私营有限责任公司	171	42	7	81
私营股份有限公司	6	1		3
其他企业	4		3	1
港、澳、台商投资企业	**2**			
合资经营企业	1			
合作经营企业				
独资经营企业	1			
投资股份有限公司				
其他港澳台商投资企业				
外商投资企业				
中外合资经营企业				
中外合作经营企业				
外资企业				
外商投资股份有限公司				
其他外商投资企业				

分组的住宿业企业法人单位数

单位：个

晋城市	朔州市	晋中市	运城市	忻州市	临汾市	吕梁市
96	**66**	**151**	**138**	**136**	**159**	**64**
95	**66**	**150**	**138**	**136**	**159**	**63**
8	2	11	9	28	20	6
12	3	3	4	12	9	2
						2
		1		2		
		1		2		
9	4	7	17	11	12	9
			1		1	
9	4	7	16	11	11	9
	2	2	7	5	5	1
64	53	125	99	77	104	40
23	18	43	33	27	33	15
4	2	4	3	3	1	2
34	31	75	59	43	69	20
3	2	3	4	4	1	3
2	2	1	2	1	9	3
		1				
		1				
1						**1**
1						
						1

3-2-20 按登记注册类型、地区

登记注册类型	太原市	大同市	阳泉市	长治市
按登记注册类型分组	**18193**	**5734**	**1448**	**6097**
内资企业	**17823**	**5734**	**1448**	**6097**
国有企业	5517	156	115	1037
集体企业	1015	64	68	59
股份合作企业	85			
联营企业				
国有联营企业				
集体联营企业				
国有与集体联营企业				
其他联营企业				
有限责任公司	2302	2771	590	1136
国有独资公司	76			6
其他有限责任公司	2226	2771	590	1130
股份有限公司	235		243	
私营企业	8635	2743	364	3840
私营独资企业	725	452	118	214
私营合伙企业	53	7	59	
私营有限责任公司	7558	2283	187	3354
私营股份有限公司	299	1		272
其他企业	34		68	25
港、澳、台商投资企业	**370**			
合资经营企业	328			
合作经营企业				
独资经营企业	42			
投资股份有限公司				
其他港澳台商投资企业				
外商投资企业				
中外合资经营企业				
中外合作经营企业				
外资企业				
外商投资股份有限公司				
其他外商投资企业				

分组的住宿业企业法人从业人员数

单位：人

晋城市	朔州市	晋中市	运城市	忻州市	临汾市	吕梁市
4862	**3632**	**6578**	**5716**	**6876**	**7458**	**2849**
4847	**3632**	**6382**	**5716**	**6876**	**7458**	**2794**
991	95	570	496	1538	1031	798
439	40	233	97	815	147	48
						35
		18		29		
		18		29		
1479	244	1063	899	1108	357	307
			37		21	
1479	244	1063	862	1108	336	307
	70	162	732	628	222	14
1921	2949	4326	3302	2738	5610	1509
388	423	735	724	865	587	395
143	11	98	64	48	4	81
1160	2479	3445	2431	1766	5011	962
230	36	48	83	59	8	71
17	234	10	190	20	91	83
		196				
		196				
15						**55**
15						
						55

3-2-21 按登记注册类型、地区分组的

登记注册类型	太原市	大同市	阳泉市	长治市
按登记注册类型分组	**203079**	**64531**	**4409**	**56945**
内资企业	**198110**	**64531**	**4409**	**56945**
国有企业	55771	805	141	11096
集体企业	6810	112	388	183
股份合作企业	256			
联营企业				
国有联营企业				
集体联营企业				
国有与集体联营企业				
其他联营企业				
有限责任公司	33982	35288	1016	9955
国有独资公司	1941			12
其他有限责任公司	32042	35288	1016	9943
股份有限公司	2491		80	
私营企业	98491	28326	2202	35711
私营独资企业	6918	4162	479	1040
私营合伙企业	337	6	693	
私营有限责任公司	85489	24004	1031	33140
私营股份有限公司	5747	155		1531
其他企业	309		582	
港、澳、台商投资企业	**4969**			
合资经营企业	4773			
合作经营企业				
独资经营企业	196			
投资股份有限公司				
其他港澳台商投资企业				
外商投资企业				
中外合资经营企业				
中外合作经营企业				
外资企业				
外商投资股份有限公司				
其他外商投资企业				

住宿业企业法人营业收入

单位：万元

晋城市	朔州市	晋中市	运城市	忻州市	临汾市	吕梁市
36187	**35552**	**50315**	**50218**	**52107**	**49934**	**14462**
36187	**35552**	**48225**	**50218**	**52107**	**49934**	**14141**
6996	1696	5215	4557	9209	5575	5403
2099	217	2021	2392	7521	802	1200
						30
		439		28		
		439		28		
13485	1128	8859	5136	10193	2954	793
			314		484	
13485	1128	8859	4822	10193	2470	793
	72	1062	5804	3558	1324	14
13591	29781	30589	28803	21526	38894	6044
2138	4385	4609	6590	7345	3304	2171
869	18	430	560	432	19	120
9324	25004	25401	20530	13138	35541	3572
1260	374	148	1123	610	30	181
16	2658	40	3526	73	385	657
		2090				
		2090				
						321
						321

3-2-22 按登记注册类型、地区分组的

登记注册类型	太原市	大同市	阳泉市	长治市
按登记注册类型分组	**539495**	**134196**	**33999**	**188852**
内资企业	**527712**	**134196**	**33999**	**188852**
国有企业	195945	4786	297	22200
集体企业	15430	881	1251	2481
股份合作企业	577			
联营企业				
国有联营企业				
集体联营企业				
国有与集体联营企业				
其他联营企业				
有限责任公司	75037	82320	22935	14755
国有独资公司	3772			5
其他有限责任公司	71265	82320	22935	14750
股份有限公司	4687		1050	
私营企业	235572	46210	8281	149416
私营独资企业	13110	4853	1755	1875
私营合伙企业	420	10	1885	
私营有限责任公司	210481	41291	4641	146249
私营股份有限公司	11561	56		1292
其他企业	463		185	
港、澳、台商投资企业	**11783**			
合资经营企业	8912			
合作经营企业				
独资经营企业	2871			
投资股份有限公司				
其他港澳台商投资企业				
外商投资企业				
中外合资经营企业				
中外合作经营企业				
外资企业				
外商投资股份有限公司				
其他外商投资企业				

住宿业企业法人资产总计

单位：万元

晋城市	朔州市	晋中市	运城市	忻州市	临汾市	吕梁市
110802	**105445**	**199847**	**150349**	**209795**	**217014**	**62872**
103728	**105445**	**196120**	**150349**	**209795**	**217014**	**62291**
23690	172	11114	10100	43010	18252	10194
6071	177	3158	2967	40922	1422	1700
						400
		234		13		
		234		13		
37945	523	35591	12656	16912	6660	15190
			600		234	
37945	523	35591	12055	16912	6426	15190
	710	3324	15760	11458	2602	205
35977	102617	142499	98497	97080	186472	31850
5577	3207	11030	41184	15496	6040	7355
633	199	436	708	242	50	10160
27297	98732	130866	55152	79239	180366	14216
2471	478	168	1453	2103	15	118
46	1245	200	10369	400	1606	2751
		3726				
		3726				
7074						**581**
7074						
						581

3-2-23 按登记注册类型、地区分组的

登记注册类型	太原市	大同市	阳泉市	长治市
按登记注册类型分组	**562**	**210**	**93**	**137**
内资企业	**554**	**209**	**93**	**137**
国有企业	15	3	4	2
集体企业	5	4	5	6
股份合作企业	3		2	
联营企业				
国有联营企业				
集体联营企业				
国有与集体联营企业				
其他联营企业				
有限责任公司	78	33	24	6
国有独资公司	2			
其他有限责任公司	76	33	24	6
股份有限公司	6		5	
私营企业	440	166	51	121
私营独资企业	102	38	25	13
私营合伙企业	8	1	1	2
私营有限责任公司	323	125	24	104
私营股份有限公司	7	2	1	2
其他企业	7	3	2	2
港、澳、台商投资企业	**2**	**1**		
合资经营企业		1		
合作经营企业				
独资经营企业	2			
投资股份有限公司				
其他港澳台商投资企业				
外商投资企业	**6**			
中外合资经营企业	2			
中外合作经营企业	1			
外资企业	2			
外商投资股份有限公司	1			
其他外商投资企业				

餐饮业企业法人单位数

单位：个

晋城市	朔州市	晋中市	运城市	忻州市	临汾市	吕梁市
143	**98**	**159**	**116**	**94**	**154**	**99**
143	**98**	**159**	**116**	**94**	**154**	**99**
1	2	6	2	9	3	4
4		8		1	4	1
			1		1	
				1		
				1		
18	7	7	23	6	20	16
		1				
18	7	6	23	6	20	16
1	2	2	8	2	2	3
115	82	134	80	74	118	70
31	18	51	34	34	41	20
2	2	4	2	4	3	3
82	54	74	41	35	72	46
	8	5	3	1	2	1
4	5	2	2	1	6	5

3-2-24 按登记注册类型、地区分组的

登记注册类型	太原市	大同市	阳泉市	长治市
按登记注册类型分组	**38051**	**13493**	**4735**	**5605**
内资企业	**31291**	**13487**	**4735**	**5605**
国有企业	1481	193	131	42
集体企业	72	79	97	204
股份合作企业	181		45	
联营企业				
国有联营企业				
集体联营企业				
国有与集体联营企业				
其他联营企业				
有限责任公司	6112	2363	1124	413
国有独资公司	1070			
其他有限责任公司	5042	2363	1124	413
股份有限公司	231		512	
私营企业	23146	10681	2681	4880
私营独资企业	2387	680	1165	211
私营合伙企业	112	27	15	58
私营有限责任公司	19912	9853	1431	4605
私营股份有限公司	735	121	70	6
其他企业	68	171	145	66
港、澳、台商投资企业	**117**	**6**		
合资经营企业		6		
合作经营企业				
独资经营企业	117			
投资股份有限公司				
其他港澳台商投资企业				
外商投资企业	**6643**			
中外合资经营企业	88			
中外合作经营企业	160			
外资企业	6392			
外商投资股份有限公司	3			
其他外商投资企业				

分组的餐饮业企业法人营业收入

单位：万元

晋城市	朔州市	晋中市	运城市	忻州市	临汾市	吕梁市
58153	**70401**	**44610**	**35371**	**32480**	**31893**	**63817**
58153	**70401**	**44610**	**35371**	**32480**	**31893**	**63817**
456	1078	3211	267	3109	587	1657
590		169		124	98	1415
			27		50	
				137		
				137		
19634	10450	4973	8224	4755	1670	23141
		2181				
19634	10450	2792	8224	4755	1670	23141
35	475	143	1868	1648	900	645
37078	58082	35999	24952	21749	27920	34233
6225	7070	8021	4338	11733	8023	5080
462	233	374	240	1609	225	519
30392	44300	26881	18911	8022	19518	28622
	6479	722	1464	386	153	12
361	316	116	34	957	669	2726

3-2-25 按登记注册类型、地区

	太原市	大同市	阳泉市	长治市
按登记注册类型分组	**442091**	**124222**	**34621**	**38410**
内资企业	**356547**	**124210**	**34621**	**38410**
国有企业	9711	2002	486	348
集体企业	226	1199	449	2133
股份合作企业	2893		128	
联营企业				
国有联营企业				
集体联营企业				
国有与集体联营企业				
其他联营企业				
有限责任公司	88011	29950	10412	4362
国有独资公司	21711			
其他有限责任公司	66300	29950	10412	4362
股份有限公司	837		1959	
私营企业	254207	88805	20899	31567
私营独资企业	24600	3661	9594	2254
私营合伙企业	242	50	200	477
私营有限责任公司	215942	84624	10712	28806
私营股份有限公司	13423	470	393	30
其他企业	662	2254	287	
港、澳、台商投资企业	**1558**	**13**		
合资经营企业		13		
合作经营企业				
独资经营企业	1558			
投资股份有限公司				
其他港澳台商投资企业				
外商投资企业	**83986**			
中外合资经营企业	3995			
中外合作经营企业	1597			
外资企业	78394			
外商投资股份有限公司				
其他外商投资企业				

分组的餐饮业企业法人营业收入

单位：万元

晋城市	朔州市	晋中市	运城市	忻州市	临汾市	吕梁市
58153	**70401**	**44610**	**35371**	**32480**	**31893**	**63817**
58153	**70401**	**44610**	**35371**	**32480**	**31893**	**63817**
456	1078	3211	267	3109	587	1657
590		169		124	98	1415
			27		50	
				137		
				137		
19634	10450	4973	8224	4755	1670	23141
		2181				
19634	10450	2792	8224	4755	1670	23141
35	475	143	1868	1648	900	645
37078	58082	35999	24952	21749	27920	34233
6225	7070	8021	4338	11733	8023	5080
462	233	374	240	1609	225	519
30392	44300	26881	18911	8022	19518	28622
	6479	722	1464	386	153	12
361	316	116	34	957	669	2726

3-2-26 按登记注册类型、地区

	太原市	大同市	阳泉市	长治市
按登记注册类型分组	**600792**	**289011**	**77751**	**157266**
内资企业	**575486**	**288935**	**77751**	**157266**
国有企业	14622	1065	802	2738
集体企业	221	375	575	8904
股份合作企业	2861		131	
联营企业				
国有联营企业				
集体联营企业				
国有与集体联营企业				
其他联营企业				
有限责任公司	182015	37757	12590	44549
国有独资公司	88034			
其他有限责任公司	93981	37757	12590	44549
股份有限公司	1628		12916	
私营企业	371652	249306	50514	101074
私营独资企业	12476	6000	30049	4535
私营合伙企业	550	55	16	326
私营有限责任公司	326231	243051	20356	96163
私营股份有限公司	32395	200	93	50
其他企业	2488	432	223	
港、澳、台商投资企业	**1171**	**77**		
合资经营企业		77		
合作经营企业				
独资经营企业	1171			
投资股份有限公司				
其他港澳台商投资企业				
外商投资企业	**24135**			
中外合资经营企业	203			
中外合作经营企业	778			
外资企业	23143			
外商投资股份有限公司	10			
其他外商投资企业				

分组的餐饮业企业法人资产总计

单位：万元

晋城市	朔州市	晋中市	运城市	忻州市	临汾市	吕梁市
188699	**206711**	**156281**	**40083**	**52801**	**68003**	**203120**
188699	**206711**	**156281**	**40083**	**52801**	**68003**	**203120**
280	1420	2228	350	2550	1970	3846
1124		238		106	512	2053
			1000		11	
				400		
				400		
115478	98236	33867	19637	10524	6906	21834
		25265				
115478	98236	8603	19637	10524	6906	21834
130	124	112	1452	3962	302	218
69112	106654	119671	17524	34972	57993	170800
8125	6231	8586	3399	14057	17291	6113
1197	121	866	152	1383	68	198
59790	77782	107862	13290	19033	40324	164444
	22521	2356	683	500	310	45
2576	276	165	120	286	310	4368

3-2-27 限额以上住宿和

项 目	单位数(个)	年末从业人员数(人)	营业额(万元)	
				客房收入
总 计	**976**	**114076**	**1212356**	**336594**
一、住宿业	**408**	**46477**	**462310**	**204917**
1.按登记注册类型分组				
内资企业	406	45953	455447	202181
国有企业	82	10376	97527	43281
集体企业	20	1877	17415	8148
有限责任公司	54	8925	100711	40682
国有独资公司	2	113	2114	1406
其他有限责任公司	52	8812	98598	39276
股份有限公司	9	1245	6839	2263
私营企业	237	23002	225869	106267
私营独资企业	33	1893	17768	7987
私营合伙企业	4	243	1880	1040
私营有限责任公司	194	20361	199138	94637
私营股份有限公司	6	505	7084	2602
其他企业	4	528	7086	1541
港澳台商投资企业	2	524	6863	2736
与港澳台商合资经营企业	2	524	6863	2736
2.按住宿行业小类分组				
旅游饭店	221	32626	336507	136567
一般旅馆	164	12212	107659	59370
其他住宿服务	23	1639	18144	8981
3.按控股情况分				
国有控股	98	13427	137423	62206
集体控股	29	2969	23621	11114
私人控股	261	26698	258642	116430
港澳台商控股	1	328	4773	2282
外商控股				
其 他	19	3055	37851	12884
4.按经营形式分				
独立门店	388	44551	445013	195565
连锁总店(总部)	3	340	1257	1158
连锁门店	6	506	2983	2108
其 他	11	1080	13056	6086
5.按单位规模分				
大 型	2	1321	23054	9994
中 型	60	16636	203106	75161
小 型	326	28035	235060	119043
微 型	20	485	1089	719
6.按星级分				
五 星	17	5747	69985	25796
四 星	62	10846	116659	46957
三 星	97	12966	118555	51453
二 星	39	2846	24172	9776
其 他	193	14072	132940	70935

餐饮业企业法人经营情况

餐费收入	商品销售收　　入	其他收入	客房数(间)	床位数(个)	餐位数(位)	年末餐饮营业面积(平方米)
777010	**46313**	**52439**	**67106**	**121612**	**389994**	**2310299**
207269	**13569**	**36555**	**43697**	**78471**	**138189**	**895281**
203979	13557	35730	43439	78057	136969	882211
47834	1004	5409	9180	16880	29067	196425
8711	154	403	2198	4336	5875	41156
45123	3624	11283	7197	12750	26123	151117
600	5	102	248	447	530	2000
44522	3619	11181	6949	12303	25593	149117
3350	119	1107	591	1149	3991	21383
96256	6401	16946	23873	42193	66703	456550
8014	1208	559	2173	4038	6685	59319
554	8	278	248	481	490	6000
83983	4916	15603	20956	36764	57897	380398
3706	269	506	496	910	1631	10833
2707	2256	582	400	749	5210	15580
3290	12	825	258	414	1220	13070
3290	12	825	258	414	1220	13070
159567	10607	29766	27215	47909	99319	573986
42745	1889	3656	14838	27740	36904	294919
4957	1073	3133	1644	2822	1966	26376
62875	1766	10576	11443	20773	36345	226898
11221	226	1060	2848	5500	8257	60078
111387	10517	20308	26708	47321	83350	552339
2291		200	201	320	720	10000
19496	1061	4410	2497	4557	9517	45966
200626	12661	36161	41237	73817	130619	835249
100			560	830	1800	4005
853	17	5	683	1197	2304	19675
5690	892	388	1217	2627	3466	36352
11797		1264	800	1427	3023	11677
99990	6835	21119	10976	18352	39086	205998
95297	6726	13994	31203	57206	95497	651968
184	8	177	718	1486	583	25638
36904	531	6755	3839	6582	12907	74654
55848	3112	10741	9043	15757	34657	185532
52816	5700	8585	11369	20555	42961	253227
11934	1704	757	2771	5369	10948	73894
49767	2522	9717	16675	30208	36716	307974

3-2-27 续表

项　目	单位数(个)	年末从业人员数(人)	营业额(万元)	客房收入
二、餐饮业	**568**	**67599**	**750047**	**131677**
1.按登记注册类型分组				
内资企业	562	60850	664626	131478
国有企业	28	2766	18469	4722
集体企业	6	396	4798	1764
股份合作企业	2	85	642	255
有限责任公司	74	11080	148263	33996
国有独资公司	2	651	7008	3491
其他有限责任公司	72	10429	141256	30504
股份有限公司	8	858	5623	1385
私营企业	435	44941	480577	88311
私营独资企业	73	4622	47319	8402
私营合伙企业	5	209	2210	320
私营有限责任公司	349	39025	412423	76560
私营股份有限公司	8	1085	18625	3029
其他企业	9	724	6255	1047
港澳台商投资企业	2	117	1524	104
港澳台商独资企业	2	117	1524	104
外商投资企业	4	6632	83897	95
中外合资经营企业	1	80	3906	
中外合作经营企业	1	160	1597	95
外资企业	2	6392	78394	
2.按餐饮行业小类分组				
正餐服务	551	59956	652016	130798
快餐服务	12	7311	94621	47
其他餐饮业	5	332	3410	832
小吃服务	1	21	1383	
餐饮配送服务	1	85	298	79
其他未列明餐饮业	3	226	1729	754
3.按控股情况分				
国有控股	39	6954	69170	24258
集体控股	15	1082	25525	2733
私人控股	479	50282	540022	99949
港澳台商控股	3	277	3121	199
外商控股	3	6472	82300	
其　他	29	2532	29910	4538
4.按经营形式分				
独立门店	542	55154	623169	128016
连锁总店(总部)	8	9951	99601	297
连锁门店	7	1354	10037	
其　他	11	1140	17240	3365
5.按单位规模分				
大　型	4	9521	109758	11182
中　型	65	21004	297691	52770
小　型	466	36259	331979	67401
微　型	33	815	10618	324

餐费收入	商品销售收入	其他收入	客房数(间)	床位数(个)	餐位数(位)	年末餐饮营业面积(平方米)
569741	**32744**	**15884**	**23409**	**43141**	**251805**	**1415018**
484520	32744	15884	23270	42887	241337	1377598
12388	494	866	1458	2789	10737	42381
2227	133	675	328	622	2688	16374
387			20	45	850	3200
87336	20285	6646	5152	9968	36843	279009
3334	51	131	460	894	1800	20000
84002	20234	6516	4692	9074	35043	259009
3956	1	281	308	463	3083	17128
373030	11821	7416	15828	28658	185531	1013534
37562	987	369	1710	3000	23726	122677
1877	13		105	220	1484	9200
319081	9961	6822	13465	24442	155011	827053
14510	861	226	548	996	5310	54604
5197	11		176	342	1605	5972
1420			79	134	1248	5700
1420			79	134	1248	5700
83802			60	120	9220	31720
3906					240	1370
1502			60	120	110	2000
78394					8870	28350
472992	32352	15875	23131	42614	235729	1369970
94557	8	9	5	10	14590	39848
2193	384		273	517	1486	5200
1215	168				200	800
136	83		30	52	300	1500
842	133		243	465	986	2900
37133	2045	5734	3827	7914	21169	146439
4692	16604	1496	765	1462	5412	28794
418402	13666	8004	17506	31527	202713	1131146
2922			139	254	1358	7700
82300					9110	29720
24293	429	650	1172	1984	12043	71219
449929	32245	12980	22325	39950	219866	1254357
99263	21	20	60	108	25236	96996
10036		1			1998	11790
10514	478	2884	1024	3083	4705	51875
95873	1271	1432	1338	2320	21460	65548
214423	22831	7667	6810	12502	52489	399984
249279	8517	6782	14861	27601	170713	894214
10167	125	3	400	718	7143	55272

3-2-28 限额以上住宿和

项目	年初存货	流动资产合计	#应收帐款	#存货	固定资产合计	累计折旧
总计	**109014**	**974384**	**148654**	**97694**	**1233734**	**586117**
一、住宿业	**42482**	**447737**	**74286**	**37903**	**629107**	**352609**
1.按登记注册类型分组						
内资企业	41926	442788	73436	37395	623196	349251
国有企业	7648	106789	18947	6111	147862	112451
集体企业	1240	19155	3527	1226	16527	7899
有限责任公司	8812	66427	15327	8541	137963	89580
国有独资公司	76	506	108	73	3406	3281
其他有限责任公司	8736	65921	15220	8468	134557	86299
股份有限公司	1209	4338	1329	1690	15260	10109
私营企业	22202	242885	33216	18634	294844	127225
私营独资企业	5791	15159	6540	1306	16188	3754
私营合伙企业	69	1331	97	80	809	145
私营有限责任公司	15756	218606	25402	16674	276398	122768
私营股份有限公司	587	7790	1177	573	1448	558
其他企业	815	3194	1089	1193	10740	1988
港澳台商投资企业	555	4949	850	508	5911	3358
与港澳台商合资经营企业	555	4949	850	508	5911	3358
2.按住宿行业小类分组						
旅游饭店	32553	342372	55833	27811	470574	302135
一般旅馆	8579	97140	16651	8921	134244	43900
其他住宿服务	1349	8225	1802	1171	24289	6574
3.按控股情况分						
国有控股	11835	124200	23516	9646	220077	165513
集体控股	1748	21865	4437	2145	32295	14091
私人控股	26565	270746	41340	23861	338460	147535
港澳台商控股	292	3991	167	263	4250	2476
外商控股						
其他	2042	26937	4825	1988	34025	22994
4.按经营形式分						
独立门店	41017	424067	68039	36660	593644	338724
连锁总店(总部)	92	1623	255	93	900	457
连锁门店	146	1444	582	187	1941	1150
其他	1226	20603	5410	964	32622	12278
5.按单位规模分						
大型	904	18563	351	709	22039	25099
中型	17322	174937	29897	16734	250624	137541
小型	24003	238865	43245	20025	349862	188211
微型	253	15372	793	436	6582	1759
6.按星级分						
五星	6572	87769	8879	5775	136113	62837
四星	15401	118895	20910	11308	158481	119058
三星	9261	100319	19305	8757	150184	110268
二星	1807	23142	4696	1795	27019	11120
其他	9441	117612	20496	10269	157309	49326

餐饮业企业法人主要财务状况

单位：万元

#本年折旧	资产总计	流动负债合计	应付帐款	负债合计	所有者权益合计	#实收资本	#国家资本	#集体资本	#法人资本
89781	**2821467**	**1717831**	**307449**	**2080416**	**741051**	**789749**	**163628**	**17751**	**260695**
48309	**1336317**	**725719**	**122464**	**935112**	**401206**	**458628**	**138405**	**11709**	**111081**
47989	1323679	716284	118585	925677	398002	450128	138405	11709	110706
11019	304098	139679	21084	207339	96759	107939	105683	357	1900
936	62424	39385	7761	48589	13835	4977	10	4714	250
9956	241248	113813	29603	159176	82071	91671	32709	3322	31844
	4372	1769	31	1769	2603	4303	30		4273
9956	236876	112043	29572	157407	79469	87368	32679	3322	27571
936	24111	12719	4166	13239	10872	11124		2566	8538
24570	677839	403728	54930	490347	187492	233310		751	68174
457	33556	19870	2904	20832	12724	10192			4838
60	2166	1625	33	1625	541	442			
23953	631043	375254	50284	459144	171899	219544		751	63086
100	11074	6979	1710	8746	2328	3132			250
571	13960	6962	1041	6986	6974	1106	3		
320	12639	9435	3879	9435	3204	8500			375
320	12639	9435	3879	9435	3204	8500			375
39154	1017894	521390	90122	715150	302743	351316	118240	6737	89021
7902	282319	172605	30897	187633	94686	96930	20063	4972	19933
1253	36105	31724	1445	32328	3777	10382	102		2127
15936	401904	167413	31085	242769	159135	159982	138172	105	20592
1691	83320	54499	11889	63704	19616	11866	10	10476	1256
27749	762057	457613	71595	563121	198935	248052		751	77700
320	8912	5963	407	5963	2949	8000			
2613	80125	40231	7488	59555	20570	30728	224	377	11533
47950	1266603	705248	111308	905856	360747	424309	137684	11409	102229
88	3162	2612	51	3132	31	155			100
77	5211	4975	1284	4975	236	570			60
193	61341	12885	9821	21149	40192	33594	721	300	8693
3744	48571	9849	1920	38598	9973	15041	4896		
16558	553103	305356	44663	381679	171425	185049	71163	1830	23617
27646	701365	393681	74908	495550	205815	243676	61672	9726	84611
360	33278	16833	973	19284	13994	14862	675	154	2853
10542	282224	118156	12544	176030	106194	118598	42245	1810	110
13347	316264	161297	27596	228591	87673	109990	21568	156	49643
14094	326944	196175	28854	261107	65837	98432	43501	6416	31054
2018	57691	38228	7338	40585	17106	14757	3683	1573	743
8307	353195	211864	46132	228798	124396	116851	27410	1754	29532

3-2-28 续表 1

项 目	年初存货	流动资产合计	#应收帐款	#存货	固定资产合计	累计折旧	#本年折旧
二、餐饮业	**66532**	**526647**	**74368**	**59791**	**604627**	**233508**	**41472**
1.按登记注册类型分组							
内资企业	**63363**	**520766**	**74191**	**57344**	**599735**	**228705**	**38873**
国有企业	1696	9066	2102	1593	19372	6453	926
集体企业	455	7691	745	522	3028	2577	447
股份合作企业	15	191	24	19	60	45	6
有限责任公司	**12180**	**85150**	**12949**	**12921**	**198044**	**45540**	**9601**
国有独资公司	280	3043	16	267	23473	2212	
其他有限责任公司	11900	82107	12933	12655	174572	43327	9601
股份有限公司	962	8037	262	935	721	1311	368
私营企业	47755	408217	57952	41022	375841	171052	27205
私营独资企业	2656	24043	4578	2916	31974	5634	923
私营合伙企业	306	484	79	267	161	25	4
私营有限责任公司	44287	351342	48421	36950	330097	162068	25969
私营股份有限公司	506	32348	4874	890	13609	3324	310
其他企业	302	2414	156	332	2669	1728	322
港澳台商投资企业	100	379	21	60	371	465	83
港澳台商独资企业	100	379	21	60	371	465	83
外商投资企业	3069	5502	157	2387	4520	4339	2516
中外合资经营企业	132	92	66	20	33	382	16
中外合作经营企业	282	635	90	265	125	551	51
外资企业	2656	4775		2101	4362	3406	2449
2.按餐饮行业小类分组							
正餐服务	63063	518544	73093	57198	590445	227531	38251
快餐服务	3297	7006	661	2418	5824	4537	2645
其他餐饮业	173	1098	614	174	8358	1441	576
小吃服务	22	114	45	31			
餐饮配送服务	46	498	401	44	275	6	
其他未列明餐饮业	105	486	169	100	8082	1435	576
3.按控股情况分							
国有控股	5023	40698	4282	5466	167864	26375	6803
集体控股	1346	11854	1144	1604	14040	4783	897
私人控股	54157	449349	64323	47469	402359	192151	29505
港澳台商控股	382	1015	112	325	496	1016	134
外商控股	2788	4867	66	2122	4395	3788	2465
其 他	2836	18864	4441	2805	15472	5395	1669
4.按经营形式分							
独立门店	61590	488497	72262	55349	582880	220540	38492
连锁总店(总部)	3808	14200	644	2806	9000	9551	2588
连锁门店	627	3932	282	779	2291	1257	158
其 他	507	20018	1181	857	10456	2160	235
5.按单位规模分							
大 型	3724	19706	-303	3519	25318	14698	4522
中 型	21618	221835	22700	23882	360243	101310	21318
小 型	31011	262559	50659	31080	211318	110285	14605
微 型	10179	22547	1313	1309	7749	7215	1028

单位：万元

资产总计	流动负债合计		负债合计	所有者权益合计				
		应付帐款			#实收资本	#国家资本	#集体资本	#法人资本
1485150	**992112**	**184986**	**1145304**	**339845**	**331121**	**25223**	**6042**	**149614**
1459932	**977902**	**182150**	**1129964**	**329968**	**326634**	**24782**	**6042**	**149604**
33155	18802	8518	21937	11217	13695	12011		1684
11192	8735	8247	8736	2456	3201		3141	60
252	18	12	77	175	150			50
351178	**213071**	**37667**	**253393**	**97786**	**52040**	**12760**	**1994**	**25907**
27704	17091	2689	17091	10613	10613	500		10113
323475	195980	34978	236302	87173	41427	12260	1994	15795
14261	12879	1559	13395	865	4454			293
1044513	721201	125568	829230	215284	251376	11	907	120834
65810	28692	8212	37095	28715	23090	1	1	7764
1425	396	230	396	1030	1026			378
923722	651168	102729	750629	173093	219703	10	906	107043
53556	40946	14396	41109	12446	7557			5650
5382	3196	579	3196	2186	1718			774
1171	134	70	570	601	850			
1171	134	70	570	601	850			
24046	14077	2766	14771	9276	3638	441		10
125	1338	539	1338	-1213	989			
778	209		209	569	900	441		
23143	12530	2228	13224	9920	1749			10
1445919	975068	181238	1124304	321615	324056	25139	5832	147594
29065	16100	2969	16794	12270	4022			1520
10166	943	779	4206	5960	3044	84	210	500
317	14	14	14	303	300			
773	690	599	690	84	84	84		
9075	239	165	3501	5574	2660		210	500
250135	118549	14902	138557	111578	35050	19482		15347
28995	16381	9728	22269	6726	5294		4804	190
1141469	813265	151737	938882	202587	271471	11	1126	127818
1949	343	70	779	1170	1750	441		
23268	13868	2766	14562	8707	2738			10
39333	29706	5783	30256	9077	14819	5289	112	6249
1392486	931368	176082	1083058	309429	310778	25169	6042	136661
43215	26308	6354	27449	15766	7878			2859
17426	12349	567	12710	4716	2540			1320
32022	22088	1982	22088	9934	9925	54		8773
62166	22412	3733	41419	20748	4989	2000		1000
773913	533919	79157	626968	146946	129024	10500	879	80075
616278	417718	99901	457024	159254	183430	12722	4802	66943
32792	18063	2195	19894	12898	13679	1	361	1595

3-2-28　续表 2

项　目	#个人资本	营业收入	主营业务收入	营业成本	主营业务成本	营业税金及附加	主营业务税金及附加
总　计	**336293**	**1217295**	**1204836**	**631779**	**626878**	**64837**	**64474**
一、住宿业	**190107**	**464644**	**457192**	**212719**	**211060**	**26156**	**25833**
1.按登记注册类型分组							
内资企业	189307	457781	450330	209516	207856	25754	25431
国有企业		96194	94884	40712	40652	5239	5218
集体企业	3	17435	17393	9287	9287	833	823
有限责任公司	23796	101406	100448	43830	43654	5767	5767
国有独资公司		2255	2255	404	404	123	123
其他有限责任公司	23796	99151	98193	43426	43250	5644	5644
股份有限公司	20	6788	6788	2550	2550	431	345
私营企业	164385	228693	223551	108440	107017	13228	13021
私营独资企业	5354	17651	17324	10525	10525	976	976
私营合伙企业	442	1873	1873	1068	1068	109	109
私营有限责任公司	155707	202086	197271	93146	91811	11458	11251
私营股份有限公司	2882	7084	7084	3701	3612	685	685
其他企业	1103	7266	7266	4697	4697	258	258
港澳台商投资企业	800	6863	6863	3203	3203	402	402
与港澳台商合资经营企业	800	6863	6863	3203	3203	402	402
2.按住宿行业小类分组							
旅游饭店	129992	336771	332220	148589	147891	19011	18946
一般旅馆	51963	109361	108556	54188	53819	6168	5930
其他住宿服务	8152	18512	16417	9943	9350	978	956
3.按控股情况分							
国有控股	1113	136985	134946	61044	60900	7456	7435
集体控股	123	23573	23531	12080	12080	1216	1121
私人控股	169476	262739	257513	123273	121850	15055	14848
港澳台商控股	800	4773	4773	2474	2474	273	273
外商控股							
其　他	18595	36574	36431	13848	13755	2156	2156
4.按经营形式分							
独立门店	165662	446235	439734	204725	203065	25181	24868
连锁总店(总部)	55	1250	1250	359	359	78	78
连锁门店	510	4073	4062	1241	1241	256	256
其　他	23880	13086	12147	6394	6394	641	632
5.按单位规模分							
大　型	10146	23078	23050	5244	5244	1338	1338
中　型	81114	203792	200745	88407	88177	11380	11380
小　型	87667	236680	232305	118258	116831	13373	13050
微　型	11181	1094	1093	809	807	65	65
6.按星级分							
五　星	67233	69960	67420	24876	24823	3989	3989
四　星	38624	117637	116032	47409	47233	6996	6996
三　星	17336	118352	117072	59168	58413	6499	6381
二　星	8758	24035	23992	13381	13381	1218	1207
其　他	58156	134660	132676	67884	67211	7455	7260

单位：万元

其　他业务利润	销售费用	管理费用	财务费用	#利息支出	营业利润	利润总额	应交所得税	应付职工薪　酬(本年贷方累计发生额)
33184	**368404**	**264715**	**43134**	**20107**	**-151064**	**-140707**	**6184**	**259055**
17700	**151189**	**129274**	**19165**	**7793**	**-71798**	**-65112**	**1128**	**107497**
17700	149510	126935	19003	7793	-70876	-64274	1128	105161
10671	36843	29668	993	340	-15812	-14865	144	26196
198	4881	3999	477	235	-2075	-2360	11	3316
1716	33500	28674	4409	1595	-14191	-13325	163	24559
96	1055	585	20		67	73		262
1620	32446	28089	4389	1595	-14258	-13398	163	24297
	2668	2842	139	105	-1842	-1536	44	2175
4236	70142	60528	12948	5493	-36659	-31925	767	47759
134	2534	4078	176	111	-659	-780	39	3277
	315	301	-1		82	-86	2	360
4102	66102	54407	12628	5324	-35696	-30673	727	43108
	1192	1742	145	58	-386	-386		1014
879	1476	1224	37	26	-297	-263		1157
	1679	2339	162		-922	-838		2335
	1679	2339	162		-922	-838		2335
15165	118932	97057	15360	6039	-60470	-55237	614	78391
990	28625	28798	2494	708	-10545	-7971	502	23827
1545	3632	3418	1311	1046	-783	-1904	12	5279
10948	46740	41884	1051	395	-19776	-19087	272	37340
202	6795	5417	746	341	-2702	-2578	34	5082
5115	83645	68039	14115	5669	-41322	-36741	813	55761
	852	1881	33		-741	-716		1710
1435	13156	12055	3220	1388	-7258	-5991	9	7605
17396	145497	125444	18753	7780	-71474	-63861	1123	105057
	202	679	4	3	56	-127	3	248
	1835	854	63	8	-176	-113		459
304	3655	2298	345	2	-204	-1012	2	1733
9664	12617	5317	1729	1006	-3167	-2916	8	4300
2526	72641	55961	8691	1213	-32441	-31021	624	45930
5507	65571	67656	8717	5549	-35875	-30852	493	56871
3	360	340	28	25	-317	-323	3	395
10517	30448	21959	7479	2407	-18784	-17322	154	15135
1210	41729	38164	5255	1866	-21071	-18320	77	29348
4513	34791	31544	3894	2564	-16648	-16394	278	30188
442	5491	4976	289	142	-1280	-1130	69	5240
1019	38730	32631	2247	813	-14015	-11947	551	27585

3-2-28 续表 3

项　目	#个人资本	营业收入	主营业务收入	营业成本	主营业务成本	营业税金及附加	主营业务税金及附加
二、餐饮业	**146186**	**752651**	**747643**	**419060**	**415818**	**38681**	**38642**
1.按登记注册类型分组							
内资企业	**146186**	**667196**	**662188**	**373837**	**370596**	**34326**	**34286**
国有企业		18634	18424	11085	10803	1036	1032
集体企业		4681	4673	1790	1790	223	223
股份合作企业	100	642	642	363	363	36	36
有限责任公司	**11379**	**148951**	**146948**	**85342**	**84804**	**7321**	**7321**
国有独资公司		7008	7008	5594	5594	332	332
其他有限责任公司	11379	141943	139940	79748	79210	6990	6989
股份有限公司	4161	5659	5347	2879	2879	344	344
私营企业	129603	482376	479901	268977	266555	24978	24942
私营独资企业	15323	47421	47416	28504	28425	2277	2263
私营合伙企业	649	2210	2210	1624	1624	170	170
私营有限责任公司	111725	414354	412255	229480	227137	21534	21513
私营股份有限公司	1907	18392	18020	9369	9369	997	997
其他企业	943	6255	6255	3401	3401	388	388
港澳台商投资企业		1558	1558	631	631	90	90
港澳台商独资企业		1558	1558	631	631	90	90
外商投资企业		83897	83897	44592	44592	4266	4266
中外合资经营企业		3906	3906	2082	2082	222	222
中外合作经营企业		1597	1597	1055	1055	52	52
外资企业		78394	78394	41455	41455	3992	3992
2.按餐饮行业小类分组							
正餐服务	143173	654313	649305	364990	361756	33691	33651
快餐服务	763	94662	94662	51364	51359	4837	4837
其他餐饮业	2250	3676	3676	2707	2704	154	154
小吃服务	300	1383	1383	1377	1375	1	1
餐饮配送服务		564	564	295	295	34	34
其他未列明餐饮业	1950	1729	1729	1034	1034	120	120
3.按控股情况分							
国有控股	221	69575	67962	32891	32189	3883	3880
集体控股	300	25357	25349	19895	19895	570	570
私人控股	142496	541805	538418	302235	299698	28341	28304
港澳台商控股		3156	3156	1686	1686	142	142
外商控股		82300	82300	43537	43537	4214	4214
其　他	3169	30459	30459	18816	18814	1532	1532
4.按经营形式分							
独立门店	140668	627103	622100	354354	351257	31296	31257
连锁总店(总部)	3280	99601	99601	49501	49356	5737	5737
连锁门店	1140	10037	10037	4908	4908	757	757
其　他	1098	15912	15906	10297	10297	891	891
5.按单位规模分							
大　型	250	121968	120754	60939	59482	5872	5872
中　型	37570	288656	286677	162736	162063	14775	14775
小　型	96645	335530	333721	191742	190631	17593	17553
微　型	11721	6497	6492	3643	3642	442	442

单位：万元

其他业务利润	销售费用	管理费用	财务费用	#利息支出	营业利润	利润总额	应交所得税	应付职工薪酬（本年贷方累计发生额）
15484	**217215**	**135441**	**23970**	**12314**	**-79266**	**-75595**	**5056**	**151558**
15484	**196053**	**129262**	**23858**	**12313**	**-87690**	**-84011**	**3024**	**148838**
470	4528	4624	404	307	-2414	-2179	730	5550
	1549	1614	177	171	-671	173	6	931
	200	23	1		20	19	16	152
2620	**29652**	**39327**	**6066**	**3320**	**-17869**	**-19468**	**611**	**31613**
	337	366	462		-104	-104	24	1510
2620	29314	38961	5605	3320	-17765	-19364	588	30103
37	1530	1608	569	636	-1150	-1246		1733
12357	156710	81310	16630	7878	-65417	-61065	1659	107170
204	10587	5010	1509	1060	-772	-1637	133	9739
	222	203			-9	-9		467
11512	140655	74002	14326	6468	-64524	-59320	1515	93736
641	5246	2096	796	350	-111	-98	12	3229
	1885	756	12	1	-189	-244	1	1688
	784	289	5	2	-239	-238	27	457
	784	289	5	2	-239	-238	27	457
	20378	5889	107		8664	8653	2006	2263
	1501	284	115		-299	-299		276
	568	11	8		-97	-97		500
	18309	5595	-16		9059	9049	2006	1487
15463	194322	127942	23913	12273	88636	-84721	3017	147239
2	22197	6843	50	40	9372	9300	2039	3608
19	697	656	6	1	-2	-174		712
		5	1	1	3	3		36
		209	2		24	24		190
19	697	441	4		-28	-200		486
483	13063	27464	3120	2929	-9993	-10175	811	20399
	2874	3200	287	172	-930	-148	70	2369
12648	171893	92528	20017	8967	-72218	-68734	2059	119670
	1352	300	13	2	-336	-334	27	957
	19810	5879	99		8761	8750	2006	1763
2353	8225	6071	434	244	-4549	-4955	84	6400
14301	181725	125063	23047	12271	-86414	-82642	2473	134198
202	27677	7735	386	3	8767	8749	2506	9835
	3876	768	154	37	-427	-429	27	3429
981	3936	1876	383	3	-1192	-1274	50	4097
5173	26432	20724	2020	2389	8478	5684	2406	11578
4983	89514	58598	10388	3057	-48983	-43679	977	54466
5294	98166	55595	10995	6456	-36909	-35781	1667	83257
34	3104	524	566	412	-1852	-1818	6	2258

住宿和餐饮业统计口径及主要指标解释

一、统计口径范围:

本资料来源于全国第三次经济普查中在山西省境内所有注册从事住宿餐饮业经营活动的法人企业基本信息和财务状况。

二、住宿餐饮业业主要统计指标解释

住宿业 指为旅行者提供短期留宿场所的活动，有些单位只提供住宿，也有些单位提供住宿、饮食、商务、娱乐一体的服务。

餐饮业 指通过即时制作加工、商业销售和服务性劳动等，向消费者提供食品和消费场所及设施的服务。

住宿和餐饮业法人企业 指具备如下条件的住宿餐饮企业: (1)依法成立，有自己的名称、组织机构和场所，能够承担民事责任; (2)独立拥有和使用资产，承担负债，有权与其他单位签订合同; (3)独立核算盈亏，并能够编制包括资产负债表在内的全部会计帐户。

住宿和餐饮业企业经营形式 住宿和餐饮业企业经营的基本形式包括: 独立门店、连锁总店（总部)、连锁门店及其他方式。

住宿业企业星级评定情况 星级等级指符合《中华人民共和国星级酒店评定标准》(GB/T14308-2003)，并经过有关旅游管理权威部门评定（验收）后授予“星级”称号的宾馆、饭店等住宿设施的等级划分,分为一星级到五星级5个标准。星级越高，表示企业的档次越高。

营业额 指住宿和餐饮业单位在经营活动中因提供服务或销售商品等取得的全部收入，包括: 客房收入、餐费收入、商品销售额（含增值税）和其他收入。

客房收入 指住宿和餐饮业单位在经营活动中因提供住宿服务取得的收入。

餐费收入 指住宿和餐饮业单位因为顾客提供就餐服务取得的收入。

商品销售额 指住宿和餐饮业单位出售商品的销售总额（含增值税)。

其他收入 指营业额中除客房收入、餐费收入、商品销售额（含增值税）以外的其他收入。

固定资产合计 指企业为生产商品、提供劳务、出租或经营管理而持有的，使用寿命超过一个会计年度的有形资产。包括使用期限超过一年的房屋、建筑物、机器、机械、运输工具以及其他与生产、经营有关的设备、器具、工具等。

资产合计 指企业过去的交易或者事项形成的、由企业拥有或者控制的、预期会给企业带来经济利益的资源。资产一般按流动性分为流动资产和非流动资产。

负债合计 指企业过去的交易或者事项形成的，预期会导致经济利益流出企业的现时义务。负债一般按偿还期长短分为流动负债和非流动负债。

所有者权益合计 指企业资产扣除负债后由所有者享有的剩余权益。公司的所有者权益又称股东权益。包括实收资本、资本公积、盈余公积、未分配利润等。

主营业务收入 指企业确认的销售商品、提供劳务等主营业务的收入。

销售费用 指企业从事施工生产活动过程中发生的各项费用，包括应由企业负担的运输费、装卸费、包装费、保险费、维修费、展览费、差旅费、广告费和其他经费。

营业利润 指企业从事生产经营活动所取得的利润。

利润总额 指企业在一定会计期间的经营成果，是生产经营过程中各种收入扣除各种耗费后的盈余，反映企业在报告期内实现的亏盈总额。

应付职工薪酬 指企业为获得职工提供的服务而给予各种形式的报酬以及其他相关支出。包括职工工资、奖金、津贴和补贴，职工福利费，医疗保险费、养老保险费、失业保险费、工伤保险费和生育保险费等社会保险费，住房公积金，工会经费和职工教育经费，非货币性福利，因解除与职工的劳动关系给予的补偿，其他与获得职工提供的服务相关的支出。

第3篇

房地产业生产经营及财务状况

资料整理校对：　郝志军

3-3-1 各地区按资质等级分房地产开发企业法人单位个数

单位：个

地 区	总 计	一 级	二 级	三 级	四 级	暂 定	其 他
全 省	**3101**	**15**	**189**	**398**	**1246**	**1111**	**142**
太原市	952	3	88	124	323	357	57
大同市	238	3	27	34	118	47	9
阳泉市	126	2	13	22	65	19	5
长治市	253	2	8	33	106	95	9
晋城市	200	1	9	25	74	80	11
朔州市	129		7	21	39	47	15
晋中市	224	1	4	30	99	89	1
运城市	408	3	17	56	180	137	15
忻州市	186		3	12	92	75	4
临汾市	222		7	18	79	115	3
吕梁市	163		6	23	71	50	13

注：本表数据范围为全部房地产开发企业。

3-3-2 各地区按资质等级分房地产开发企业年末从业人数

单位：人

地 区	总 计	一 级	二 级	三 级	四 级	暂 定	其 他
全 省	**68754**	**1383**	**10483**	**11412**	**26690**	**16647**	**2139**
太原市	21730	119	5223	3176	6951	5178	1083
大同市	6495	328	1091	855	3040	1062	119
阳泉市	3614	190	1004	657	1403	306	54
长治市	5332	136	431	1030	1891	1731	113
晋城市	4006	175	682	734	1443	859	113
朔州市	3713		351	825	1350	957	230
晋中市	5358	77	134	1025	2620	1495	7
运城市	8048	358	998	1507	3302	1683	200
忻州市	3142		116	307	1777	911	31
临汾市	4273		298	714	1564	1667	30
吕梁市	3043		155	582	1349	798	159

注：本表数据范围为全部房地产开发企业。

3-3-3 各地区按登记注册类型分房地产开发企业法人单位个数

单位：个

地 区	总 计	内资企业	国有企业	集体企业	股份合作企业	国有联营企业	集体联营企业
全 省	**3101**	**3086**	**86**	**15**	**2**		
太原市	952	941	21	3			
大同市	238	238	9	5			
阳泉市	126	126	10	1			
长治市	253	253	9	1			
晋城市	200	200	8	1			
朔州市	129	128	2				
晋中市	224	223	8				
运城市	408	407	4	1	1		
忻州市	186	186	4				
临汾市	222	221	2	1			
吕梁市	163	163	9	2	1		

3-3-3 续表 1

单位：个

地 区	国有与集体联营企业	其他联营企业	国有独资公司	其他有限责任公司	股份有限公司	私营独资企业	私营合伙企业
全 省			**35**	**526**	**32**	**18**	**2**
太原市			21	148	8	3	
大同市			2	71	3	1	
阳泉市			3	50	1	1	
长治市			1	65	1		
晋城市			1	19	1	1	2
朔州市			4	13	1	2	
晋中市			1	22	8		
运城市			1	25		3	
忻州市				48	3	2	
临汾市			1	26	2	1	
吕梁市				39	4	4	

3-3-3　续表 2

单位：个

地　区	私营有限责任公司	私营股份有限公司	其他内资企　业	港、澳、台商投资企　业	合资经营企业(港、澳、台资)	合作经营企业(港、澳、台资)	港、澳、台商独资经营企业	港、澳、台商投资股份有限公司
全 省	**2283**	**81**	**6**	**10**	**6**		**4**	
太原市	710	25	2	6	3		3	
大同市	141	6						
阳泉市	51	8	1					
长治市	170	6						
晋城市	164	3						
朔州市	93	13		1			1	
晋中市	182	2		1	1			
运城市	369	2	1	1	1			
忻州市	128	1						
临汾市	184	3	1	1	1			
吕梁市	91	12	1					

3-3-3　续表 3

地　区	其他港、澳、台商投资企业	外商投资企　业	中外合资经营企业	中外合作经营企业	独资企业	外商投资股份有限公　司	其他外商投资企业
全 省		**5**	**3**		**2**		
太原市		5	3		2		
大同市							
阳泉市							
长治市							
晋城市							
朔州市							
晋中市							
运城市							
忻州市							
临汾市							
吕梁市							

注：本表数据范围为全部房地产开发企业。

3-3-4 各地区按登记注册类型分房地产开发企业年末从业人数

单位：人

地　区	总　计	内资企业					
			国有企业	集体企业	股份合作企业	国有联营企业	集体联营企业
全　省	**68754**	**68314**	**3115**	**407**	**55**		
太原市	21730	21406	770	40			
大同市	6495	6495	266	126			
阳泉市	3614	3614	288	131			
长治市	5332	5332	282	11			
晋城市	4006	4006	674				
朔州市	3713	3673	144				
晋中市	5358	5337	188				
运城市	8048	8003	90	29	15		
忻州市	3142	3142	71				
临汾市	4273	4263	90	12			
吕梁市	3043	3043	252	58	40		

3-3-4 续表 1

单位：人

地　区	国有与集体联营企业	其他联营企业	国有独资公司	其他有限责任公司	股份有限公司	私营独资企业	私营合伙企业
全　省			**1091**	**13761**	**893**	**294**	**19**
太原市			637	4963	134	33	
大同市			54	1958	94	3	
阳泉市			60	1562	25	10	
长治市			5	1721	11		
晋城市			58	558		20	19
朔州市			221	240	102	49	
晋中市			6	529	359		
运城市			30	329		89	
忻州市				841	33	24	
临汾市			20	553	22	5	
吕梁市				507	113	61	

3-3-4　续表 2

单位：人

地　区	私营有限责任公司	私营股份有限公司	其他内资企业	港、澳、台商投资企业	合资经营企业(港、澳、台资)	合作经营企业(港、澳、台资)	港、澳、台商独资经营企业	港、澳、台商投资股份有限公司
全　省	**47166**	**1436**	**77**	**213**	**114**		**99**	
太原市	14345	462	22	97	38		59	
大同市	3707	287						
阳泉市	1465	65	8					
长治市	3210	92						
晋城市	2656	21						
朔州市	2763	154		40			40	
晋中市	4215	40		21	21			
运城市	7379	17	25	45	45			
忻州市	2146	27						
临汾市	3451	98	12	10	10			
吕梁市	1829	173	10					

3-3-4　续表 3

地　区	其他港、澳、台商投资企业	外商投资企业	中外合资经营企业	中外合作经营企业	独资企业	外商投资股份有限公司	其他外商投资企业
全　省		**227**	**148**		**79**		
太原市		227	148		79		
大同市							
阳泉市							
长治市							
晋城市							
朔州市							
晋中市							
运城市							
忻州市							
临汾市							
吕梁市							

注：本表数据范围为全部房地产开发企业。

3-3-5 各地区按登记注册类型分房地产开发企业主营业务收入

单位：万元

地 区	总 计	内资企业	国有企业	集体企业	股份合作企业	国有联营企业	集体联营企业
全 省	**5664532**	**83202**	**68067**	**2285**	**12850**		
太原市	2744405	10124	9599	525			
大同市	418654	2468	2467	1			
阳泉市	280031	9373	9154	220			
长治市	339780	11175	11159	16			
晋城市	197478	10292	10292				
朔州市	209131	259	259				
晋中市	390988	15516	15516				
运城市	505295	3078	2292	86	700		
忻州市	150981	2210	2210				
临汾市	248470	2943	2443	500			
吕梁市	179320	15765	2677	938	12150		

3-3-5 续表 1

单位：万元

地 区	国有与集体联营企业	其他联营企业	国有独资公司	其他有限责任公司	股份有限公司	私营独资企业	私营合伙企业
全 省			**198103**	**1636071**	**29677**	**6757**	**86**
太原市			182412	868125	516	865	
大同市				124316		106	
阳泉市			233	171519		100	
长治市				251999			
晋城市				51255		2333	86
朔州市			1184	18376	4800		
晋中市				27205	20703		
运城市			12548	6230		900	
忻州市				52381	342	100	
临汾市			1726	52688	517	400	
吕梁市				11977	2800	1953	

3-3-5　续表 2　　单位：万元

地　区	私营有限责任公司	私营股份有限公司	其他内资企　业	港、澳、台商投资企　业	合资经营企业(港、澳、台资)	合作经营企业(港、澳、台资)	港、澳、台商独资经营企业	港、澳、台商投资股份有限公司
全　省	**3479783**	**165987**	**1369**	**22479**	**1274**		**21205**	
太原市	1485846	134247		21253	375		20877	
大同市	291738	26						
阳泉市	97657	317	832					
长治市	76555	50						
晋城市	133399	112						
朔州市	174908	9277		328			328	
晋中市	327448	115						
运城市	476837	4284	519	899	899			
忻州市	95949							
临汾市	180756	9422	18					
吕梁市	138689	8136						

3-3-5　续表 3

地　区	其他港、澳、台商投资企业	外商投资企　业	中外合资经营企业	中外合作经营企业	独资企业	外商投资股份有限公　司	其他外商投资企业
全　省		**41018**	**571**		**40447**		
太原市		**41018**	571		40447		
大同市							
阳泉市							
长治市							
晋城市							
朔州市							
晋中市							
运城市							
忻州市							
临汾市							
吕梁市							

注：本表数据范围为全部房地产开发企业。

3-3-6 各地区按登记注册类型分房地产开发企业资产总计

单位：万元

地 区	总 计	内资企业	国有企业	集体企业	股份合作企 业	国有联营企 业	集体联营企 业
全 省	**52565126**	**51831316**	**1567339**	**57008**	**30917**		
太原市	25092931	24425183	564540	2952			
大同市	5760878	5760878	352516	33825			
阳泉市	2497438	2497438	88737	4548			
长治市	2672582	2672582	51695	700			
晋城市	2583435	2583435	226166				
朔州市	1323964	1322058	43181				
晋中市	3173515	3156585	70854				
运城市	3593022	3566403	90752	1200	150		
忻州市	1293670	1293670	15183				
临汾市	3120770	3100162	5890	2119			
吕梁市	1452921	1452921	57824	11666	30767		

3-3-6 续表 1

单位：万元

地 区	国有与集体联营企业	其他联营企 业	国有独资公 司	其他有限责任公司	股份有限公 司	私营独资企 业	私营合伙企 业
全 省			**1516682**	**13999854**	**948411**	**58771**	**1602**
太原市			781395	6710285	41159	8856	
大同市			403534	2321191	121990	568	
阳泉市			31328	1141217	28731	300	
长治市			38315	1250304	4076		
晋城市			52792	363489		5883	1602
朔州市			100319	54138	362316	435	
晋中市			1500	401502	276978		
运城市			73977	79949		2000	
忻州市				536940	9627	1329	
临汾市			33523	842469	4000	100	
吕梁市				298370	99534	39300	

3-3-6　续表 2

单位：万元

地　区	私营有限责任公司	私营股份有限公司	其他内资企　业	港、澳、台商投资企　业	合资经营企业(港、澳、台资)	合作经营企业(港、澳、台资)	港、澳、台商独资经营企业	港、澳、台商投资股份有限公司
全　省	**32368343**	**1258959**	**23429**	**328079**	**93828**		**234252**	
太原市	15483280	827541	5175	262018	29672		232345	
大同市	2348749	178506						
阳泉市	1163536	27305	11738					
长治市	1306084	21408						
晋城市	1929079	4422						
朔州市	741693	19976		1906			1906	
晋中市	2404590	1161		16929	16929			
运城市	3309519	8341	516	26619	26619			
忻州市	719043	11548						
临汾市	2112914	96148	3000	20607	20607			
吕梁市	849856	62604	3000					

3-3-6　续表 3

地　区	其他港、澳、台商投资企业	外商投资企　业	中外合资经营企业	中外合作经营企业	独资企业	外商投资股份有限公　司	其他外商投资企业
全　省		**405731**	**115010**		**290720**		
太原市		405731	115010		290720		
大同市							
阳泉市							
长治市							
晋城市							
朔州市							
晋中市							
运城市							
忻州市							
临汾市							
吕梁市							

注：本表数据范围为全部房地产开发企业。

3-3-7 各地区按登记注册类型分联网直报房地产开发企业法人单位个数

单位：个

地 区	总 计	内资企业					
			国有企业	集体企业	股份合作企 业	国有联营企 业	集体联营企 业
全 省	**2269**	**2254**	**73**	**10**			
太原市	729	718	12	1			
大同市	161	161	9	4			
阳泉市	99	99	10	1			
长治市	198	198	9	1			
晋城市	111	110	6				
朔州市	95	94	2				
晋中市	161	161	7				
运城市	304	303	4				
忻州市	149	149	4				
临汾市	154	153	2	1			
吕梁市	108	108	8	2			

3-3-7 续表 1

单位：个

地 区	国有与集体联营企业	其他联营企 业	国有独资公 司	其他有限责任公司	股份有限公 司	私营独资企 业	私营合伙企 业
全 省			**31**	**369**	**24**	**1**	
太原市			20	98	4		
大同市			2	46	3		
阳泉市			3	34	1		
长治市				61	1		
晋城市			1	13	1		
朔州市			3	9	1		
晋中市				20	6		
运城市			1	6			
忻州市				44	3	1	
临汾市			1	20			
吕梁市				18	4		

3-3-7 续表 2

单位：个

地区	私营有限责任公司	私营股份有限公司	其他内资企业	港、澳、台商投资企业	合资经营企业(港、澳、台资)	合作经营企业(港、澳、台资)	港、澳、台商独资经营企业	港、澳、台商投资股份有限公司
全省	**1678**	**67**	**1**	**9**	**5**		**4**	
太原市	561	22		6	3		3	
大同市	92	5						
阳泉市	41	8	1					
长治市	123	3						
晋城市	89							
朔州市	67	12		1			1	
晋中市	127	1						
运城市	291	1		1	1			
忻州市	96	1						
临汾市	126	3		1	1			
吕梁市	65	11						

3-3-7 续表 3

地区	其他港、澳、台商投资企业	外商投资企业	中外合资经营企业	中外合作经营企业	独资企业	外商投资股份有限公司	其他外商投资企业
全省		**6**	**3**		**3**		
太原市		5	3		2		
大同市							
阳泉市							
长治市							
晋城市		1			1		
朔州市							
晋中市							
运城市							
忻州市							
临汾市							
吕梁市							

注：本表数据范围为全部房地产开发企业。

3-3-8 各地区按登记注册类型分联网直报房地产开发企业从业人员平均人数

单位：人

地 区	总 计	内资企业	国有企业	集体企业	股份合作企业	国有联营企业	集体联营企业
全 省	**55391**	**54961**	**2794**	**340**			
太原市	17701	17369	553	25			
大同市	4494	4494	270	106			
阳泉市	3254	3254	291	128			
长治市	4456	4456	282	11			
晋城市	3111	3108	553				
朔州市	3289	3249	165				
晋中市	4286	4286	183				
运城市	6364	6319	90				
忻州市	2728	2728	71				
临汾市	3469	3459	90	12			
吕梁市	2239	2239	246	58			

3-3-8 续表 1

单位：人

地 区	国有与集体联营企业	其他联营企业	国有独资公司	其他有限责任公司	股份有限公司	私营独资企业	私营合伙企业
全 省			**932**	**11131**	**774**	**16**	
太原市			597	3950	52		
大同市			54	1273	94		
阳泉市			61	1334	25		
长治市				1679	11		
晋城市			57	506			
朔州市			113	261	98		
晋中市				458	346		
运城市			30	91			
忻州市				822	33	16	
临汾市			20	493			
吕梁市				264	115		

3-3-8　续表 2　　单位：人

地　区	私营有限责任公司	私营股份有限公司	其他内资企　业	港、澳、台商投资企　业	合资经营企业(港、澳、台资)	合作经营企业(港、澳、台资)	港、澳、台商独资经营企业	港、澳、台商投资股份有限公司
全　省	**37641**	**1325**	**8**	**199**	**100**		**99**	
太原市	11758	434		104	45		59	
大同市	2423	274						
阳泉市	1342	65	8					
长治市	2415	58						
晋城市	1992							
朔州市	2395	217		40			40	
晋中市	3280	19						
运城市	6096	12		45	45			
忻州市	1761	25						
临汾市	2734	110		10	10			
吕梁市	1445	111						

3-3-8　续表 3

地　区	其他港、澳、台商投资企业	外商投资企　业	中外合资经营企业	中外合作经营企业	独资企业	外商投资股份有限公　司	其他外商投资企业
全　省		**231**	**148**		**83**		
太原市		228	148		80		
大同市							
阳泉市							
长治市							
晋城市		3			3		
朔州市							
晋中市							
运城市							
忻州市							
临汾市							
吕梁市							

注：本表数据范围为全部房地产开发企业。

3-3-9 各地区按资质等级分联网直报房地产开发企业法人单位个数

单位：个

地区	总计	一级	二级	三级	四级	暂定	其他
全省	**2269**	**15**	**175**	**364**	**1122**	**566**	**27**
太原市	729	3	80	111	301	224	10
大同市	161	3	23	28	90	16	1
阳泉市	99	2	13	21	56	6	1
长治市	198	2	7	30	96	57	6
晋城市	111	1	11	26	65	8	
朔州市	95		7	20	36	32	
晋中市	161	1	4	27	87	42	
运城市	304	3	16	51	170	64	
忻州市	149		3	12	91	40	3
临汾市	154		7	17	73	56	1
吕梁市	108		4	21	57	21	5

注：本表数据范围为全部房地产开发企业。

3-3-10 各地区按资质等级分联网直报房地产开发企业从业人员平均人数

单位：人

地区	总计	一级	二级	三级	四级	暂定	其他
全省	**55391**	**1371**	**9925**	**11124**	**23373**	**9249**	**349**
太原市	17701	115	5180	2935	6242	3119	110
大同市	4494	340	916	779	1988	441	30
阳泉市	3254	189	944	639	1300	171	11
长治市	4456	137	413	998	1710	1118	80
晋城市	3111	161	740	806	1316	88	
朔州市	3289		477	990	979	843	
晋中市	4286	78	127	889	2318	874	
运城市	6364	351	590	1513	3149	761	
忻州市	2728		117	303	1770	520	18
临汾市	3469		289	726	1486	950	18
吕梁市	2239		132	546	1115	364	82

注：本表数据范围为全部房地产开发企业。

3-3-11　各地区按用途分联网直报房地产开发企业房屋施工面积

单位：平方米

地　区	房屋施工面　积	住　宅	#别墅、高档公　寓	办公楼	商业营业用　房	其他
全　省	**140400463**	**107549465**	**933719**	**3271129**	**16478129**	**13101740**
太原市	42997601	33207844	717560	1686715	3950905	4152137
大同市	21290594	16009990	2000	333774	2964862	1981968
阳泉市	8236291	6369507	29947	223283	948820	694681
长治市	11065754	8180685	4200	106878	1339463	1438728
晋城市	5798175	4279079	26000	69033	487769	962294
朔州市	8653384	6048956	24998	73833	1684464	846131
晋中市	9915124	8020943	39600	169252	814203	910726
运城市	13629226	10811684	78634	109499	1934851	773192
忻州市	5669449	4770710		70184	652846	175709
临汾市	7530548	5467377	10780	274253	1097352	691566
吕梁市	5614317	4382690		154425	602594	474608

注：本表数据范围为全部房地产开发企业。

3-3-12　各地区按资质等级分联网直报房地产开发企业房屋施工面积

单位：平方米

地　区	总　计	一　级	二　级	三　级	四　级	暂　定	其　他
全　省	**140400463**	**6129350**	**26181501**	**28504476**	**56459174**	**22011227**	**1114735**
太原市	42997601	448048	10459117	6993356	18145502	6701515	250063
大同市	21290594	3364577	4450891	4570694	6480229	2362234	61969
阳泉市	8236291	251450	2935613	1093406	3628288	200782	126752
长治市	11065754	359225	1572802	3588502	2316112	2775456	453657
晋城市	5798175	481899	1466553	1749900	2076954	22869	
朔州市	8653384		1132811	1936749	2337208	3246616	
晋中市	9915124	141467	474724	2410529	4393951	2494453	
运城市	13629226	1082684	2027802	3190144	6221201	1107395	
忻州市	5669449		478518	591453	4128281	411251	59946
临汾市	7530548		809598	1126038	3458555	2129797	6560
吕梁市	5614317		373072	1253705	3272893	558859	155788

注：本表数据范围为全部房地产开发企业。

3-3-13 各地区按用途分联网直报房地产开发企业房屋新开工面积

单位：平方米

地区	房屋新开工面积	住宅	#别墅、高档公寓	办公楼	商业营业用房	其他
全省	**36733362**	**27233857**	**204985**	**764671**	**4727956**	**4006878**
太原市	7175842	5829653	178488	296262	443028	606899
大同市	6246571	4295949		110015	1157004	683603
阳泉市	2227168	1910486	2512	8263	201390	107029
长治市	3013457	1796339		33699	585494	597925
晋城市	1753166	1141735		6675	197291	407465
朔州市	3556656	2373648		25078	613762	544168
晋中市	2614255	2009723	12155	70395	180155	353982
运城市	5294081	4292533	11830	45341	631806	324401
忻州市	1699330	1509748		12760	114376	62446
临汾市	2166210	1345464		76016	477120	267610
吕梁市	986626	728579		80167	126530	51350

注：本表数据范围为全部房地产开发企业。

3-3-14 各地区按资质等级分联网直报房地产开发企业房屋新开工面积

单位：平方米

地区	总计	一级	二级	三级	四级	暂定	其他
全省	**36733362**	**995162**	**4510412**	**7606599**	**14885513**	**8404615**	**331061**
太原市	7175842		1217431	1289589	2679384	1989438	
大同市	6246571	508556	851710	1277520	2779570	829215	
阳泉市	2227168	132343	401991	301942	1063358	200782	126752
长治市	3013457	151268	614635	467766	490952	1180221	108615
晋城市	1753166	64673	395956	655431	614237	22869	
朔州市	3556656		93935	1003843	994312	1464566	
晋中市	2614255	400	33074	655820	1197799	727162	
运城市	5294081	137922	688562	1350765	2463705	653127	
忻州市	1699330		113537	134420	1174671	216756	59946
临汾市	2166210		53600	293143	818654	994253	6560
吕梁市	986626		45981	176360	608871	126226	29188

注：本表数据范围为全部房地产开发企业。

3-3-15　各地区按用途分联网直报房地产开发企业房屋竣工面积

单位：平方米

地区	房屋竣工面积	住宅	#别墅、高档公寓	办公楼	商业营业用房	其他
全省	**22848204**	**18479861**	**90443**	**307505**	**2729776**	**1331062**
太原市	2261692	1908677	12722	106712	144656	101647
大同市	6562114	5243448		60174	903518	354974
阳泉市	1532598	1401705	27435	8400	99065	23428
长治市	2221363	1590873		30725	366328	233437
晋城市	925812	692966	26000	31195	88696	112955
朔州市	1824231	1338689		1330	416514	67698
晋中市	1302589	1094596		24458	139740	43795
运城市	3161352	2628459	24286	16476	335824	180593
忻州市	1062417	916960		2378	82717	60362
临汾市	988356	835073		21820	68139	63324
吕梁市	1005680	828415		3837	84579	88849

注：本表数据范围为全部房地产开发企业。

3-3-16　各地区按资质等级分联网直报房地产开发企业房屋竣工面积

单位：平方米

地区	总计	一级	二级	三级	四级	暂定	其他
全省	**22848204**	**2672822**	**4483064**	**5719882**	**7933658**	**2032218**	**6560**
太原市	2261692		1278526	540236	386001	56929	
大同市	6562114	2099331	565900	1385743	1400811	1110329	
阳泉市	1532598		1027060	95061	410477		
长治市	2221363	17139	278562	843013	1012590	70059	
晋城市	925812	197913	47500	83915	596484		
朔州市	1824231		369679	866858	102129	485565	
晋中市	1302589	61167	98878	608870	515803	17871	
运城市	3161352	297272	348768	645674	1780914	88724	
忻州市	1062417			87038	928010	47369	
临汾市	988356		370339	329497	144266	137694	6560
吕梁市	1005680		97852	233977	656173	17678	

注：本表数据范围为全部房地产开发企业。

3-3-17 各地区按用途分联网直报房地产开发企业房屋竣工价值

单位：万元

地区	房屋竣工价值	住宅	#别墅、高档公寓	办公楼	商业营业用房	其他
全省	**4984611**	**4015974**	**21976**	**71181**	**622214**	**275242**
太原市	510873	436505	1781	15122	36535	22711
大同市	1619701	1275331		15759	237105	91506
阳泉市	360973	326197	6809	9516	20033	5227
长治市	478458	353510		5871	76483	42594
晋城市	226088	164336	7748	9296	25649	26807
朔州市	353114	273451		160	70018	9485
晋中市	268518	219633		6012	33913	8960
运城市	494276	411382	5638	2493	54762	25639
忻州市	211155	178157		312	21456	11230
临汾市	253765	214602		5753	19786	13624
吕梁市	207690	162870		887	26474	17459

注：本表数据范围为全部房地产开发企业。

3-3-18 各地区按资质等级分联网直报房地产开发企业房屋竣工价值

单位：万元

地区	总计	一级	二级	三级	四级	暂定	其他
全省	**4984611**	**541749**	**1037348**	**1313867**	**1597708**	**492627**	**1312**
太原市	510873		267510	130063	99466	13834	
大同市	1619701	434226	136196	426761	331577	290941	
阳泉市	360973		272301	30063	58609		
长治市	478458	3650	57204	201582	203903	12119	
晋城市	226088	49507	10252	22069	144260		
朔州市	353114		102030	121491	23132	106461	
晋中市	268518	7486	14234	117254	124529	5015	
运城市	494276	46880	64539	107865	262012	12980	
忻州市	211155			21517	178994	10644	
临汾市	253765		97864	88031	34120	32438	1312
吕梁市	207690		15218	47171	137106	8195	

注：本表数据范围为全部房地产开发企业。

3-3-19　各地区按用途分联网直报房地产开发企业商品房销售面积

单位：平方米

地　区	商品房销售面积	住　宅	#别墅、高档公寓	办公楼	商业营业用房	其他
全　省	**16428225**	**14843733**	**211070**	**152959**	**1160047**	**271486**
太原市	3976020	3749908	171203	80021	143557	2534
大同市	1206110	982450		15550	167645	40465
阳泉市	852445	817167	2089	8400	17686	9192
长治市	1815506	1570352		21082	140359	83713
晋城市	866170	785696	3191		60685	19789
朔州市	1381784	1052931			277183	51670
晋中市	1269409	1209178	19392	16892	30585	12754
运城市	2294125	2082018	15195	4231	179813	28063
忻州市	607413	533146			63008	11259
临汾市	1358123	1304922		6783	46418	
吕梁市	801120	755965			33108	12047

注：本表数据范围为全部房地产开发企业。

3-3-20　各地区按资质等级分联网直报房地产开发企业商品房销售面积

单位：平方米

地　区	总　计	一　级	二　级	三　级	四　级	暂　定	其　他
全　省	**16428225**	**430929**	**3164703**	**3369910**	**7057190**	**2365025**	**40468**
太原市	3976020		899766	509913	1901809	629824	34708
大同市	1206110	79529	391387	80563	486714	167917	
阳泉市	852445	55511	422116	139201	235617		
长治市	1815506	54669	291809	643231	536431	289366	
晋城市	866170	66057	164366	132524	483942	19281	
朔州市	1381784		215795	448486	267447	450056	
晋中市	1269409	51083	95368	309933	496689	316336	
运城市	2294125	124080	200720	636724	1206530	126071	
忻州市	607413		26616	93477	475050	12270	
临汾市	1358123		287434	127411	646252	291266	5760
吕梁市	801120		169326	248447	320709	62638	

注：本表数据范围为全部房地产开发企业。

3-3-21 各地区按用途分联网直报房地产开发企业商品房销售额

单位：万元

地 区	商品房销售额	住 宅	#别墅、高档公寓	办公楼	商业营业用房	其 他
全 省	**7282585**	**6251438**	**213582**	**146378**	**809052**	**75717**
太原市	2952083	2596177	193498	110095	245069	742
大同市	558014	392334		6898	141883	16899
阳泉市	279959	254829	717	9516	12819	2795
长治市	647082	525603		10649	88144	22686
晋城市	383703	330816	3024		45265	7622
朔州市	405809	301728			96597	7484
晋中市	487088	457459	9585	4293	22972	2364
运城市	655526	554607	6758	644	94110	6165
忻州市	184640	155942			23054	5644
临汾市	476368	449323		4283	22762	
吕梁市	252313	232620			16377	3316

注：本表数据范围为全部房地产开发企业。

3-3-22 各地区按资质等级分联网直报房地产开发企业商品房销售额

单位：万元

地 区	总 计	一 级	二 级	三 级	四 级	暂 定	其 他
全 省	**7282585**	**174355**	**1425583**	**1283476**	**3262005**	**1121627**	**15539**
太原市	2952083		631849	341171	1514517	450474	14072
大同市	558014	41425	170811	46905	197451	101422	
阳泉市	279959	15771	126822	47100	90266		
长治市	647082	19296	117341	217895	175564	116986	
晋城市	383703	41827	69517	68751	198209	5399	
朔州市	405809		58202	134648	75734	137225	
晋中市	487088	9942	42055	94438	184907	155746	
运城市	655526	46094	64609	182433	331766	30624	
忻州市	184640		9014	32227	140143	3256	
临汾市	476368		92728	43318	239260	99595	1467
吕梁市	252313		42635	74590	114188	20900	

注：本表数据范围为全部房地产开发企业。

3-3-23 各地区联网直报房地产开发企业商品房屋待售情况

单位：平方米

地 区	商品房待售面积	#待售1-3年面积	#待售3年以上面积
全 省	**10575232**	**4512653**	**98829**
太原市	466439	262355	26905
大同市	1009237	441815	17106
阳泉市	1027642	877757	
长治市	1211601	367957	
晋城市	272858	134988	
朔州市	1188430	442614	21597
晋中市	427332	141170	315
运城市	3364051	1436033	32906
忻州市	541992	295106	
临汾市	528997	104142	
吕梁市	536653	8716	

注：本表数据范围为全部房地产开发企业。

3-3-24 各地区按用途分联网直报房地产开发企业商品房待售面积

单位：平方米

地 区	商品房待售面积	住 宅	#别墅、高档公寓	办公楼	商业营业用房	其 他
全 省	**10575232**	**7994666**	**65162**	**180258**	**1725987**	**674321**
太原市	466439	379741	2722	37198	48360	1140
大同市	1009237	743580	26700	27676	140713	97268
阳泉市	1027642	931215			87569	8858
长治市	1211601	853324	2100	35421	180251	142605
晋城市	272858	214873			48778	9207
朔州市	1188430	935802			231252	21376
晋中市	427332	245961		1954	109517	69900
运城市	3364051	2553682	33640	39991	643197	127181
忻州市	541992	385274		13698	132482	10538
临汾市	528997	337409		24320	49302	117966
吕梁市	536653	413805			54566	68282

注：本表数据范围为全部房地产开发企业。

3-3-25 各地区按登记注册类型分联网直报房地产开发企业资产总计

单位：万元

地 区	总 计	内资企业	国有企业	集体企业	股份合作企业	国有联营企业	集体联营企业
全 省	**47700735**	**46952007**	**1203358**	**53384**			
太原市	21898882	21231134	346476	1828			
大同市	4766720	4766720	352516	32525			
阳泉市	2409750	2409750	88737	4548			
长治市	2540936	2540936	51695	700			
晋城市	2850098	2818251	116675				
朔州市	1634008	1632102	52860				
晋中市	2916059	2916059	57536				
运城市	3405697	3379078	90752				
忻州市	1230505	1230505	15183				
临汾市	2874202	2853595	5890	2119			
吕梁市	1173877	1173877	25039	11666			

3-3-25 续表 1

单位：万元

地 区	国有与集体联营企业	其他联营企业	国有独资公司	其他有限责任公司	股份有限公司	私营独资企业	私营合伙企业
全 省			**1475067**	**12524028**	**920461**	**1019**	
太原市			780395	5658038	22024		
大同市			403534	1747022	121990		
阳泉市			31328	1090128	28731		
长治市				1244020	4076		
晋城市			52792	743921			
朔州市			99519	62370	362316		
晋中市				397215	272164		
运城市			73977	57084			
忻州市				534860	9627	1019	
临汾市			33523	786840			
吕梁市				202530	99534		

3-3-25 续表 2 单位：万元

地 区	私营有限责任公司	私营股份有限公司	其他内资企业	港、澳、台商投资企业	合资经营企业(港、澳、台资)	合作经营企业(港、澳、台资)	港、澳、台商独资经营企业	港、澳、台商投资股份有限公司
全 省	**29512573**	**1250379**	**11738**	**311150**	**76898**		**234252**	
太原市	13601731	820644		262018	29672		232345	
大同市	1930728	178406						
阳泉市	1127236	27305	11738					
长治市	1238463	1983						
晋城市	1904863							
朔州市	1001169	53868		1906			1906	
晋中市	2188609	534						
运城市	3149925	7340		26619	26619			
忻州市	658269	11548						
临汾市	1929075	96148		20607	20607			
吕梁市	782505	52604						

3-3-25 续表 3

地 区	其他港、澳、台商投资企业	外商投资企业	中外合资经营企业	中外合作经营企业	独资企业	外商投资股份有限公司	其他外商投资企业
全 省		**437578**	**115010**		**322568**		
太原市		405731	115010		290720		
大同市							
阳泉市							
长治市							
晋城市		31847.4			31847.4		
朔州市							
晋中市							
运城市							
忻州市							
临汾市							
吕梁市							

注：本表数据范围为全部房地产开发企业。

3-3-26 各地区按登记注册类型分联网直报房地产开发企业负债合计

单位：万元

地 区	总 计	内资企业					
			国有企业	集体企业	股份合作企业	国有联营企业	集体联营企业
全 省	**41750265**	**41170607**	**1162138**	**48821**			
太原市	19007470	18474781	339199	675			
大同市	4450694	4450694	335522	29604			
阳泉市	2233480	2233480	87568	5107			
长治市	2131744	2131744	45148	660			
晋城市	2644779	2628183	115008				
朔州市	1421627	1420711	51099				
晋中市	2525480	2525480	52322				
运城市	2772693	2762727	90252				
忻州市	1099392	1099392	16510				
临汾市	2488256	2468764	5720	1914			
吕梁市	974651	974651	23791	10861			

3-3-26 续表 1

单位：万元

地 区	国有与集体联营企业	其他联营企业	国有独资公司	其他有限责任公司	股份有限公司	私营独资企业	私营合伙企业
全 省			**1234899**	**10941451**	**793756**	**508**	
太原市			572030	4669381	17177		
大同市			401898	1623362	116690		
阳泉市			30991	1022889	26731		
长治市				1051610	3944		
晋城市			39578	707918			
朔州市			91776	41339	385166		
晋中市				361177	166537		
运城市			67221	49143			
忻州市				504523	8150	508	
临汾市			31406	738163			
吕梁市				171945	69361		

3-3-26　续表 2

单位：万元

地　区	私营有限责任公司	私营股份有限公司	其他内资企　业	港、澳、台商投资企　业	合资经营企业(港、澳、台资)	合作经营企业(港、澳、台资)	港、澳、台商独资经营企业	港、澳、台商投资股份有限公司
全　省	**25941447**	**1036388**	**11200**	**193730**	**50550**		**143180**	
太原市	12202726	673593		163357	21092		142265	
大同市	1777657	165961						
阳泉市	1026847	22148	11200					
长治市	1030161	222						
晋城市	1765680							
朔州市	814029	37304		916			916	
晋中市	1944893	550						
运城市	2556110			9966	9966			
忻州市	558016	11686						
临汾市	1601323	90237		19492	19492			
吕梁市	664006	34687						

3-3-26　续表 3

地　区	其他港、澳、台商投资企业	外商投资企　业	中外合资经营企业	中外合作经营企业	独资企业	外商投资股份有限公　司	其他外商投资企业
全　省		**385928**	**116928**		**269001**		
太原市		369333	116928		252405		
大同市							
阳泉市							
长治市							
晋城市		16595.4			16595.4		
朔州市							
晋中市							
运城市							
忻州市							
临汾市							
吕梁市							

注：本表数据范围为全部房地产开发企业。

3-3-27 各地区按登记注册类型分联网直报房地产开发企业主营业务收入

单位：万元

地 区	总 计	内资企业					
			国有企业	集体企业	股份合作企业	国有联营企业	集体联营企业
全 省	**5333749**	**5270252**	**53124**	**2193**			
太原市	2592840	2530569	4623	519			
大同市	336277	336277	2467				
阳泉市	276444	276444	9154	220			
长治市	336941	336941	11159	16			
晋城市	193838	193838	481				
朔州市	210198	209870	103				
晋中市	371220	371220	15516				
运城市	490332	489433	2292				
忻州市	143667	143667	2210				
临汾市	233757	233757	2443	500			
吕梁市	148236	148236	2677	938			

3-3-27 续表 1

单位：万元

地 区	国有与集体联营企业	其他联营企业	国有独资公司	其他有限责任公司	股份有限公司	私营独资企业	私营合伙企业
全 省			**196919**	**1499225**	**28329**	**100**	
太原市			182412	765808			
大同市				96607			
阳泉市			233	170040			
长治市				251913			
晋城市				59428			
朔州市				23633	4800		
晋中市				27205	20387		
运城市			12548	2473			
忻州市				50270	342	100	
临汾市			1726	42933			
吕梁市				8914	2800		

3-3-27 续表 2 单位：万元

地 区	私营有限责任公司	私营股份有限公司	其他内资企业	港、澳、台商投资企业	合资经营企业(港、澳、台资)	合作经营企业(港、澳、台资)	港、澳、台商独资经营企业	港、澳、台商投资股份有限公司
全 省	**3325197**	**164333**	**832**	**22479**	**1274**		**21205**	
太原市	1442981	134225		21253	375		20877	
大同市	237180	24						
阳泉市	95649	317	832					
长治市	73853							
晋城市	133929							
朔州市	172057	9277		328			328	
晋中市	307997	114						
运城市	469301	2819		899	899			
忻州市	90745							
临汾市	176733	9422						
吕梁市	124771	8136						

3-3-27 续表 3

地 区	其他港、澳、台商投资企业	外商投资企业	中外合资经营企业	中外合作经营企业	独资企业	外商投资股份有限公司	其他外商投资企业
全 省		**41018**	**571**		**40447**		
太原市		41018	571		40447		
大同市							
阳泉市							
长治市							
晋城市							
朔州市							
晋中市							
运城市							
忻州市							
临汾市							
吕梁市							

注：本表数据范围为全部房地产开发企业。

3-3-28 各地区按登记注册类型分联网直报房地产开发企业利润总额

单位：万元

地 区	总 计	内资企业	国有企业	集体企业	股份合作企业	国有联营企业	集体联营企业
全 省	**44211**	**43754**	**-2448**	**162**			
太原市	111541	101852	114	-107			
大同市	-20444	-20444	-815	-233			
阳泉市	553	553	-362	-197			
长治市	1865	1865	716	-6			
晋城市	-10973	-10873	-641				
朔州市	-5828	-5384	-1040				
晋中市	17131	17131	257				
运城市	11193	11600	-241				
忻州市	-7835	-7835	-195				
临汾市	-35844	-27564	-12	13			
吕梁市	-17147	-17147	-229	691			

3-3-28 续表 1

单位：万元

地 区	国有与集体联营企业	其他联营企业	国有独资公司	其他有限责任公司	股份有限公司	私营独资企业	私营合伙企业
全 省			**17116**	**48732**	**91**	**10**	
太原市			17482	41331	-316		
大同市			-20	-5289	-212		
阳泉市			-318	-585			
长治市				13084	-353		
晋城市			-376	6283			
朔州市			77	4437	-7431		
晋中市				-620	11093		
运城市			77	-84			
忻州市				-2520	-59	10	
临汾市			195	-5567			
吕梁市				-1738	-2631		

3-3-28　续表 2

单位：万元

地　区	私营有限责任公司	私营股份有限公司	其他内资企　业	港、澳、台商投资企　业	合资经营企业(港、澳、台资)	合作经营企业(港、澳、台资)	港、澳、台商独资经营企业	港、澳、台商投资股份有限公司
全　省	**-42081**	**22234**	**-61**	**-7370**	**-8870**		**1500**	
太原市	19938	23409		1762	-182		1944	
大同市	-13290	-585						
阳泉市	2555	-480	-61					
长治市	-11465	-111						
晋城市	-16139							
朔州市	-2289	862		-444			-444	
晋中市	6472	-71						
运城市	11990	-141		-408	-408			
忻州市	-4931	-140						
临汾市	-20642	-1550		-8280	-8280			
吕梁市	-14278	1039						

3-3-28　续表 3

地　区	其他港、澳、台商投资企业	外商投资企　业	中外合资经营企业	中外合作经营企业	独资企业	外商投资股份有限公　司	其他外商投资企业
全　省		**7828**	**-2289**		**10117**		
太原市		7927	-2289		10216		
大同市							
阳泉市							
长治市							
晋城市		-99.4			-99.4		
朔州市							
晋中市							
运城市							
忻州市							
临汾市							
吕梁市							

注：本表数据范围为全部房地产开发企业。

3-3-29 各地区联网直报房地产开发企业主营业务收入及其构成

单位：万元

地 区	主营业务收入总计	土地转让收入	商品房销售收入	房屋出租收入	其他收入
全 省	**5333749**	**8060**	**5161401**	**53399**	**110889**
太原市	2592840	7077	2471318	33712	80732
大同市	336277	62	326514	1581	8120
阳泉市	276444		265756	5712	4976
长治市	336941	400	332827	1312	2402
晋城市	193838	13	192132	1497	197
朔州市	210198	310	206975	453	2460
晋中市	371220		366026	875	4320
运城市	490332	36	482602	4898	2796
忻州市	143667	12	139951	890	2815
临汾市	233757		229971	2339	1447
吕梁市	148236	150	147330	131	625

注：本表数据范围为全部房地产开发企业。

3-3-30 各地区联网直报房地产开发企业土地开发及其购置情况

地 区	待开发土地面积(平方米)	本年土地购置面积(平方米)	本年土地成交价款(万元)
全 省	**9889894**	**8759043**	**1444124**
太原市	1559232	1806269	482973
大同市	959445	1671224	204267
阳泉市	28528	395489	37717
长治市	295292	387226	54111
晋城市	607253	527184	89832
朔州市	22861	726329	130081
晋中市	1151219	562719	90135
运城市	4260679	1388806	132178
忻州市	376875	495086	81132
临汾市	569142	508670	91450
吕梁市	59368	290041	50248

注：本表数据范围为全部房地产开发企业。

房地产业汇总口径及主要指标解释

一、统计口径范围：

本资料来源于全国第三次经济普查中在山西省境内从事房地产开发经营活动的全部法人单位及产业活动单位生产经营及财务状况。

二、主要统计指标解释

房屋施工面积 指报告期内施工的全部房屋建筑面积。包括本期新开工的房屋建筑面积、上期跨入本期继续施工的房屋建筑面积、上期停缓建在本期恢复施工的房屋建筑面积、本期竣工的房屋建筑面积以及本期施工后又停缓建的房屋建筑面积。多层建筑应填各层建筑面积之和。

房屋新开工面积 指报告期内新开工建设的房屋面积，以单位工程为核算对象，即整栋房屋的全部建筑面积，不能分割计算。不包括在上期开工跨入报告期继续施工的房屋建筑面积和上期停缓建而在本期复工的建筑面积。房屋的开工应以房屋正式开始破土刨槽（地基处理或打永久桩）的日期为准。

房屋竣工面积 指报告期内房屋建筑按照设计要求已全部完工，达到住人和使用条件，经验收鉴定合格或达到竣工验收标准，可正式移交使用的各栋房屋建筑面积的总和。

竣工面积以房屋单位工程（栋）为核算对象，在整栋房屋符合竣工条件后按其全部建筑面积一次性计算，而不是按各栋施工房屋中已完成的部分或层次分割计算。

商品房销售面积 指报告期内出售商品房屋的合同总面积（即双方签署的正式买卖合同中所确定的建筑面积）。商品房销售面积由现房销售面积和期房销售面积两部分组成。

（1）现房销售面积：指在报告期内正式签订买卖合同、已经竣工达到入住条件的商品房屋建筑面积。包括以一次性付款方式和分期付款方式销售的现房建筑面积。

（2）期房销售面积：指在报告期内正式签订买卖合同、正在建设尚未竣工交付使用的商品房屋建筑面积。包括以一次性付款方式和分期付款方式销售的商品房屋建筑面积。期房销售建筑面积竣工后不再结转为现房销售建筑面积。

商品房销售额 指报告期内出售商品房屋的合同总价款（即双方签署的正式买卖合同中所确定的合同总价）。该指标与商品房销售面积同口径，由现房销售额和期房销售额两部分组成。

（1）现房销售额：指报告期内销售的已竣工商品房屋的合同总价款。包括现房销售前期预收的定金、预收款、首付款及全部按揭贷款的本金等款项。该指标与现房销售面积同口径。

（2）期房销售额：指报告期内销售的正在建设尚未竣工的商品房屋的合同总价款。包括预售房屋前期预收的定金、预收款、首付款及全部按揭贷款的本金等项。该指标与期房销售面积同口径。

房屋竣工价值 指报告期内按规定已经上报竣工的房屋本身的建造价值。一般按房屋设计和预算规定的内容计算。包括竣工房屋本身的基础、结构、屋面、装修以及水、电、卫等附属工程的建筑价值；也包括作为房屋建筑组成部分而列入房屋建筑工程预算内的设备（如电梯、通风设备等）的购置和安装费用。不包括厂房内的工艺设备、工艺管线的购置和安装，工艺设备基础的建造；室外的水、暖、电、卫、道路工程、挡土墙等环境工程的费用；办公和生活用家具的购置等费用；购置土地的费用；迁移补偿费和场地平整的费用及城市建设配套投资。

房屋竣工价值不仅包括该竣工房屋在报告期内完成的价值，也包括跨年施工的房屋在本期以前完成的价值。未竣工而转让给其他单位的房屋建筑工程，出让单位不计算竣工价值，待接受单位继续施工并符合竣工条件后，由接受单位计算其竣工价值，包括出让单位在出让前所完成的价值。房屋竣工价值一般按结算价格（或中标价）计算。

待开发土地面积 指经有关部门批准，通过各种方式获得土地使用权，但尚未开工建设的土地面积。

本年土地购置面积 指在本年内通过各种方式获得土地使用权的土地面积。

资产总计 指企业过去的交易或者事项形成的、由企业拥有或者控制的、预期会给企业带来经济利益的资源。资产一般按流动性（资产的变现或耗用时间长短）分为流动资产和非流动资产。其中流动资产可分为货币资金、交易性金融资产、应收票据、应收账款、预付款项、其他应收款、存货等；非流动资产可分为长期股权投资、固定资产、无形资产及其他非流动资产等。根据会计“资产负债表”中“资产总计”项目的期末余额数填报。

执行2006年《企业会计准则》的企业：资产合计=流动资产合计+非流动资产合计；未执行2006年《企业会计准则》企业的资产包括流动资产、长期投资、固定资产、无形资产和其他资产等。

负债合计 指企业过去的交易或者事项形成的，预期会导致经济利益流出企业的现时义务。负债一般按偿还期长短分为流动负债和非流动负债。根据会计“资产负债表”中“负债合计”项目的期末余额数填报。

执行2006年《企业会计准则》的企业：负债合计=流动负债合计+非流动负债合计；未执行2006年《企业会计准则》企业的负债包括流动负债和长期负债。

主营业务收入 指企业确认的销售商品、提供劳务等主营业务的收入。根据会计“主营业务收入”科目的期末贷方余额填报。执行 2006 年《企业会计准则》的企业，如未设置该科目，以“营业收入”代替填报。

土地转让收入 指房地产开发企业按国家规定在报告期转让已经开发的土地和未经开发的土地所得到的收入。根据会计“利润表”和相关核算资料计算填报。

商品房屋销售收入 指房地产开发企业在报告期售出商品房屋的收入，一次收款的，一次性全部计入销售收入，按合同规定分期收款的，可按合同规定的时间分次计入收入。根据会计“利润表”和相关核算资料计算填报。

房屋出租收入 指房地产开发企业在报告期内，在不改变现有财产所有权关系的条件下，将企业的全部或部分房屋出租给其他单位或个人使用所得到的租金收入。根据会计“利润表”和相关核算资料计算填报。

其他（主营业务）收入 指房地产开发企业在报告期内从事除以上收入外的其他业务活动所得到的收入，包括配套设施销售收入、代建工程结算收入等。根据会计“利润表”和相关核算资料计算填报。

利润总额 指企业在一定会计期间的经营成果，是生产经营过程中各种收入扣除各种耗费后的盈余，反映企业在报告期内实现的亏盈总额。根据会计“利润表”中“利润总额”项目的本期金额数填报。执行 2006 年《企业会计准则》的企业，利润总额为营业利润加上营业外收入，减去营业外支出后的金额；未执行 2006 年《企业会计准则》的企业，利润总额为营业利润加上投资收益、补贴收入、营业外收入，再减去营业外支出后的金额。

第4篇

其他服务业企业财务状况

资料整理校对： 文明佳 阮并晶 吴丹宁 宋 欣 高彤彤

3-4-1 交通运输、仓储和邮政业企业法人单位主要指标

行 业	单位数(个)	资产总计(千元)	营业收入(千元)	从业人员(人)
总 计	**5013**	**466904373**	**119418746**	**305443**
铁路运输业	14	320643800	56020937	114168
道路运输业	3574	95100592	48716238	136984
城市公共交通运输	327	3717439	1172761	21857
公路旅客运输	188	5559115	3553621	18551
道路货物运输	2739	30727069	35351332	74521
道路运输辅助活动	320	55096969	8638524	22055
水上运输业	8	27089	14881	70
水上旅客运输	2	1020	350	9
水上货物运输	5	25339	14320	56
水上运输辅助活动	1	730	211	5
航空运输业	18	6192692	2166048	3360
航空客货运输	6	2307198	1608062	366
通用航空服务	4	44544	1235	147
航空运输辅助活动	8	3840951	556750	2847
管道运输业	6	808676	169274	401
管道运输业	6	808676	169274	401
装卸搬运和运输代理业	622	3939899	1771339	13663
装卸搬运	339	939613	848899	8701
运输代理业	283	3000286	922440	4962
仓储业	574	37736805	7544910	12872
谷物、棉花等农产品仓储	322	27845709	4393032	7990
其他仓储业	252	9891096	3151878	4882
邮政业	197	2454821	3015119	23925
邮政基本服务	18	1953663	2707039	19933
快递服务	179	501157	308080	3992

3-4-2 交通运输、仓储和邮政业企业法人单位分地区主要指标

地 区	单位数（个）	资产总计（千元）	营业收入（千元）	从业人员（人）
全 省	**5013**	**466904373**	**119418746**	**305443**
太原市	771	338209126	73839240	139229
大同市	298	7507612	2983600	16827
阳泉市	150	14771960	2016234	7556
长治市	409	7730606	4520139	17220
晋城市	341	11962738	6411849	16866
朔州市	355	2568315	1387830	10111
晋中市	572	35287723	7568679	23390
运城市	662	25124163	5009007	22473
忻州市	493	6085138	3955758	14925
临汾市	554	10692093	5573054	15615
吕梁市	408	6964899	6153356	21231

3-4-3 信息传输、软件和信息技术服务业企业法人单位主要指标

行 业	单位数（个）	资产总计（千元）	营业收入（千元）	从业人员（人）
总 计	**1609**	**64514204**	**34427610**	**72322**
电信、广播电视和卫星传输服务	**199**	**51194210**	**29466420**	**51848**
电信	127	48263829	28512958	47626
广播电视传输服务	67	2911153	944781	4132
卫星传输服务	5	19226	8685	90
互联网和相关服务	**132**	**1006065**	**417091**	**1720**
互联网接入及相关服务	44	788795	312881	926
互联网信息服务	72	204927	101507	677
其他互联网服务	16	12342	2704	117
软件和信息技术服务业	**1278**	**12313930**	**4544097**	**18754**
软件开发	716	4009144	2273065	9521
信息系统集成服务	258	4031984	1680651	5526
信息技术咨询服务	166	1816095	360661	1887
数据处理和存储服务	24	399436	30787	425
集成电路设计	10	74901	46956	165
其他信息技术服务业	104	1982371	151977	1230

3-4-4　信息传输、软件和信息技术服务业企业法人单位分地区主要指标

地　区	单位数（个）	资产总计（千元）	营业收入（千元）	从业人员（人）
全　省	**1609**	**64514204**	**34427610**	**72322**
太原市	997	34960132	12151883	31828
大同市	56	3416273	2603552	4976
阳泉市	38	2966667	1256959	2239
长治市	70	2929429	2236608	3479
晋城市	83	2227500	1720604	3274
朔州市	57	1901732	1346754	2953
晋中市	53	3402108	2704206	3952
运城市	71	3330240	2842596	5188
忻州市	42	2294982	1971872	4103
临汾市	89	3159101	2896064	5612
吕梁市	53	3926041	2696515	4718

3-4-5　信息传输、软件和信息技术服务业企业法人单位分登记注册类型主要指标

登记注册类型	单位数（个）	资产总计（千元）	营业收入（千元）	从业人员（人）
总　计	**1609**	**64514204**	**34427610**	**72322**
内资企业	**1587**	**30825840**	**18889730**	**49534**
国有企业	57	3827270	1983587	6067
集体企业	7	2393	1523	34
股份合作企业	4	4719	1090	19
联营企业	2	1592	1431	25
有限责任公司	230	9944907	5082672	13707
股份有限公司	34	7963887	7879853	13588
私营企业	1230	9071802	3936093	15956
其他企业	23	9269	3480	138
港、澳、台商投资企业	**10**	**14342753**	**7611853**	**13507**
外商投资企业	**12**	**19345614**	**7926030**	**9281**

3-4-6　金融业企业法人单位主要指标

行　业	单位数（个）	资产总计（千元）	营业收入（千元）	从业人员（人）
总　计	**843**	**3334434919**	**140189632**	**56725**
货币金融服务	471	3197069652	97841927	50748
资本市场服务	6	17339549	1715512	3480
保险业	356	100393930	39566279	2294
其他金融业	10	19631789	1065914	203

3-4-7 房地产业除房地产开发经营企业的法人单位主要指标

行 业	单位数（个）	资产总计（千元）	营业收入（千元）	从业人员（人）
总 计	**3470**	**45605361**	**6798502**	**85570**
房地产开发经营				
物业管理	2362	11127568	4966993	66579
房地产中介服务	489	2654103	511132	5585
自有房地产经营活动	539	28918159	936867	12495
其他房地产业	80	2905532	383509	911

3-4-8 房地产业除房地产开发经营企业的法人单位分地区主要指标

地 区	单位数（个）	资产总计（千元）	营业收入（千元）	从业人员（人）
全 省	**3470**	**45605361**	**6798502**	**85570**
太原市	947	22711182	3884388	30137
大同市	256	841196	551619	10771
阳泉市	107	1364140	224109	3350
长治市	352	7097990	286163	7090
晋城市	307	1875084	333243	7869
朔州市	170	254500	131036	3397
晋中市	286	1325652	424635	4687
运城市	263	1289486	315308	4847
忻州市	194	590566	132945	3224
临汾市	347	7652344	386101	5387
吕梁市	241	603221	128954	4811

3-4-9 房地产业除房地产开发经营企业的法人单位分登记注册类型主要指标

登记注册类型	单位数（个）	资产总计（千元）	营业收入（千元）	从业人员（人）
总 计	**3470**	**45605361**	**6798502**	**85570**
内资企业	**3466**	**45379005**	**6790451**	**85314**
国有企业	199	2034542	546842	7758
集体企业	195	12127564	183707	5244
股份合作企业	13	34246	4060	145
联营企业	2	11998	2317	55
有限责任公司	637	12207579	1481815	20336
股份有限公司	37	433935	40905	1059
私营企业	2304	17776653	4438958	49651
其他企业	79	752488	91847	1066
港、澳、台商投资企业	**3**	**216389**	**8051**	**254**
外商投资企业	**1**	**9967**	**0**	**2**

3-4-10　租赁和商务服务业企业法人单位主要指标

行　业	单位数（个）	资产总计（千元）	营业收入（千元）	从业人员（人）
总　计	**10275**	**663128886**	**31084290**	**175993**
租赁业	**898**	**6893465**	**1561533**	**9543**
机械设备租赁	884	6873385	1554312	9451
文化及日用品出租	14	20080	7222	92
商务服务业	**9377**	**656235421**	**29522753**	**166450**
企业管理服务	1520	590281917	17852858	55948
法律服务	257	221435	292138	3519
咨询与调查	2246	20356145	2153344	19023
广告业	2096	3901841	1897223	13722
知识产权服务	35	87861	28462	234
人力资源服务	533	2151294	1464432	16146
旅行社及相关服务	836	6121494	1673360	8935
安全保护服务	193	844730	967027	25987
其他商务服务业	1661	32268706	3193910	22936

3-4-11　租赁和商务服务业企业法人单位分地区主要指标

地　区	单位数（个）	资产总计（千元）	营业收入（千元）	从业人员（人）
全　省	**10275**	**663128886**	**31084290**	**175993**
太原市	3539	407845804	17729564	62223
大同市	842	22165369	1451343	16883
阳泉市	329	5502812	745092	7583
长治市	814	39258937	1356032	14334
晋城市	928	31390219	1839717	19901
朔州市	338	4556188	972240	9005
晋中市	679	38669238	1557760	11668
运城市	706	23208363	2279252	8378
忻州市	539	17312032	1472700	8980
临汾市	1172	38902203	916091	11173
吕梁市	389	34317722	764495	5865

3-4-12 租赁和商务服务业企业法人单位分登记注册类型主要指标

登记注册类型	单位数（个）	资产总计（千元）	营业收入（千元）	从业人员（人）
总 计	**10275**	**663128886**	**31084290**	**175993**
内资企业	**10261**	**651005508**	**30822449**	**175689**
国有企业	389	162789080	4885581	32659
集体企业	264	4470619	648389	9642
股份合作企业	34	255766	17155	457
联营企业	15	1303851	87406	682
有限责任公司	1932	378052656	14881366	49784
股份有限公司	143	7678575	1627499	6393
私营企业	7170	94570553	8461186	72729
其他企业	314	1884407	213867	3343
港、澳、台商投资企业	**4**	**61793**	**318**	**9**
外商投资企业	**10**	**12061585**	**261519**	**295**

3-4-13 科学研究和技术服务业企业法人单位主要指标

行 业	单位数（个）	资产总计（千元）	营业收入（千元）	从业人员（人）
总 计	**4033**	**79285434**	**21338732**	**84249**
研究和试验发展	341	14847025	1930522	5298
专业技术服务业	2952	54183792	17746922	68628
科技推广和应用服务业	740	10254617	1661288	10323

3-4-14 科学研究和技术服务业企业法人单位分地区主要指标

地 区	单位数（个）	资产总计（千元）	营业收入（千元）	从业人员（人）
全 省	**4033**	**79285434**	**21338732**	**84249**
太原市	1739	57999632	16047016	42187
大同市	214	1101940	566742	4638
阳泉市	111	763694	479431	3093
长治市	313	1534859	687922	5241
晋城市	275	3928489	950307	4576
朔州市	149	2138914	306040	3220
晋中市	278	2938208	625651	5155
运城市	271	3140692	503705	4563
忻州市	182	642109	268198	2408
临汾市	369	3193703	712943	6151
吕梁市	132	1903194	190779	3017

3-4-15　科学研究和技术服务业企业法人单位分登记注册类型主要指标

登记注册类型	单位数(个)	资产总计(千元)	营业收入(千元)	从业人员(人)
总　计	**4033**	**79285434**	**21338732**	**84249**
内资企业	**4028**	**78810190**	**21239949**	**84161**
国有企业	323	29146229	7648056	19762
集体企业	70	114755	105520	1220
股份合作企业	10	33980	8527	176
联营企业	3	2031	3400	44
有限责任公司	684	21665506	7293331	19966
股份有限公司	68	879767	457834	2626
私营企业	2638	26450684	5476328	37318
其他企业	232	517236	246953	3049
港、澳、台商投资企业	**2**	**433323**	**97253**	**63**
外商投资企业	**3**	**41920**	**1530**	**25**

3-4-16　水利、环境和公共设施管理业企业法人单位主要指标

行　业	单位数(个)	资产总计(千元)	营业收入(千元)	从业人员(人)
总　计	**1193**	**38132635**	**3573243**	**32305**
水利管理业	**143**	**17855335**	**398454**	**3585**
防洪除涝设施管理	10	52006	43505	189
水资源管理	49	15858200	179938	1495
天然水收集与分配	20	1656840	105912	902
水文服务	7	11466	4160	67
其他水利管理业	57	276825	64940	932
生态保护和环境治理业	**95**	**1619222**	**237607**	**2142**
生态保护	17	263314	24293	450
环境治理业	78	1355909	213314	1692
公共设施管理业	**955**	**18658078**	**2937182**	**26578**
市政设施管理	45	738867	127086	991
环境卫生管理	107	1581624	165227	4101
城乡市容管理	11	25546	5256	148
绿化管理	477	3346115	2099302	11674
公园和游览景区管理	315	12965926	540310	9664

3-4-17 水利、环境和公共设施管理业企业法人单位分地区主要指标

地 区	单位数(个)	资产总计(千元)	营业收入(千元)	从业人员(人)
全 省	**1193**	**38132635**	**3573243**	**32305**
太原市	178	15994167	1652262	7848
大同市	67	1466468	91401	1442
阳泉市	50	1295659	63925	1380
长治市	128	3261174	181645	2688
晋城市	181	2321061	431420	3805
朔州市	48	570537	99990	1148
晋中市	127	5987200	450752	4820
运城市	138	2102737	245924	3067
忻州市	82	992582	171384	1765
临汾市	101	2659556	99509	2245
吕梁市	93	1481493	85029	2097

3-4-18 水利、环境和公共设施管理业企业法人单位分登记注册类型主要指标

登记注册类型	单位数(个)	资产总计(千元)	营业收入(千元)	从业人员(人)
总 计	**1193**	**38132635**	**3573243**	**32305**
内资企业	**1191**	**37694932**	**3541709**	**32190**
国有企业	120	16130760	262982	3657
集体企业	48	1003018	52491	1077
股份合作企业	2	3600	2200	12
联营企业	2	2700	1500	61
有限责任公司	219	6629860	617538	6319
股份有限公司	34	1896463	116577	1703
私营企业	715	11221992	2468004	18544
其他企业	51	806542	20417	817
港、澳、台商投资企业	**1**	**276339**	**31154**	**102**
外商投资企业	**1**	**161364**	**380**	**13**

3-4-19　居民服务、修理和其他服务业企业法人单位主要指标

行　业	单位数（个）	资产总计（千元）	营业收入（千元）	从业人员（人）
总　计	**2513**	**7685452**	**3582386**	**45252**
居民服务业	**848**	**2452151**	**773612**	**12642**
家庭服务	173	157414	53330	2790
托儿所服务	1	0	0	1
洗染服务	43	46232	14648	310
理发及美容服务	155	67481	33442	1185
洗浴服务	153	498492	209778	3574
保健服务	65	82647	53830	1137
婚姻服务	116	40736	29201	630
殡葬服务	46	938897	66889	588
其他居民服务业	96	620251	312495	2427
机动车、电子产品和日用产品修理业	**1213**	**3201720**	**2124087**	**22026**
汽车、摩托车修理与维护	1027	2787168	1592752	13673
计算机和办公设备维修	83	284230	384442	7505
家用电器修理	65	65164	109466	453
其他日用产品修理业	38	65158	37428	395
其他服务业	**452**	**2031581**	**684686**	**10584**
清洁服务	284	494958	459531	8400
其他未列明服务业	168	1536623	225156	2184

3-4-20　居民服务、修理和其他服务业企业法人单位分地区主要指标

地　区	单位数（个）	资产总计（千元）	营业收入（千元）	从业人员（人）
全　省	**2513**	**7685452**	**3582386**	**45252**
太原市	677	1877240	1299893	17885
大同市	187	519868	261100	2866
阳泉市	99	374187	141020	1304
长治市	199	239029	96515	2180
晋城市	304	636043	303605	5970
朔州市	114	330672	184109	1847
晋中市	214	351894	251830	2562
运城市	174	909136	339578	3356
忻州市	174	971865	446847	2733
临汾市	252	522286	126109	2941
吕梁市	119	953232	131780	1608

3-4-21 居民服务、修理和其他服务业企业法人单位分登记注册类型主要指标

登记注册类型	单位数（个）	资产总计（千元）	营业收入（千元）	从业人员（人）
总　计	**2513**	**7685452**	**3582386**	**45252**
内资企业	**2511**	**7628026**	**3566109**	**45180**
国有企业	53	334559	69531	1451
集体企业	82	972516	97194	1831
股份合作企业	7	12656	2597	92
联营企业	5	9033	7356	52
有限责任公司	307	1526544	941419	12904
股份有限公司	31	324586	169070	1124
私营企业	1921	4128112	2234665	26339
其他企业	105	320019	44278	1387
港、澳、台商投资企业	**1**	**20000**	**5906**	**30**
外商投资企业	**1**	**37426**	**10371**	**42**

3-4-22 教育企业法人单位主要指标

行　业	单位数（个）	资产总计（千元）	营业收入（千元）	从业人员（人）
总　计	**748**	**4599834**	**1183168**	**24372**
学前教育	107	169238	61242	2347
初等教育	25	152972	72173	1816
中等教育	55	636491	182124	4442
高等教育	4	838978	58955	673
特殊教育	4	2010	498	68
技能培训、教育辅助及其他教育	553	2800145	808176	15026

3-4-23 教育企业法人单位分地区主要指标

地　区	单位数（个）	资产总计（千元）	营业收入（千元）	从业人员（人）
全　省	**748**	**4599834**	**1183168**	**24372**
太原市	191	601087	187283	4065
大同市	32	90652	50006	1123
阳泉市	32	581545	55251	1078
长治市	62	791674	184985	3302
晋城市	70	342362	144282	2026
朔州市	24	87343	24041	492
晋中市	76	245407	98457	1605
运城市	83	1275271	258158	5539
忻州市	62	117684	70112	1866
临汾市	66	206384	48536	1552
吕梁市	50	260428	62058	1724

3-4-24　教育企业法人单位分登记注册类型主要指标

登记注册类型	单位数(个)	资产总计(千元)	营业收入(千元)	从业人员(人)
总　计	**748**	**4599834**	**1183168**	**24372**
内资企业	**747**	**4596834**	**1181168**	**24322**
国有企业	49	409524	122843	2092
集体企业	22	22467	17167	361
股份合作企业	5	79946	17188	445
联营企业	1	335	1700	45
有限责任公司	51	670365	99370	2637
股份有限公司	10	37194	26385	283
私营企业	439	2030437	592549	11955
其他企业	170	1346567	303966	6504
港、澳、台商投资企业				
外商投资企业	**1**	**3000**	**2000**	**50**

3-4-25　卫生和社会工作企业法人单位主要指标

行　业	单位数(个)	资产总计(千元)	营业收入(千元)	从业人员(人)
总　计	**756**	**5491071**	**3192941**	**26820**
卫生	**706**	**4769924**	**3151305**	**25994**
医院	417	4037504	2631382	21710
社区医疗与卫生院	75	192228	85175	974
门诊部(所)	142	97658	46610	1041
计划生育技术服务活动	1	543	123	5
妇幼保健院(所、站)	1	1300	300	26
专科疾病防治院(所、站)	18	65753	59186	458
疾病预防控制中心	1	19949	17053	141
其他卫生活动	51	354988	311477	1639
社会工作	**50**	**721147**	**41636**	**826**
提供住宿社会工作	44	718553	41370	783
不提供住宿社会工作	6	2594	266	43

3-4-26 卫生和社会工作企业法人单位分地区主要指标

地　区	单位数（个）	资产总计（千元）	营业收入（千元）	从业人员（人）
全　省	**756**	**5491071**	**3192941**	**26820**
太原市	202	2649611	1355701	8798
大同市	69	673520	367477	3240
阳泉市	23	34726	15777	431
长治市	35	159119	164847	1270
晋城市	29	268411	124770	1211
朔州市	32	72647	106221	1021
晋中市	42	245017	70319	1076
运城市	137	812947	635515	4915
忻州市	45	124784	105879	1412
临汾市	111	342638	181557	2593
吕梁市	31	107652	64876	853

3-4-27 卫生和社会工作企业法人单位分登记注册类型主要指标

登记注册类型	单位数（个）	资产总计（千元）	营业收入（千元）	从业人员（人）
总　计	**756**	**5491071**	**3192941**	**26820**
内资企业	**756**	**5491071**	**3192941**	**26820**
国有企业	55	1061956	967074	5587
集体企业	40	107340	54815	986
股份合作企业	6	25285	12431	248
联营企业	1	400	360	12
有限责任公司	43	449926	389912	2862
股份有限公司	5	24355	16834	140
私营企业	477	3291131	1435386	14113
其他企业	129	530679	316128	2872
港、澳、台商投资企业				
外商投资企业				

3-4-28 文化、体育和娱乐业法人单位主要指标

行 业	单位数（个）	资产总计（千元）	营业收入（千元）	从业人员（人）
总 计	**3707**	**15578563**	**3889774**	**41852**
新闻出版业	**99**	**4235460**	**1809736**	**6385**
新闻业	2	1694	2745	96
出版业	97	4233766	1806991	6289
广播、电视、电影和音像业	**248**	**2681719**	**635447**	**6098**
广播	12	79842	25621	328
电视	27	122959	31086	586
电影和影视节目制作	63	1854513	246496	1603
电影和影视节目发行	10	40029	10561	194
电影放映	132	579704	319065	3349
录音制作	4	4673	2617	38
文化艺术业	**570**	**5577395**	**597603**	**12544**
文艺创作与表演	246	630615	224139	6772
艺术表演场馆	18	604466	33556	1458
图书馆与档案馆	3	832	204	12
文物及非物质文化遗产保护	44	3137836	101201	797
博物馆	12	269724	54293	425
烈士陵园、纪念馆	7	333083	56192	408
群众文化活动	40	61418	19456	305
其他文化艺术业	200	539422	108562	2367
体育	**137**	**637904**	**150401**	**2277**
体育组织	17	52971	37140	184
体育场馆	17	198204	24775	264
休闲健身活动	92	364233	80855	1739
其他体育	11	22497	7631	90
娱乐业	**2653**	**2446086**	**696588**	**14548**
室内娱乐活动	2539	1369090	589093	12604
游乐园	22	573579	41843	836
彩票活动				
文化、娱乐、体育经纪代理	56	63935	22732	321
其他娱乐业	36	439482	42920	787

3-4-29 文化、体育和娱乐业企业法人单位分地区主要指标

地 区	单位数(个)	资产总计(千元)	营业收入(千元)	从业人员(人)
全 省	**3707**	**15578563**	**3889774**	**41852**
太原市	765	7160109	2361451	12944
大同市	240	356340	232652	3035
阳泉市	179	115304	71312	1313
长治市	364	1317161	96362	4062
晋城市	281	1037304	214684	3722
朔州市	144	275005	74833	2373
晋中市	403	3209440	282525	3642
运城市	452	657064	209162	3495
忻州市	258	149877	83626	1791
临汾市	394	1046705	158364	3517
吕梁市	227	254254	104803	1958

3-4-30 文化、体育和娱乐业企业法人单位分登记注册类型主要指标

登记注册类型	单位数(个)	资产总计(千元)	营业收入(千元)	从业人员(人)
总 计	**3707**	**15578563**	**3889774**	**41852**
内资企业	**3707**	**15578563**	**3889774**	**41852**
国有企业	180	6182649	1820245	9603
集体企业	42	147309	37995	1191
股份合作企业	4	17554	6675	142
联营企业	9	29056	13582	265
有限责任公司	234	2495560	622135	6614
股份有限公司	13	2158182	33381	295
私营企业	3052	4438207	1306366	21826
其他企业	173	110045	49396	1916
港、澳、台商投资企业				
外商投资企业				

3-4-31　规模以上交通运输、仓储和邮政业企业法人单位主要指标

行　业	单位数(个)	资产总计(千元)	营业收入(千元)	从业人员(人)
总　计	**471**	**270258139**	**41928037**	**96549**
铁路运输业	**9**	**212646556**	**3316141**	**5497**
道路运输业	**355**	**38143563**	**29124204**	**60782**
城市公共交通运输	107	1580510	777351	14931
公路旅客运输	27	4258423	3228146	13837
道路货物运输	184	12006386	21916313	24171
道路运输辅助活动	37	20298244	3202394	7843
水上运输业	**1**	**20429**	**10770**	**30**
水上旅客运输				
水上货物运输	1	20429	10770	30
水上运输辅助活动				
航空运输业	**3**	**3833382**	**553803**	**2806**
航空客货运输				
通用航空服务				
航空运输辅助活动	3	3833382	553803	2806
管道运输业	**3**	**802793**	**164622**	**340**
管道运输业	3	802793	164622	340
装卸搬运和运输代理业	**20**	**640292**	**392800**	**1790**
装卸搬运	10	63614	152306	1033
运输代理业	10	576678	240494	757
仓储业	**67**	**12222019**	**5624912**	**4984**
谷物、棉花等农产品仓储	50	7324454	3551207	3416
其他仓储业	17	4897565	2073705	1568
邮政业	**13**	**1949105**	**2740785**	**20320**
邮政基本服务	11	1902771	2680227	19799
快递服务	2	46334	60558	521

3-4-32 规模以上信息传输、软件和信息技术服务业企业法人单位主要指标

行 业	单位数(个)	资产总计(千元)	营业收入(千元)	从业人员(人)
总 计	**92**	**47690853**	**28064667**	**44897**
电信、广播电视和卫星传输服务	**60**	**45688532**	**26598951**	**41287**
电信	41	44517382	26160391	39106
广播电视传输服务	19	1171150	438560	2181
卫星传输服务				
互联网和相关服务	**2**	**457783**	**287664**	**459**
互联网接入及相关服务	1	449622	277640	386
互联网信息服务	1	8161	10024	73
其他互联网服务				
软件和信息技术服务业	**30**	**1544538**	**1178052**	**3151**
软件开发	14	944359	595232	1536
信息系统集成服务	10	558440	471046	1393
信息技术咨询服务	2	21615	69680	29
数据处理和存储服务				
集成电路设计				
其他信息技术服务业	4	20124	42094	193

3-4-33 规模以上物业管理和房地产中介服务企业法人单位主要指标

行 业	单位数(个)	资产总计(千元)	营业收入(千元)	从业人员(人)
总 计	**72**	**2809502**	**2508402**	**11442**
物业管理	68	2548041	2461354	10848
房地产中介服务	4	261461	47048	594

3-4-34　规模以上租赁和商务服务业企业法人单位主要指标

行　业	单位数 (个)	资产总计 (千元)	营业收入 (千元)	从业人员 (人)
总　计	**175**	**131209037**	**10617917**	**43761**
租赁业	**8**	**698306**	**132467**	**946**
机械设备租赁	8	698306	132467	946
文化及日用品出租				
商务服务业	**167**	**130510731**	**10485450**	**42815**
企业管理服务	54	125487843	7432739	18264
法律服务	4	26629	40996	285
咨询与调查	8	1167759	149157	386
广告业	10	276380	277933	556
知识产权服务	1	63837	9898	24
人力资源服务	9	196507	247440	3821
旅行社及相关服务	29	569580	855899	1989
安全保护服务	18	188784	456213	13715
其他商务服务业	34	2533412	1015175	3775

3-4-35　规模以上科学研究和技术服务业企业法人单位主要指标

行　业	单位数 (个)	资产总计 (千元)	营业收入 (千元)	从业人员 (人)
总　计	**76**	**10564537**	**8344591**	**14182**
研究和试验发展	**5**	**628101**	**107017**	**474**
自然科学研究和试验发展	1	30081		91
工程和技术研究和试验发展	3	586020	100897	331
农业科学研究和试验发展	1	12000	6120	52
医学研究和试验发展				
社会人文科学研究				
专业技术服务业	**61**	**9540128**	**7990625**	**13013**
气象服务				
地震服务				
海洋服务				
测绘服务				
质检技术服务	4	62208	52768	223
环境与生态监测				
地质勘查	3	136219	239724	990
工程技术	51	9237125	7645992	11629
其他专业技术服务业	3	104576	52141	171
科技推广和应用服务业	**10**	**396308**	**246949**	**695**
技术推广服务	8	308078	83869	438
科技中介服务	2	88230	163080	257
其他科技推广和应用服务业				

3-4-36 规模以上水利、环境和公共设施管理业企业法人单位主要指标

行　业	单位数(个)	资产总计(千元)	营业收入(千元)	从业人员(人)
总　计	**54**	**10436519**	**1744987**	**11976**
水利管理业	**7**	**372216**	**84303**	**852**
防洪除涝设施管理				
水资源管理	5	318889	57821	536
天然水收集与分配	1	3050	6350	31
水文服务				
其他水利管理业	1	50277	20132	285
生态保护和环境治理业	**6**	**537908**	**45619**	**368**
生态保护	2	157558	6215	144
环境治理业	4	380350	39404	224
公共设施管理业	**41**	**9526395**	**1615065**	**10756**
市政设施管理	3	293669	32229	195
环境卫生管理	5	26631	23571	707
城乡市容管理				
绿化管理	9	1405889	1245319	5195
公园和游览景区管理	24	7800206	313946	4659

3-4-37 规模以上居民服务、修理和其他服务业企业法人单位主要指标

行　业	单位数(个)	资产总计(千元)	营业收入(千元)	从业人员(人)
总　计	**58**	**1771372**	**1317890**	**12445**
居民服务业	**29**	**804314**	**431989**	**2706**
家庭服务				
托儿所服务				
洗染服务				
理发及美容服务				
洗浴服务	14	235139	126727	1363
保健服务	1	5400	1100	52
婚姻服务	1	140	460	16
殡葬服务	2	154440	42725	83
其他居民服务业	11	409195	260977	1192
机动车、电子产品和日用产品修理业	**17**	**581571**	**616299**	**7903**
汽车、摩托车修理与维护	15	565560	331844	1090
计算机和办公设备维修	2	16011	284455	6813
家用电器修理				
其他日用产品修理业				
其他服务业	**12**	**385487**	**269602**	**1836**
清洁服务	6	190426	188520	1306
其他未列明服务业	6	195061	81082	530

3-4-38　规模以上教育企业法人单位主要指标

行　业	单位数（个）	资产总计（千元）	营业收入（千元）	从业人员（人）
总　计	**78**	**1698281**	**491532**	**9635**
学前教育	1		4240	106
初等教育	13	107909	70456	1522
中等教育	32	460258	162607	3803
高等教育	1	838799	55915	526
特殊教育				
技能培训、教育辅助及其他教育	31	291315	198314	3678

3-4-39　规模以上卫生和社会工作企业法人单位主要指标

行　业	单位数（个）	资产总计（千元）	营业收入（千元）	从业人员(人)
总　计	**83**	**2019007**	**1662314**	**10697**
卫生	**83**	**2019007**	**1662314**	**10697**
医院	72	1834663	1422014	9556
社区医疗与卫生院	1	8362	4918	62
门诊部(所)				
计划生育技术服务活动				
妇幼保健院(所、站)				
专科疾病防治院(所、站)	3	27073	34853	248
疾病预防控制中心	1	19949	17053	141
其他卫生活动	6	128960	183476	690
社会工作				
提供住宿社会工作				
不提供住宿社会工作				

3-4-40 规模以上文化、体育和娱乐业法人单位主要指标

行 业	单位数(个)	资产总计(千元)	营业收入(千元)	从业人员(人)
总 计	**51**	**5047003**	**1069658**	**6000**
新闻出版业	**12**	**1379608**	**708078**	**2674**
新闻业				
出版业	12	1379608	708078	2674
广播、电视、电影和音像业	**9**	**175362**	**131463**	**437**
广播				
电视	1	828	786	52
电影和影视节目制作	2	66457	10289	26
电影和影视节目发行				
电影放映	6	108077	120388	359
录音制作				
文化艺术业	**16**	**3171722**	**145522**	**2138**
文艺创作与表演	6	22713	18447	386
艺术表演场馆	3	576302	13158	923
图书馆与档案馆				
文物及非物质文化遗产保护	2	2186114	15299	191
博物馆	2	33719	48075	279
烈士陵园、纪念馆	1	274267	49385	329
群众文化活动	1		620	20
其他文化艺术业	1	78607	538	10
体育	**3**	**169944**	**21959**	**166**
体育组织				
体育场馆				
休闲健身活动	3	169944	21959	166
其他体育				
娱乐业	**11**	**150367**	**62636**	**585**
室内娱乐活动	7	46036	33265	328
游乐园	1	45905	21740	75
彩票活动				
文化、娱乐、体育经纪代理				
其他娱乐业	3	58426	7631	182

规模以上服务业汇总口径及范围

辖区内年末从业人员 50 人及以上，或年营业收入 1000 万元及以上服务业法人单位。包括：交通运输、仓储和邮政业，信息传输、软件和信息技术服务业，租赁和商务服务业，科学研究和技术服务业，水利、环境和公共设施管理业，居民服务、修理和其他服务业，教育，卫生和社会工作，文化、体育和娱乐业；以及房地产业中的物业管理、房地产中介服务。

第5篇

行政事业、社团及其他单位财务状况

资料整理校对：　文明佳　吴丹宁　宋　欣　高彤彤

3-5-1　服务业行政事业及非企业法人单位分行业主要指标

行　业	单位数 (个)	年末资产 (千元)	非企业单位支出(费用) (千元)	从业人员 (人)
总　计	**18657**	**147548733**	**93925364**	**863769**
科学研究和技术服务业	**2878**	**14349924**	**9378438**	**55076**
研究和试验发展	407	4928454	2508633	11608
专业技术服务业	1587	8357825	5752291	33196
科技推广和应用服务业	884	1063644	1117515	10272
教育	**9320**	**87951128**	**48720368**	**571153**
学前教育	1744	2559083	1801172	42631
初等教育	2573	12898851	13123174	170356
中等教育	2420	32350951	18575509	243582
高等教育	233	34474787	10965739	56585
特殊教育	79	484741	239806	2377
技能培训、教育辅助及其他教育	2271	5182715	4014968	55622
卫生和社会工作	**4565**	**38791376**	**31183615**	**199453**
卫生	3557	36209377	30198440	188549
医院	675	30175564	24985583	121485
社区医疗与卫生院	1952	3062002	2935577	45756
门诊部(所)	199	133247	125440	1667
计划生育技术服务活动	302	275425	240801	3210
妇幼保健院(所、站)	136	932524	735649	6928
专科疾病防治院(所、站)	36	114970	242637	682
疾病预防控制中心	155	732728	508327	5502
其他卫生活动	102	782918	424427	3319
社会工作	1008	2581999	985175	10904
提供住宿社会工作	762	2442428	878504	9207
不提供住宿社会工作	246	139572	106671	1697
文化、体育和娱乐业	**1894**	**6456304**	**4642943**	**38087**
新闻出版业	239	602766	850118	4997
新闻业	133	94815	231949	1612
出版业	106	507951	618169	3385
广播、电视、电影和音像业	174	1478987	1597807	10062
文化艺术业	1175	2864878	1656390	19939
文艺创作与表演	154	221880	210995	5120
艺术表演场馆	40	171208	136400	588
图书馆与档案馆	233	560436	306202	3114
文物及非物质文化遗产保护	230	565618	389712	3368
博物馆	100	518681	192490	2216
烈士陵园、纪念馆	59	344210	63774	607
群众文化活动	252	403997	260172	3594
其他文化艺术业	107	78848	96645	1332
体育	215	587301	335463	2280
体育组织	117	92953	114909	1118
体育场馆	22	331414	158168	350
休闲健身活动	51	120704	17727	540
其他体育	25	42230	44659	272
娱乐业	91	922372	203165	809

3-5-2 信息传输、软件和信息技术服务业行政事业及非企业法人单位分地区主要指标

地 区	单位数(个)	年末资产(千元)	非企业单位支出(费用)(千元)	从业人员(人)
全 省	**135**	**957179**	**543187**	**4515**
太原市	45	656795	303977	1091
大同市	10	12311	9182	228
阳泉市	3	2581	1531	32
长治市	20	135519	90843	843
晋城市	2	16852	14449	104
朔州市	11	14299	15315	282
晋中市	6	2953	3988	172
运城市	4	26819	18550	472
忻州市	11	14740	38865	336
临汾市	11	31220	25849	586
吕梁市	12	43089	20639	369

3-5-3 租赁和商务服务业行政事业及非企业法人单位分地区主要指标

地 区	单位数(个)	年末资产(千元)	非企业单位支出(费用)(千元)	从业人员(人)
全 省	**1778**	**44778370**	**3082343**	**28567**
太原市	322	39912363	1591846	9817
大同市	183	412432	163182	2270
阳泉市	74	677713	97406	917
长治市	193	545670	169939	1841
晋城市	136	854177	135666	1942
朔州市	97	257788	189479	1671
晋中市	177	428983	195022	1570
运城市	102	833974	77721	1274
忻州市	206	647961	201221	2929
临汾市	173	111294	133337	2429
吕梁市	115	96020	127523	1907

3-5-4　科学研究和技术服务业行政事业及非企业法人单位分地区主要指标

地　区	单位数 (个)	年末资产 (千元)	非企业单位支出(费用) (千元)	从业人员 (人)
全　省	**2878**	**14349924**	**9378438**	**55076**
太原市	390	8018041	4233983	15945
大同市	331	387076	396607	5291
阳泉市	111	176063	139866	1820
长治市	424	1108112	762703	7994
晋城市	191	904698	381203	2348
朔州市	154	127247	151214	1961
晋中市	238	460524	407764	3001
运城市	173	416922	254055	3193
忻州市	336	436354	1759900	4525
临汾市	291	547183	316530	5302
吕梁市	239	1767704	574612	3696

3-5-5　水利、环境和公共设施管理业行政事业及非企业法人单位分地区主要指标

地　区	单位数 (个)	年末资产 (千元)	非企业单位支出(费用) (千元)	从业人员 (人)
全　省	**1390**	**19223220**	**6382616**	**66285**
太原市	161	3939339	1427860	7881
大同市	140	2396898	534700	11014
阳泉市	62	428535	114047	2672
长治市	171	1275567	1087368	9426
晋城市	95	616786	235502	2627
朔州市	80	474998	334344	3018
晋中市	126	1562682	565879	4588
运城市	106	930979	340405	5265
忻州市	182	5740371	824287	6850
临汾市	152	852171	350850	6452
吕梁市	115	1004889	567374	6492

3-5-6 居民服务、修理和其他服务业行政事业及非企业法人单位分地区主要指标

地 区	单位数(个)	年末资产(千元)	非企业单位支出(费用)(千元)	从业人员(人)
全 省	**288**	**531166**	**764967**	**6696**
太原市	103	207424	345374	2577
大同市	26	43822	39622	381
阳泉市	19	29805	20868	227
长治市	21	25937	15807	232
晋城市	10	2906	2962	87
朔州市	18	50024	50039	511
晋中市	30	25345	15337	226
运城市	9	2925	22405	350
忻州市	20	98831	198320	1352
临汾市	13	20345	4758	111
吕梁市	19	23803	49475	642

3-5-7 教育行政事业及非企业法人单位分地区主要指标

地 区	单位数(个)	年末资产(千元)	非企业单位支出(费用)(千元)	从业人员(人)
全 省	**9320**	**87951128**	**48720368**	**571153**
太原市	1296	30590501	13137809	91730
大同市	800	6273846	3271756	51035
阳泉市	313	2272546	1476223	18729
长治市	987	5457364	3911370	51043
晋城市	640	3620463	2120317	29962
朔州市	482	4355499	2170988	33923
晋中市	913	10493156	4464807	51249
运城市	1013	6593824	4420665	71763
忻州市	814	6216014	3574545	47621
临汾市	1141	6327255	3495969	67289
吕梁市	921	5750661	6675918	56809

3-5-8　卫生和社会工作行政事业及非企业法人单位分地区主要指标

地　区	单位数(个)	年末资产(千元)	非企业单位支出(费用)(千元)	从业人员(人)
全　省	**4565**	**38791376**	**31183615**	**199453**
太原市	529	12636573	10852360	37042
大同市	412	3786679	2276334	16056
阳泉市	154	1365933	1202797	7716
长治市	611	4587425	3177242	21272
晋城市	287	2505902	1763579	11986
朔州市	254	1089709	991414	8060
晋中市	393	3272637	2383864	20241
运城市	473	2889091	2505785	22104
忻州市	462	1935741	1667698	16543
临汾市	584	2382160	2090394	21237
吕梁市	406	2339527	2272148	17196

3-5-9　文化、体育和娱乐业行政事业及非企业法人单位分地区主要指标

地　区	单位数(个)	年末资产(千元)	非企业单位支出(费用)(千元)	从业人员(人)
全　省	**1894**	**6456304**	**4642943**	**38087**
太原市	237	2463210	2279834	6167
大同市	161	354577	283701	3633
阳泉市	77	382958	149982	1602
长治市	283	602524	328085	4376
晋城市	106	411581	236781	2290
朔州市	113	141458	192889	2181
晋中市	185	559460	292545	3127
运城市	205	557356	257412	5047
忻州市	198	257799	235374	2591
临汾市	186	374846	190670	4363
吕梁市	143	350536	195672	2710

3-5-10 公共管理、社会保障和社会组织行政事业及非企业法人单位分地区主要指标

地 区	单位数(个)	年末资产(千元)	非企业单位支出(费用)(千元)	从业人员(人)
全 省	**57682**	**204412308**	**126336110**	**952280**
太原市	4543	50228249	20925892	100060
大同市	4715	11654698	7492903	79682
阳泉市	2272	11039205	4795825	39717
长治市	6931	17637133	9648301	85821
晋城市	4497	23034191	8813156	74680
朔州市	3858	6308365	12860695	56292
晋中市	5135	14062952	10316858	83833
运城市	5623	13376228	12639053	101594
忻州市	8196	10539765	14152625	96857
临汾市	6178	10928835	7610558	121289
吕梁市	5734	35602687	17080245	112455

行政事业、社团及其他单位主要指标解释

年末资产 指非企业单位占有或者使用的，能以货币计量的经济资源。包括流动资产、固定资产、债权和其他权利。取自资产负债表中的资产合计年末数。

非企业单位支出（费用） 行政事业单位填报“本年支出合计”，指行政事业单位在业务活动中发生的各项资产耗费和损失等支出情况。根据行政事业单位“收入支出决算总表”中的“本年支出合计”项目填报。社团、民办非企业单位、基金会及其他单位填报“本年费用合计”，指单位为完成各种目标所发生的费用，包括业务活动成本、管理费用、筹资费用和其他费用。